U0016861

FRIENDS

Understanding the Power of our Most Important Relationships

朋友原來是天生的

鄧巴數字與
友誼成功的七大支柱

ROBIN DUNBAR

羅賓・鄧巴——著　莊安祺——譯

獻給

佛萊迪、亞瑟、艾迪、伊娃、魯佛斯和西奧

目次

友誼的發生、存在與逝去

林秀嫚

臺灣史前文化博物館南科考古館副研究員

　　在《朋友原來是天生的：鄧巴數字與友誼成功的七大支柱》這本書中，作者羅賓‧鄧巴（Robin Dunbar）在兼顧人類以外的靈長類（猿與猴）的社會現象下，從生理與心理等面向出發，來討論朋友的重要性。舉例來說，在第1章〈朋友為什麼重要？〉中，鄧巴就開宗明義地述及「友誼和寂寞是一體兩面，在人生的旅程上，我們總在兩者之間徘徊」、「孤獨成了現代的致命疾病，迅速取代其他更常見的病痛，成為最常見的死亡原因」、「我們並不確切了解友誼怎麼會帶來這些健康的好處，但有幾種可能都會奏效。一種是在你生病時，朋友會送雞湯來探視，並關懷照顧你。……另一個原因是朋友來訪時，會讓你振作，使你心理上感覺更好，……可能與大腦的腦內啡（endorphin）系統有關。」

　　所以哪些人會被我們定義為朋友？在一生中的特定時間內，我們會有幾位朋友？不同的年齡、性別或是性格是否擁有不同數量的朋友？喜歡上網的人是否朋友數比較多？這些都有在這本書中被討論到，其中很重要的概念就是「鄧巴數字」。鄧巴數字一般介於100至250之間，但典型規模在150左右，基本上它與個

人所擁有的資源有關，因為個人的資源有限，因此我們可以付出的關係或社交網絡就會進行篩選，也因此，依資源分配（熟悉度），我們可以將朋友劃分成莫逆之交（5人）、親密朋友（15人）、普通朋友（150人）、熟人（500人）、叫得出名字的朋友（1500人）。而隨著時間的遷移，這些人的面孔會在這個社交圈中產生變化，大抵只有最中心的5人（莫逆之交）不太會產生變化。

除了性別、年齡、個性、資源、時間等外顯性因素，朋友交往的數量也與大腦相關。以瓊安‧鮑威爾（Joanne Powell）的研究為例，她指出：朋友比較多的人往往和社交技巧有關的大腦區域就愈大（包括前額葉皮質、顳葉、顳頂交界處），但又以前額葉皮質的關係最強。除此之外，性別也與大腦的生理現象有了交叉作用，舉例來說，依同齡人來論，因男性體型往往大於女性而導致男性的大腦也較大，但是，女性卻多半有較多的蛋白質與前額葉皮質。1980年代，貝瑞‧凱弗恩（Barry Keverne）即發現：我們擁有的新皮質似乎遺傳自母親的基因，而大腦的情緒機器卻來自父親的基因。

觸覺在人際關係中亦占了一項重要角色。以在猿猴身上可以看到的、具有社交性的梳理（grooming）為例，它是構成靈長類友誼和運作的基礎。互相梳理使友誼間的信任與義務逐建形成並建立關係，而這種相互相理的行為啟動了我們的腦內啡系統。大腦吸收腦內啡，而腦內啡的化學性質類似嗎啡，其作用更甚於嗎啡30倍，因此導致我們上癮而產生放鬆感，讓相關的人有了強烈的親密關係和信任感。此時，時間又以不容置疑的方式決定了腦內啡的流量。

釋放腦內啡的機制還有很多，如開懷大笑與餐宴。笑是人類

普遍有的現象，我們從嬰兒期就會笑，而且笑是具有傳染性的，以珊卓拉・麥尼南（Sandra Manninen）與羅瑞・努曼瑪（Lauri Nummenmaa）所做的腦部造影研究為例，笑確實會使大腦充斥著腦內啡。餐宴或者說進食也具有相同的效果，因為攝食與消化產生的熱量，外加餐後的飽食感，多半會觸發腦內啡的分泌。換言之，笑與餐宴等行為成為啟動腦內啡系統以連結社群的一部分，同時，這些共享的情緒經驗就成為鞏固友誼的重要因子。

當然，溝通也很重要。不論是聲音、手勢或肢體動作所傳遞的語言訊息都必須確保其對象是所要針對的個體，並被對方接收，因此，維持成功的對話也就要求高度的心智技巧，也就是說，語言的複雜性會隨著社群的規模而改變，所以對話的脈絡性在認知上也比我們想像的繁重。在另一個層次上，我們還會利用語言來說故事，而故事、傳說、神話等主題（或事件）就會將一群人串聯在一起，並形成新的社群。而這一點說明了友誼於同質性上的重要性。舉例來說，我們會因為相同的語言、家鄉、教育和職業經驗、嗜好與興趣、世界觀等因素而結交為友，換句話說，也就是物以類聚。

除了友誼的開始、進行與轉化，友誼也會結束，其方式不外乎逐漸凋零或災難性的破裂。破壞的原因可以存在於親屬間、兩性間，而破壞的程度也會隨著年齡而增加。欺騙或背叛也會造成友誼變質，但其發生的頻率於目前的資料來說，尚是一個未知數，另外，雖然說謊不是一項令人稱讚的特質，但某些形式的說謊確實可以使社區內的交流更加順利。

綜合上述所論，《朋友原來是天生的》這本書依據心理與生理、個人與社會，兒童與老年、面對面與網路等各個面向來討論友誼的發生、存在與逝去。許多人的研究分析被引用，樣本的採

樣與分析多是大量而多樣化的，不同於我們一般以為的：朋友是
社會性行為，在作者羅賓・鄧巴的眼中，朋友的形成其實需要一
種跨領域的研究與分析，它需要心理學、社會學、醫學、神經
學、靈長類研究等等多樣化的科學來加以說明。對生物多樣性有
興趣的讀者而言，本書真的值得一閱！

FRIENDS

Understanding the Power of our Most Important Relationships

朋友原來是
天生的

鄧巴數字與
友誼成功的七大支柱

前言

　　本書所敘述的研究大部分是由諸位研究生、博士後研究員、學者，以及許多外部夥伴合作的成果，這30年來，他們和我一起工作。由於他們人數眾多，難以在此一一點名道謝，但本書的一切都要歸功於他們個別和集體的努力，他們的友誼，和他們的熱忱。這可說是共同的大業，由友誼的聯結打造，充滿了樂趣。若沒有他們的貢獻，本書勢難成篇。我要對他們所有人表示由衷的感謝。

　　本書的研究經費來自英國工程和自然科學研究委員會（EPSRC）和經濟與社會研究委員會（ESRC，DTESS計畫）、利物浦大學、牛津大學、莫德林學院（Magdalen College）的卡列瓦研究中心（Calleva Research Center）、英國國家學院（British Academy）研究教授職位和「猿人露西到語言」（Lucy to Language）計畫，芬蘭阿爾托大學（Aalto University），歐盟的FP7和Horizon 2020計畫（SOCIALNET，ICTe-Collective和IBSEN計畫）和歐洲研究理事會（European Research Council，RELNET計畫），以及由皇家學會（Royal Society）和歐盟的瑪麗·居禮計畫資助的個別研究獎助金。

　　其他特別研究的經費來自大屠殺陣亡將士紀念日基金會（Holocaust Memorial Day Trust）、真啤酒運動（CAMRA，

Campaign for Real Ale）、大午餐計畫（Big Lunch Project）和多塞特（Dorset）的餅乾公司托馬斯・福吉（Thomas Fudge）。最後，但同樣重要的是，約翰・阿契（John Archer，演化心理學者）友情贊助，閱讀了第13章。

| 1 |
朋友為什麼重要？

　　30多歲的記者瑪麗亞・萊利（Maria Lally）描述了她搬離大都市的經驗。自投身職場以來，她一直都很喜歡熙熙攘攘的倫敦生活，然而當了媽媽之後，為了孩子，她搬到郊區薩里（Surrey，倫敦西南約48公里）過比較安靜的日子。她很快就發現，她非但不認識村子裡的任何人，而且也很難結交朋友，因為其他人早就已經建立了長久的友誼。她寫道：「我清楚地記得，在聽到兩名女子相約喝咖啡時，我差點就哭了出來……」我們大部分人都能體會這樣的經驗。有很多時候，我們似乎都像維多利亞時代寂寞的流浪兒一樣，站在屋外，透過水汽氤氳的窗戶，凝視著充滿歡聲笑語的舒適溫暖房間，看著屋裡的人快樂地面對一種或另一種關係。

　　友誼和寂寞是一體的兩面，在人生的旅途上，我們總在兩者之間徘徊。這十多年來醫學界的研究人員感到驚奇的是，友誼竟有這麼大的影響——不只我們的幸福快樂、健康福祉，甚至連我們的壽命長短，都受到友誼的主宰。我們不太能應付孤立隔離，然而友誼是雙向的過程，需要雙方理性地相互適應，彼此包容，願意留時間給對方，這點在現代世界中尤其明顯。就在我們認為社交生活再好不過的時候，卻突然發現自己陷入了孤獨的時疫。

　　「十一鬍子月基金會」（Movember Foundation）2014年委託的

一項研究調查了近4千名澳洲男性後報告說，朋友很少和社會支持低的男性精神困擾最嚴重，尤其是友誼只建立在如運動等共同興趣上的人更為脆弱：在社團成員結婚生子或搬遷分散後，剩下的人失去了朋友，而這些朋友很難取代。孤獨成了現代的致命疾病，迅速取代其他更常見的病痛，成為最常見的死亡原因。為什麼如此？或許我們該反過來說：如果你還不相信友誼對你有益，那麼讓我看看能不能用這本書說服你。

偉哉朋友

也許這20年來醫學文獻中最驚人的發現是：人的朋友越多，受病痛折磨的機會就越小，也越長壽。猶他州楊百翰（Brigham Young）大學社會關係與健康實驗室負責人茱利安·霍特－倫斯塔德（Julianne Holt-Lunstad）就為我們提供了特別有說服力的證據。研究專長是社會關係和寂寞對人類生存機會影響的她，檢視了148份影響人類死亡風險因素的流行病學研究報告，得出如上的結論。

對於她的研究，我欣賞兩點。首先，這148份報告共採取了30多萬名病患的樣本，不論以什麼標準來衡量，受測者的人數都很龐大，表示這些研究結果應該非常可靠。其次，它很實際，它的衡量標準是你是否能存活。許多研究的評量標準是相當模糊的問題：「如果用由1至5的尺度來衡量，你有多喜歡X？」（我也和其他人一樣這樣做過），但這些答案總免不了憑受測者個人主觀地認定問題的措詞，或視當天的感受而定。我對「我今天很快樂」的評估尺度和你的尺度一樣嗎？甚至我這週這樣說，意思和我上週的感覺一樣嗎？用你死亡與否作為標準，就徹底避免了這

樣的陷阱，因為不會有爭議——你不是活著，就是死亡，別無其他選擇。

這份報告中收集的因素包含了你的醫生最愛的所有可疑點：你體重超重的程度？吸多少菸？喝多少酒？多常運動？你住的地方空氣汙染有多嚴重？你有沒有打流感疫苗？在做什麼樣的復健訓練？有沒有服用任何藥物？不過除此之外，他們也檢視了受測者在社交世界上的一系列標準，包括如：你是已婚還是單身？參加多少社交活動？有多少朋友？你與朋友交往多頻繁，或者多常參與你所住地區的社群？你是否**覺得**寂寞或孤立？你覺得自己由其他人那裡得到多少情感支持？

報告結果最出人意表的是，影響你生存機會最大的因素是社交世界的標準，尤其在罹患心臟病和中風之後更是如此。最佳的預測指標是社會支持高低頻率對比的因素，以及衡量你融入社交圈及當地社群程度的因素。如果你在這些方面的得分高，存活率就會增加，甚至可能多達50%，只有戒菸才能達到類似的效果。以上這段話必然會讓我惹上麻煩，招致醫界質疑，但你盡可以大吃大喝，不事運動，在最汙染的空氣中生活，依舊看不出在生存方面會有什麼差別。可是沒有朋友或不參與社群活動，對你的壽命卻會有嚴重的影響。當然，這並不是說所有其他的因素都不會造成差別，只是重點在於：和你所擁有朋友的數量和質量或你是否戒菸比較起來，你那苦口婆心的醫生所擔心的其他變數其實都無足輕重。吃得更健康，做更多運動，和吃他們開給你的藥丸固然對你的健康有益，但光是交些朋友，就能讓你健康得多。

哥本哈根丹麥國家公共衛生研究所的齊格‧桑提尼（Ziggi Santini）及同僚對3萬8千名50歲及以上的人所做的分析發現，有較多好友和／或較積極參與社團組織（教會、義工組織、教育

活動、政治和民間團體）的人，比社交較少的人更不容易憂鬱。在某個程度上，這兩種社會因素可以彼此交換——有較多的朋友和較少的活動就和擁有較少朋友和較多的活動一樣——但過猶不及，原因可能在於你分身乏術，無法用心建立高品質的關係。像花蝴蝶一樣穿梭在朋友或社團之間，與有幾個一起消磨時光的好友，在心理上截然不同。你很可能覺得自己並不屬於群體，因此即使你自認為在社交圈裡很忙碌，卻依然感到寂寞。或許這就是重點：重要的是與朋友相處時帶來的輕鬆感，而非瘋狂地四處奔忙，在這裡花一點時間，在那裡花一點時間。

茱利安·霍特－倫斯塔德在另一項研究中，探討了人到了60歲之後，寂寞對他們的壽命會有什麼樣的影響。她整理了70項研究的資料，這些資料在平均7年的時間內共抽樣了近350萬人，她對照受訪者的年齡和性別，以及他們在研究開始時的健康狀況，結果發現社交孤立、獨居和**感覺**孤獨等因素，會使死亡機率提高約30%。亦即有很多朋友或與其他人（未必一定要是配偶！）同住的人，或者自覺較投入當地社群的人，比在這些方面分數沒這麼高的人活得更長久。而且我們不能把這種影響歸咎於患病或殘障的人朋友較少，或者他們因為無法出門而感到比較孤獨，因為研究人員已排除了這些特殊因素。

更有說服力的證據來自社會學家尼克·克里斯塔基斯（Nick Christakis）和詹姆斯·佛勒（James Fowler，兩位學者研究的當時都在哈佛大學，但後來都離開了）採用佛雷明罕心臟研究（Framingham Heart Study）的資料——這是針對麻州近1萬2千人的單一社區經歷數十年所進行的縱貫研究（Longitudinal study，即長期研究）。這個研究最初的設計是為了要調查造成心臟病的因素，並且納入了社區所有的成年人。由1970年代初到2003年

為止，追蹤每個人達30年之久。在這個社區所收集的友誼資料並非最理想（只要求他們列出最好的朋友是誰），但因為兩位學者調查了整個社區，因此不僅能夠重建誰和誰是朋友，也能知道誰是朋友的朋友，以及朋友的朋友的朋友。他們可以由研究對象的朋友或朋友的朋友的行為或健康狀況變化，來觀察研究對象的行為或健康狀況的變化，以此類推。

他們發現你未來是快樂、憂鬱或肥胖，以及你戒菸與否，全都與你至交的類似變化有密切的關聯。朋友的朋友的行為對你的影響較小，但仍然顯著，而你朋友朋友的朋友對你則有少量但可以看得出的影響。但在這些人之外，其他人對你則沒有影響。如果查看他們把整個社區當作一個整體的圖表時，可以明顯看出快樂的人會聚在一起，而不快樂的人也會聚在一起。如果你的朋友快樂，你就很可能也會快樂。你甚至可以看出快樂在人群中緩慢擴散：如果樣本中某人的朋友感到快樂，那麼這些人在接下來的抽樣中，就越來越有可能由不快樂變成快樂。

如果友誼是雙向的 —— 兩人都把對方列為好友，情況就更明顯。如果友誼並非雙向的 —— 亦即只有一方把另一方列為朋友，那麼效果就微不足道。儘管不憂鬱的朋友會大幅降低讓你感到沮喪的機會，但一位憂鬱的朋友使你憂鬱的可能，是快樂朋友讓你快樂的6倍。女的朋友對憂鬱的傳播，效果特別強烈。

在他們所記錄到的其他影響中，朋友和你的距離空間也會有強烈的影響。如果快樂的朋友住在離你家不到一哩的地方，那麼你變得快樂的可能性就提高25%。如果你隔壁的鄰居快樂，那麼你快樂的可能性就會提高34%。我不知道這項研究對於麻州這社區的結果是什麼，但下面這個結論對美國的家庭或許不是好兆頭：快樂的配偶或手足對你的影響遠低於鄰居對你的影響 —— 分

別只有約8%和14%！或許這正好反映了美國的高離婚率。臨床上對憂鬱症的診斷情況大致與此相同。若你見到憂鬱的朋友或鄰居，那麼在接下來的一陣子，你情緒低落的天數就會增加。

最常見的一個影響是夫妻往往會在很短的時間內相繼死亡，至少在廣泛流傳的民間智慧中常有這樣的例子。我的雙親就是如此：在我父親撒手人寰之後6個月，我母親也去世了。他們兩人生前一直都很活躍，雖然都年逾80，但大致上身體健康、心智健全。菲利克斯·艾沃特（Felix Elwert）和尼克·克里斯塔基斯檢視了美國聯邦醫療保險（American Medicare）資料庫裡近40萬對已婚夫妻的資料，發現配偶去世會使男性在不久之後死亡的機率提高18%，而丈夫死亡則會使妻子的死亡風險提高16%。死因出人意料地具體。對男性而言，妻子不論因什麼原因死亡都會增加他們因慢性阻塞性肺病（chronic obstructive pulmonary disease, COPD）、糖尿病、意外、感染／敗血症和肺癌死亡的機率達20%，對其他死因的影響則小得多。而在女性來說，配偶死亡會提高她們因COPD、大腸癌、肺癌和意外死亡的風險。對兩性而言，阿茲海默症或帕金森氏症的發病率都並未因配偶死亡而明顯提高，發展非常快速且預後不良的癌症（如胰臟癌、攝護腺癌和肝癌）的風險也並未因此增加。

在很多方面，家人就是一種特殊的朋友，也扮演和朋友一樣的角色。1947年，流行病學家查爾斯·史賓斯（Charles Spence）對紐卡索（Newcastle-upon-Tyne）嬰兒的健康展開縱貫研究。當年五月和六月在這個城市出生的千餘名嬰兒在出生後的頭一個月接受了詳細的調查，之後則斷斷續續接受追蹤調查，直到15歲為止。這項研究最明顯成果之一，是孩子生病甚至死亡的比率和大家庭的規模密切相關：親戚較多的孩子生病的次數較其他孩子

少得多，而且存活率更高。2000年代初期，我們以利物浦地區有2歲幼兒的74位年輕母親為樣本，記錄這些母親和幼兒所生的疾病，以及他們聯繫個別家人和朋友的頻率，為期1年。和近親接觸頻率較高的人，患病率較低（而非像你想像的社交接觸會導致疾病傳播），尤其如果他們接觸的人是非常親密的親戚。這點對她們的幼兒亦然。這再次證明有大家庭的人碰到的問題較少。

　　許多著名的歷史案例也讓我們對家庭的益處有更進一步的了解。我們通常並不知道這些歷史案例中的人有多少朋友，但卻確實知道他們的家庭成員是誰，尤其他們都有相同的姓氏。1607年（著名的清教徒移民在更北邊的普利茅斯岩上岸之前15年），有104名英國殖民者在當今的維吉尼亞州，他們命名為詹姆斯鎮（Jamestown，以當時在位的國王詹姆斯一世為名）的地方上岸。由於他們不熟悉當地的動植物，又無法開闢足夠的林地種植他們帶來的歐洲作物，因此缺乏食物，死亡率高，要不是當地印地安人伸出援手〔《風中奇緣》寶嘉康蒂（Pocahontas）的故事最著名〕，他們恐怕早就全部滅亡了。這些人中，全家（和僕人）一起來的情況最好，而單獨旅行的魁梧年輕人狀態最差。另一個指標性的事件則來自美國民間傳說，由90人組成的唐納大隊（Donner Party）移民1846年由密蘇里乘篷車出發，要穿越內華達山脈到加州展開新生活。一路上的延誤導致他們冬天被困在山裡，許多人在次年春天獲救之前就已死亡，這回死亡的也多半是獨自旅行的年輕人，而一起旅行的孩子和家人則能安全度過。這些移民群體經歷多重艱難險阻，但家庭的溫暖卻使他們能得到保護。

　　我們並不確切了解友誼怎麼會帶來這些健康的好處，但有幾種可能都會奏效。一種是在你生病時，朋友會送雞湯來探視，並

關懷照顧你。〔順帶一提，內布拉斯加大學醫學中心的史蒂芬‧雷納德（Stephen Rennard）及同僚研究發現，雞湯有很好的抗菌性，所以它真的如老祖母常說的，對身體有益。〕另一個原因是朋友來訪時，會讓你振作，使你心理上感覺更好，因此減輕生病所帶來的壓力，幫助你克服、快點復元。其實朋友就像阿斯匹靈一樣，帶走讓你疲累和鬱悶的短暫症狀。然而更有趣的可能是與大腦的腦內啡（endorphin）系統有關。腦內啡是在化學上與嗎啡相似的神經化學物質（endorphin這個名稱實際上是endogenous morphine「內源性嗎啡」的縮寫，內源性的意思是「身體本身的」），而且正如我們會在第8章看到的，我們和朋友一起做的許多事情都會觸發它，比如歡笑、唱歌、跳舞，甚至互相撫觸。羅格斯大學（Rutgers University）的迪帕‧沙卡（Dipak Sarkar）發現，腦內啡會刺激身體釋放自然殺手（NK）細胞，這是一種白血球，是免疫系統的突擊部隊，搜尋和摧毀使我們生病的細菌和病毒。因朋友陪伴而啟動的腦內啡似乎能調整免疫系統，增強我們對致病細菌的抵抗力。

儘管我們潛意識中可能很清楚心理健康的重要，卻往往會低估它作為我們人生成功基石的意義。如果我們的幸福感大幅降低，不論時間長短，都可能使我們陷入憂鬱，導致健康狀況惡化的惡性循環。如果我們保持正面的情緒，對一切都抱著樂觀的態度，就不但樂於社交，也會積極熱忱地處理我們所做的一切。就算面對最單調無聊的工作，我們也會更加努力。不難看出快樂、積極樂觀和勤奮的態度在人群中流傳，就像克里斯塔基斯和佛勒在佛雷明罕心臟研究中的發現。

幫個小忙？

到目前為止，我一直強調朋友對健康的好處，那是因為這個發現真的出人意表，不過在我們的潛意識深處，對此一定有一點模糊的直覺。良好的健康和參與社群並非我們由友誼中獲得的唯一好處。或許友誼最明顯的好處是，在我們不僅需要情感支持，而且還有日常瑣事需要幫助時，朋友也樂於協助我們，比如幫忙搬家，或者借錢、借工具。在小規模的傳統社會中，協助收割或建造房屋都是很重要的任務，這些工作絕非個人能獨力完成，需要家人和朋友的幫助。好朋友會更樂於幫忙，不期待你的回報，而泛泛之交則會希望作成交易：「只要你未來幫助我，我現在就幫助你。」

奧利佛‧柯瑞（Oliver Curry）對朋友的利他行為做了許多研究。在其中一項研究中，他請受訪者列出社交圈中的幾位特定人士，評估他們對這個人在情感上的親近程度，以及如果對方有需求，他們是否願意借錢或捐腎給對方。他們必須列出兩位家人，和分別在不同朋友群體中一男一女兩位沒有親戚關係的朋友——至交、好朋友，和點頭之交（沒有特別的交情）。結果發現，這個人的性別沒有太大的影響，但隨著關係由至交移到點頭之交，情感親近程度的度量和兩個利他主義的度量呈平穩持續下降。不過在每一個步驟中，家人的評分總是高於朋友，因此我們稱之為「親屬關係優惠」（kinship premium）：大多數人（雖然不見得所有的人都會如此）總把家人置於朋友之先。我們對朋友有一種義務感，這種感覺似乎是來自我們花很多時間與他們相處之故。麥克斯‧伯頓（Max Burton）的另一項研究結果也支持這種想法，他請受訪者依照下列順序排列朋友的先後：請求朋友幫忙時對方

有多大的可能會協助，自己覺得對這些朋友在情感上有多親近，以及他們多常見面。他發現我們在情感上最依戀、最常見到的人，往往正是最有可能幫助我們的人。

換言之，朋友為我們做很多事，而且我們在他們身上投資時間和精力，以確保他們會幫忙我們。

弱關係的力量

美國社會學家馬克·格蘭諾維特（Mark Granovetter）在1973年發表了一篇影響深遠而且被廣泛引用的論文〈弱關係的力量〉（The Strength of Weak Ties），他主張我們的社會世界可以分為兩種關係──強關係和弱關係。我們的關係只有少數前者，大部分的關係都是後者。他對弱關係尤其有興趣，認為這些關係提供了資訊網，我們透過這個網絡獲取憑一己之力可能永遠找不到的機會訊息。他指的是工作機會、超市特價、我們可能會有興趣的新電影，以及我們可能想去看的新單人脫口秀或音樂活動。其實，擁有朋友能讓我們去搜尋比我們自己能夠搜尋更廣的範圍。克里斯塔基斯和佛勒在他們的著作《人脈》（Connected）中估計，直到約2010年，70%的美國人都是透過朋友或家人認識他們的人生伴侶，其餘的人則大多在中小學或大學時就認識伴侶了。最近10年來，這種古老的村莊介紹作法不可避免地由網際網路的紅娘網站取代，大約40%的夫妻是這樣結識的。儘管如此，仍有30%的人是透過親朋好友介紹的老方法結識另一半，而在酒吧和夜總會（幾乎可以確定是在朋友的陪伴下）則占25%。

在小規模的狩獵－採集者社會中，這些弱關係可能讓我們發現獵物在遠處水源突然集中的情況，或得知某一片樹林即將結

果。這類資源通常很短暫，鹿或羚羊可能在一塊如茵草地上聚集幾天，可是一旦牠們吃完草之後，就往他處移動。大部分的樹木結果期都非常集中，只持續幾週。在你的活動範圍中遊蕩的人越多，就越可能有人會突然發現一棵樹的果實即將成熟。如果你非得自己搜索整個地區，可能就會在收穫已經被其他鳥類和哺乳動物吃掉──或者果實已經成熟落地，開始生根發芽之後，才看到這片樹林。

我相信沒有人在談論弱關係時能確定自己指的是誰，格蘭諾維特更是如此。他指的是我們的普通朋友，還是我們下班後偶爾會一起喝一杯，但永遠不會邀請回家的熟人？他從未說明，可能是因為他把這些人都視為彼此關聯的巨大社交網──朋友的朋友的朋友，有點像臉書一樣。隨著朋友把他們的新發現一一轉告，這個八卦網絡確保訊息傳播給我們，直到最後所有的人都有所知。雖然訊息傳遞的速度有時可能很慢，但最後總會傳到我們這裡。有時這些弱關係甚至可以提供比本週哪裡汽油價格最便宜這種消息更有意思的好處。在後面的章節中，我們會再回頭談這一點，因為事實上，這種資訊交換的朋友圈比格蘭諾維特想像的小得多。

寂寞是警訊

融入社會群體十分重要，當我們獨處或者認為自己是局外人時，通常會感到孤單寂寞，甚至心煩意亂，並會努力嘗試糾正這種情況。很少有人能夠接受在荒島上孤立無援，沒有希望的生活。即使是個性不討喜的蘇格蘭水手亞歷山大·塞爾柯克（Alexander Selkirk，《魯賓遜漂流記》的故事就是以他為本），在

如今名為魯賓遜‧克魯索的島上孤單地過了4年之後獲救，也不禁喜出望外。孤寂對我們造成極大的影響，我們會盡力找機會認識其他人。身為團體的一員讓我們覺得自己活著才有意義，我們知道自己有所歸屬，才能放鬆心情。我們知道別人需要自己時，對人生才會更滿意。

芝加哥大學的神經學先驅約翰‧卡喬波（John Cacioppo）和同僚蓋瑞‧伯恩森（Gary Berntson）、尚‧狄斯提（Jean Decety）開創了社會神經科學（social neuroscience）這個學科。卡喬波對寂寞特別有興趣，他較後期的大部分研究都致力於了解寂寞感及其功能在神經生物學方面的相關性。他提出寂寞其實是演化的警訊，顯示你出了問題——提醒你要對自己的生活做些改變，而且速度要快。甚至僅僅是在社會上遭到孤立的感受，都可能足以擾亂你的生理機能，對你的免疫系統和心理造成不利，如果不加控制，就會導致惡性循環和早死。卡喬波對這方面的大部分論點都收錄在他與威廉‧帕崔克（William Patrick）合著的精彩之作《寂寞：人性和社會聯結的需求》（*Loneliness*: *Human Nature and the Need for Social Connection*）。

匹茲堡卡內基美隆大學（Carnegie Mellon University）的莎拉‧普萊斯曼（Sarah Pressman）和同僚證實，寂寞對你的免疫系統確實有不利的影響。他們發現孤寂會導致大一新生在接種流感疫苗後產生免疫力下降的反應。他們的免疫系統受到抑制，在接種疫苗後，無法產生原本應產生的免疫力。換句話說，儘管他們接種了流感疫苗，但日後對流感病毒的入侵卻無法產生適當的抵抗力。朋友的數量對免疫力也有獨立的影響：只有4至12個朋友的人，免疫力比擁有13至20個朋友的人差得多。這兩種影響似乎會相互作用：有很多朋友（19至20位朋友的大型社交團體）

似乎總能保護你免於免疫力減弱的反應，但感到孤獨和幾乎沒有朋友則會導致非常糟的免疫反應。朋友對你真的有好處，連免疫系統的生理層面也會受益。

有一回我在書展發表演講後，有人告訴我說，他服役多年，退伍後卻生了一場大病，他畢生從沒有那麼嚴重的病情。在軍隊裡，軍方竭盡全力把軍事單位塑造得像家庭一樣，因為這能創造某個程度的關係，確保這些人在戰場上能團結一致，風雨同舟。軍中生活讓這些袍澤同吃同住，在同一個單位裡受訓和社交（通常是120至180人的連），他們彼此創造了深刻的聯繫，結果他們生病的頻率比我們在日常平民世界中所見少得多。

金大衛（David Kim）、佛勒和克里斯塔基斯採用佛雷明罕心臟研究的子樣本，採集志願參加者的血液，研究社交能力和患病風險兩者的相關性。結果發現如果受測者社交網絡圈中的人越少，他血液中的纖維蛋白原（fibrinogen）濃度就升高，而社交網中接觸者多的人，血液中的纖維蛋白原濃度就低。纖維蛋白原是促進凝血的化學物質，防止血管破裂時出血過多。它還能促進一般的傷口癒合和組織修復，正因為如此，在身體發炎、組織損傷和罹患某些癌症時，它的量就會增加。此外，由於高濃度的纖維蛋白原會導致凝血過度，因此如果它的濃度持續一段時間保持高位，就會增加血栓形成的風險。血液內纖維蛋白原的濃度高，就意味健康狀況不佳，所以這是非常直接的證據，證明擁有朋友可以緩解你不良的健康狀況，並防止未來心臟病和中風的風險。安德魯‧史泰普托（Andrew Steptoe）、珍‧華德（Jane Wardell）和同僚在另一項研究中分析了6500百名50多歲英國男女性的縱貫資料（同一個體在不同時間下，經重複觀測而得的資料），發現即使控制年齡、性別和身心健康等因素，社會隔離（但並非自覺

寂寞）依舊是他們接下來12年死亡風險的重要指標：社會孤立會使未來10年內死亡的風險提高約25%。

孤獨的影響無所不在，如果大鼠幼時遭到隔離，牠的神經聯結和神經可塑性都會降低，尤其前額葉皮質（大腦的前部，所有聰明的事物，尤其是聰明的社交事物都在此完成）的功能，以及髓鞘形成（神經元周圍脂肪鞘的組成，使它們能更快、更有效率地傳輸訊號）會永久改變。一旦造成傷害，就無可挽回。就人類而言，短時間的孤獨很少會有任何長期的不利影響，但持續孤獨卻會提高阿茲海默症、憂鬱症、失智，以及不良睡眠習慣（這往往會產生不利的心理後果）的風險。

在最近的一項研究中，澳洲昆士蘭大學的提根·克呂維（Tegan Cruwys）及同僚分析了英國老化縱貫研究（UK Longitudinal Study of Ageing, ELSA）的資料，這項研究反覆由約5千名50歲左右的人採樣。在關於他們健康和福祉的問卷中，也包括他們參與社團組織的問卷——由參與政黨、工會和房客協會到參加教會、業餘嗜好團體、音樂團體和慈善機構都包含在內。他們發現參與較多社團的人比較不會出現憂鬱的情況。這不僅僅是因為憂鬱的人不參加社團：他們追蹤一個又一個樣本，發現在採樣開始時不屬於任何團體的憂鬱者只要後來加入1個團體，就能減少憂鬱的風險達1/4，如果他們加入3個團體，憂鬱的風險幾乎降低了2/3。他們的結論是：「參與社團既可以防止憂鬱的發生，也能治療現有的憂鬱情況。」

同樣的，克萊·楊（Claire Yang）和同僚分析了4個美國縱貫健康大型資料庫的資料，他們發現在4個年齡組（青少年、年輕成人、中年人和老年人）中，不論是哪一組，社會整合程度較高的人，生理功能的生物指標調節較好：收縮壓較低，身體質量

指數（body mass index，BMI，體脂肪的量度）較低，C-反應蛋白指數較低——後者是發炎反應的衡量標準。在青春期，缺乏社會參與對發炎風險的影響就像缺乏體能活動一樣嚴重。到老年，缺乏朋友對高血壓造成的風險比糖尿病等臨床常見的病因更大。更讓人擔憂的是，社會關係對青春期和青年期健康的影響會持續到老年。珍妮・康迪芙（Jenny Cundiff）和凱倫・馬修斯（Karen Matthews）在對267名男性的縱貫研究中發現，孩子在6歲時的社會整合程度越高，到20多年後，當他們30出頭時，血壓和身體質量指數就越低。他們在控制種族、兒時的身體質量指數、父母的社會經濟地位、兒童健康和外向性格等各因素之後，得到這樣的結果。換言之，童年時期社會參與的結果會延續到成年之後。這個想法發人深省。

在另一項研究中，安－蘿拉・范・哈姆林（Anne-Laura van Harmelen）和同僚研究了近800名英國青少年，了解他們在11歲以前的負面家庭經歷對他們到17歲時罹患憂鬱症風險的影響。他們發現17歲的青少年如果先前有負面的童年經歷，罹患憂鬱症的風險就會顯著提高。負面的家庭經歷包括惡劣的教養方式、情感、肉體或性虐待、缺乏感情或與父母的聯繫、家庭不和、家庭財務問題、家人死亡、家人犯罪或失業，以及父母的精神病理狀況。第二個影響則來自於童年時期遭受的欺凌：家庭成員欺凌的頻率如果較高，就會影響孩子在14歲時的朋友數量，而在14歲時朋友數量較少，則會增加17歲時憂鬱的風險。

卡喬波主張這些影響的程度極大，對健康的後果又極有毀滅性，因此天擇自然就產生了一種機制，提醒我們面對這個問題——這是一種演化警鐘。此外，寂寞可能和（至少在青春期少女中）催產素受體基因（oxytocin receptor genes）和血清素轉運

體基因（serotonin transporter gene）相關——這是大腦中的兩種神經化學物質，在規範社會行為方面發揮重要作用。攜帶這些基因特定變體的人較有可能感到孤獨，即使在人群中亦然。

我自己對這個特定課題能做出微薄的貢獻，是拜安娜‧希德莉‧戴哈拉（Ana Heatley Tejada）之賜。她在墨西哥和牛津做了一連串實驗，發現在壓力情況下，陌生人以同理心回應你的方式會減少你的孤獨感，並對你的生理如心率等反應造成正面的影響；相反的，孤單一人或和冷漠的陌生人在一起，則會增加孤獨感和相關的生理反應。我們會對感受到的情境產生立即的回應。此外，一個人在這樣的情況下會感到多孤獨，也會受到自己的依附類型（attachment style，即與朋友互動時是天生熱情洋溢，抑或冷淡隔閡）、擁有的好友數量，以及對親密關係的重視程度所影響。有趣的是，在比較墨西哥和英國受測者時，她發現在對抗寂寞感方面，核心家庭成員之間的關係品質對英國受測者特別重要。在天主教國家墨西哥，常見的大家庭通常能緩衝人們與核心家庭成員的不良關係，而英國人的家庭規模通常小得多，欠缺足夠的親屬來提供這種保護。

總而言之，社會孤立對我們不利，我們該盡力避免。社交和朋友對我們的身心健康有很多益處。友誼保護我們對抗疾病以及認知能力的下降，使我們能更專注在我們必須完成的工作，並幫助我們更加融入和信任我們生活其中的廣大社區。在現今世界，到處都是我們不認識的陌生人，這可能特別重要。朋友代表我們需要的幫助和支持來源，並提供一群願意花時間（甚至金錢）與我們交往的人。

如果朋友對你有益，那麼需要多少朋友才夠？朋友會不會太多？我將在下一章將提供答案，然而在這之前，我應該談談我怎

麼和為什麼會對友誼這個課題產生興趣——我究竟是怎麼寫出這本書的。

本書的來由……

　　就像許多科學觀念一樣，本書所要講的故事是個人的旅程，它的發生是出於偶然。我花了25年的時間研究野生動物的行為——主要是在非洲研究猴子和單配偶制的小型羚羊山羚（klipspringer），以及在蘇格蘭西北海域朗姆島（Isle of Rum）和威爾斯西北角大歐姆（Great Orme）的野山羊。我生涯最初這幾十年的興趣在於社會演化——為什麼物種會有現有的特定社會制度。人類充其量只是我當時非常膚淺的興趣，也是因為我花了人生的前20多年沉浸在東非豐富的多元文化環境之中。然而如今回顧起來，在我生涯早期每天都會在不經意中，同時接觸到多達4種不同的人類文化，這是重要的催化劑，讓我得以培養仔細觀察任何物種社會世界的敏感，並在多年後決定把人類加入我的研究項目中。

　　我由近距離觀察猴子學到的是，牠們有非常社會性的一面，其他哺乳動物和鳥類遠遠不及。在表面之下，有很多細膩之處，必須細看才能了解它的意義。有時可以透過我所擁有的一張獅尾狒（gelada baboon）照片來說明它多麼微妙：那是一隻成年雌狒狒正由兩個女兒梳理，其中一個女兒大約3歲（即將青春期的少女），另一隻則為18個月大的小狒狒。牠們周圍的動物也擠在一起梳理毛髮。這隻母狒狒把頭放在地上，屁股翹在空中，讓小女兒梳理牠的大腿後方。她的頭轉向右邊，很可能閉著眼睛，享受在溫暖的晨光下梳毛的舒暢。牠就像任何母親在接受女兒照顧時

那般放鬆，平和……寧靜……生命還可能比這更美好嗎？

　　不過大女兒的行為卻引起我的注意。牠坐在妹妹的左側、母親的臀部旁邊。牠的右手插在妹妹的額前，輕輕推開妹妹，好接續梳理媽媽的動作，然而牠的頭卻洩露了天機。頭朝左下傾斜：牠一邊擠開妹妹，一邊注意看著媽媽的後腦勺，確定媽媽沒有注意牠的動作。牠想讓媽媽在被梳理完，感到輕鬆和親密之後，發現提供這個服務的是大女兒，而非小女兒。媽媽一定會回報梳理牠的對象，等媽媽回報時，就會是大女兒獲得媽媽的服務，牠就可以享受媽媽的梳理，放鬆自己打瞌睡。大女兒很清楚如果牠太用力，妹妹很可能會抗議，所以牠必須以溫柔但堅定的動作讓妹妹分心，讓牠找其他的事自娛，或找其他年輕的玩伴玩耍。如果妹妹抗議，或者媽媽碰巧回頭注意，必然會讓牠吃一頓排頭。

　　猴子和猿最典型的正是這種轉瞬即逝的微妙互動。漫不經心的觀察者要是不明白它所牽涉的關係動態，要是在**那個**特定的時刻不在現場了解正在發生的情況，就永遠不要想對靈長類社會生活的微妙之處有任何了解。只要一眨眼，你就會錯過它。要不是我花了幾年和動物相處，像認識一群人那樣認識牠們，我永遠不會明白眼前發生的事的意義。

　　然而1990年代，這個領域的野外研究幾乎停止了。當時經濟低迷，不論在哪一種政府預算中，這種類型的研究優先順序都非常低。因為沒有更好的研究目標，所以我轉而注意人類，用相同的觀察方法做我在猴子身上所做的事。在這一切之中，我發現了當時似乎是四個毫不相關的想法——全都在同一年。它們就是社會腦假說（Social Brain Hypothesis，即一個物種的大腦大小會決定，或者更正確地說，會限制它社會群體的規模），後來被稱為鄧巴數字（Dunbar's Number，擁有朋友數量的限制）的理論，靈

長類動物關係中社交整飾（social grooming）的重要性，以及語言演化的八卦理論（語言演變，好讓我們交換社會訊息，作為社會聯繫時間限制的一部分解決方案）。事後看來，這些想法很明顯都是同一種現象──友誼──的重要部分。它們構成了本書所依附的框架。

如今回顧起來，我明白自己很幸運。雖然我的背景是心理學者，但我的研究生涯有一半都在扮演動物學者和演化生物學者的角色，結果讓我涉足兩個通常不相往來的領域，雖然這可能會造成彆扭的壓力（尤其是必須兼顧兩種完全不相關的文獻），但這卻也使我處於難得的位置，能夠由顯微鏡的兩端同時觀察世界。幸好演化生物學原本就是多學科的領域，它的核心理論──達爾文的物競天擇演化論，很自然地把不同的線縷編織成一個連貫統一的整體。拙作《關於演化：人人都該知道的事》（*Evolution: What Everyone Needs to Know*）對這些已多所著墨，這裡不再贅述，但了解這點可能有助於說明我論點的源起，以及我怎麼會提出這樣的主張。

*

我的說明到此為止。擁有朋友似乎真的對我們有益，而沒有朋友則對我們沒有任何好處。當然，這裡的重點在於「擁有朋友」一詞。重要的是，你得在災難降臨**之前**就擁有朋友。一個原因在於，**只有**在人們已經是你的朋友之後，才可能會協助你，正如我們在後面會看到的例子。我們較不可能幫助陌生人或點頭之交，儘管我們有時聲稱自己會這樣做。交朋友需要大量的精力和時間，並非喝杯咖啡就能發揮神效，尤其其他人都有自己的朋友

圈，要騰出時間和空間結交你這個新朋友，就意味著他們不得不犧牲與其他人的友誼。

那麼，要交多少朋友才夠？

鄧巴數字

　　我是BBC名人益智節目《QI》的粉絲，一天晚上，我正好看到這個節目的主持人史蒂芬・弗萊（Stephen Fry）在問來賓有沒有聽說過「鄧巴數字」。大家一臉茫然地看著弗萊，他解釋說，這是你可以擁有的朋友數量上限，而這上限的數量就是150人，他還引用了我先前出版的書中所用過的例子。他說，如果你凌晨3點在香港機場的候機室，你會碰到並且會毫不猶豫地過去打招呼的對象總人數就是這麼多。對方會立刻知道你是誰，以及你和他們的關係，你也會知道他們與你的關係。你們有交情，沒有介紹的需要。這時，經常上這個節目的來賓也是弗萊的喜劇搭檔，喜劇演員艾倫・戴維斯（Alan Davies）假裝絕望地舉起雙手打趣道：「可是我只有5個！」這話並沒有他想的那麼離譜。通常我們確實有約5個密友，但我們也有150個普通朋友。

　　鄧巴數字似乎頗為流行。如果你google搜尋這個詞，可以發現有3480萬次點擊。其中最有趣的或許是YouTube上的一段影片，是一名年輕的荷蘭女郎把她所有朋友的面孔都紋在她的手臂上，請見https://www.youtube.com/watch?v=ApOWWb7Mqdo。令人大感驚奇的是，人手臂的長度正好容得下她152個朋友全部的面孔──這無疑是演化的勝利，如果達爾文的理論需要證明，這就是一個！但其實，這是阿姆斯特丹一位紋身藝術家的宣傳噱

頭。不過在許多方面，這反而更有趣：鄧巴數字甚至進入了紋身藝術家的世界。我喜歡把這想成荷蘭人在科學方面廣為涉獵的證據！

那麼究竟怎樣才算是朋友？也許我們得先決定朋友一詞是什麼意思，才能知道我們要算的是什麼。我採取的是一般常識的定義──那就是「朋友」這個詞在我們現實世界中的意思。儘管我們會把友誼區分為不同的強度，而且我們都有如戴維斯擁有少數密友，但在我看來，廣義的友誼和家庭關係有很多類似之處，只是我們可以選擇朋友，而無法選擇家人。在許多方面，這些關係都是關於義務感和人情的交換──你不會因為求他們幫忙而感到尷尬，而且你也會毫不猶豫地幫他們的忙。真正的朋友是你**願意**花時間和他們相處的那些人，而且也會願意努力這麼做。你知道他們叫做什麼──不僅僅名字，也包括他們的姓氏。你知道他們住在哪裡（就在你的通訊錄中），你還認識他們的家人，知道他們以前住過的地方，以及他們先前的工作。點頭之交，其中也包括你的一些同事，並不屬於這個群體，因為他們並非你會專程去尋找的人；你不會費力氣讓他們加入你更親密的社交世界。當然，你可能偶爾會在酒吧請他們喝一杯，或甚至借他們一本你不在意他們會不會還的書，但如果協助他們要耗費你很大的成本或帶來重大的風險，你不會願意幫忙。

計算朋友的人數

在思索找出一般人有多少朋友的最佳方法時，我最先想到的是用寄送耶誕卡的名單，原因有二。一個是在電子郵件和WhatsApp出現之前，寄耶誕卡給老朋友是維繫友誼的好方法，

至少在英國是如此（順帶一提，美國人對這種作法不以為然，他們不會費這麼多心思寄卡片）。只要12月一到，大多數人就開始思考該把誰列入寄耶誕卡的名單裡，這往往讓人費盡心思。他們去年有寄卡片給我們嗎？我們是不是真的和他們失聯了？他們告訴我們要搬家，但後來有沒有把新地址給我們？人們會問這些問題，表示他們是非常仔細地在評量他們友誼的性質。畢竟，不僅僅買卡片花錢，你還要付郵費。隨著寄送名單人數增加，這些費用就會迅速累積。因此，被列入耶誕卡寄送清單是關係真正有意義的標記。用耶誕卡名單的第二個原因，是因為它的週期非常規律，每年一次。一年都不聯繫似乎已是極限。如果我已經一年多都不嘗試和你聯繫，那麼未來我還會再這麼做嗎？大多數的受訪者都認為不會。

所以我說服羅素・希爾（Russell Hill）做個調查，請受訪者告訴我們，他們在那一年的耶誕節把耶誕卡寄給了哪些人。我們不僅想知道人們發送了多少張卡片，還想知道他們家裡有些什麼人，他們最後一次和家中每一個人聯繫是什麼時候，以及他們覺得自己和每個人之間的情感親密程度。儘管我們很清楚地要求他們的答案要排除自己的醫師、律師、肉販、麵包師，以及其他任何純屬商業或宗教關係的熟人，但有些人寄卡片總是會比其他人更大方。不過這依舊似乎是合理的標準。即使如此，要做完我們對你耶誕賀卡清單上不分老少每一個人的問卷調查，再怎麼保守地說，都是漫長而乏味的任務，僅僅這個原因，就很可能讓他們不致輕率地把不相干的人列入寄送耶誕卡的名單內。

第一批受訪者樣本的結果是平均朋友數為154人，包括兒童在內。我們的受訪者平均發送了68張卡片，而平均每個收到卡片的家庭大約有2.5個收件人。這個樣本免不了會有很多變化。有

的人寄卡片的對象不到20人，但也有最多的374人。不過穩定的高峰落在120至170之間，兩端尾部則迅速下降。換言之，絕大多數的人都寄送卡片給大約150個對象，而且雖然有些人確實寄卡片給200多人，但這種人的數量相對較少。

幾十年前，彼得・基爾沃思（Peter Killworth，英國海洋學家）和羅素・巴納德（Russell Barnard，美國人類學家）曾以創新的方法估計人們社交網絡的大小。他們打算運用史坦利・米爾格蘭（Stanley Milgram）在1960年代推廣的「六度分隔」（six degrees of separation）理論——這是個很好的例子，說明科學多常借用在某個背景的想法來研究或解釋截然不同情境下的事物。1929年，匈牙利作家佛里吉斯・卡林西（Frigyes Karinthy）寫了一個短篇故事〈鏈〉（Chains），他認為只要透過6個中間人，就可以接觸到世上任何人（曾有人帶我去一家布達佩斯的咖啡館喝啤酒，據說他就是在此寫出這個故事）。米爾格蘭打算測試卡林西的說法，他做了一個著名的實驗，證明在美國確實只需要6個中間人，就能聯繫任何2個隨機選擇的人。他請美國中西部的一些人透過他們所認識的人開始，輾轉透過認識的人發信給住在美國東岸波士頓的特定陌生人。比如，你叔叔吉姆是一家航空公司的機師，他很可能認識飛波士頓航線的同事，而這位同事又可能認識你目標人物在波士頓公司的同事，以此類推。這是個真的實驗，鏈中每一步的人都要把他們的名字填在信封上的名單裡。結果發現，你在鏈中幾乎不需要超過6個人，就能和任何隨機選擇的人搭上關係，你和世上任何人之間，永遠不會超過6個「中間人」。

基爾沃思和巴納德只對這條鏈的第一步有興趣——你會把這封信交給誰。它的邏輯是，這是你可以放心請他幫忙的對象，

這正是我先前所提「朋友」的關鍵定義。他們給受測者在美國其他地方多達500個不同的目標人物，想知道這些受測者何時會不再有可以詢問幫忙的新人，而開始重用已經用過的人名，因為這就說明了他們社交網絡規模的限制。兩個實驗平均的結果是134人。由於你可能不會由幼童開始這許多鏈結，因此加上幼童的人數，將使你的朋友總數達到約150左右。這個範圍大約是30至300，和我們在耶誕卡研究中發現的結果很類似。後來我在曼徹斯特大學的兩個合作研究者艾利斯特・蘇特克利夫（Alistair Sutcliffe）和詹斯・班德（Jens Binder）請250名學生和教職員工說明他們有多少朋友和家人。他們採用的定義非常寬鬆，以免讓人們受誤導而給特定的數字。結果範圍定義廣泛的親友平均值為175。

另一方面，希爾發現可以由「鴛盟真實婚禮調查」（The Knot's Real Wedding Surveys）網站下載美國婚禮賓客人數的資料，發現平均客人的人數是144，而且過去10年來這個數字都非常一致。有趣的是，維吉尼亞大學的嘉莉娜・羅德（Galena Rhoades）和史考特・史丹利（Scott Stanley）在美國婚禮資料較早的樣本中，得出了一個結論：婚禮來賓數量達150人以上的婚姻，較賓客人數較少的婚姻更穩定持久，而婚禮規模很小（賓客少於50人）的婚姻，婚姻最難維繫。他們認為這可能與在更多人面前示愛，使你更難（或更尷尬？）在幾年後宣布婚姻失敗。果真如此，這似乎意味著非凡的遠見：這表示你邀請參加婚禮的賓客人數，反映了你對這段關係可能持續多久的直覺，而且想必你們倆都同意這一點。老實說，我認為這不太可能。也許較不那麼偏激的解釋是，邀請很多人參加婚禮的夫妻有更大的親友網絡，這些親友能協助他們緩衝高低起伏的關係。

與此同時，我也與芬蘭阿爾托大學的基莫・卡斯基（Kimmo Kaski）及研究小組合作。基莫是直率的統計物理學家，永遠熱情洋溢，對一切都充滿了興趣，擅長社交——拜他提供種種介紹之賜，使我得以在與他配合之後，合作的人脈規模大幅增加〔我認為這種現象該有特別的名詞，所以稱之為「卡斯基的彈射」（Kaski's Katapult），顯示你的社交網絡更上一層樓〕。透過基莫，我們有幸取得了某個國家規模龐大的手機資料集，其中包含約600萬個用戶1年的電話記錄（是這個歐洲大國所有電話用戶的20%——如果你要猜，那麼我可以告訴你，不是英國或芬蘭）。當然，人們撥打的許多電話都是商務電話，或法務或免費電話（0800-）號碼，不過我們很快就把其中大部分這類電話都過濾掉了（至少這對電腦學者十分容易）。我們根據的是下面這個標準：撥給任何號碼的電話必須有來自該號碼的回覆，才能算是一段關係，結果我們得到的仍然是非常龐大的樣本，約2萬7千人的所有完整電話記錄（順便補充說明：我們不知道這些電話的內容，因為它們並沒有錄音，我們只知道他們撥出或撥進的號碼）。人們撥電話對象的平均總人數約為130，而由於你不太可能撥電話給你認識家庭中的小孩，因此實際人數接近150，令人非常鼓舞。再一次地，人們打電話對象的人數變化範圍介於100和250之間。

　　其實這個數字是人類社群的自然團體規模，隨處可見。我最先是在小型社會（獵人－採集者和傳統農業社會）見到這個數字，大約十幾個類似社群的規模為148.4人。新墨西哥大學馬可斯・漢彌爾頓（Marcus Hamilton）後來採用不同的資料集研究，得出的值是165。這似乎也是中世紀之初英國村莊的典型大小，這個資料來自《末日審判書》（Domesday Book），是征服者威廉

在1086年下令完成大規模調查的完整人口普查記錄，為的是要了解他在20年前黑斯廷斯戰役（Battle of Hastings）中奪來了什麼，好讓他決定應該徵多少稅。這份獨特的文件涵蓋了英國的每一個郡，記錄了每一棟房子、每一塊田地、每一個犁、每一頭牛和馬，以及擁有它們的人。唯一沒有記錄的是居住在每一棟房子裡的人數，因為這與稅收無關。然而，歷史學家用房屋數量乘以當時家庭平均的人數來估計村莊的大小。在英格蘭和威爾斯的每一個郡，每個村莊的平均規模幾乎正好都是150人。

7個世紀後，英格蘭教會（Church of England）盡心記錄人口的出生（或者更確切地說是受洗）、婚姻，和死亡（葬禮）。儘管因為時間、人為疏失、氣候、昆蟲、洪水和祝融，摧毀了一部分載有這些記錄的教會檔案，但還是有很多資料保存下來，讓我們能有十八、十九世紀村莊生活的豐富史料。歷史人口統計學家已經能由這些資料重建當時的家庭規模、生育率、死亡率和人們的壽命，以及過去幾世紀中這些項目怎麼變化。在我們眼中更有趣的是，他們還能用這些記錄以任何時候活著的人數來確定村莊的實際規模。在《末日審判書》之後7個世紀的1780年代，英格蘭村莊的平均規模仍然只有160人。

義大利經濟學家馬可‧卡薩利（Marco Casari）和克勞迪歐‧塔格利亞比特拉（Claudio Tagliapietra）最近又提出另一項歷史例證。他們用歷史記錄來測定1312至1810年5個世紀之間義大利阿爾卑斯山特倫蒂諾（Trentino）區社區的規模。這些記錄特別精確，因為是以規定哪些人可以使用社區牧場的放牧協會紀錄本為準。儘管在這500多年的時間裡，這個地區整體的人口由8萬3千人增加到近23萬人，但社區的規模卻很驚人地穩定保持在175人左右，也就是說，儘管人口增加，官員仍然寧可分割協

會，讓它們保持小規模、易於管理，而非放任它們擴大到失控的地步。這樣做的原因不是因為他們的土地用完了（畢竟他們的土地足夠成立新協會之用），而是因為如果協會的規模太大，就很難控制。

哈特教派（Hutterites）則提供了現代的例子，這個教派是基督教重浸派（Anabaptist）的一個分支，教友在十九世紀中葉由中歐移民美洲，定居在美國南、北達科他州和加拿大南部。他們採用公社化的生活方式，由整個社區（好吧……社區的男性成員）民主管理公有農場。哈特教派堅持社區規模一旦超過150人，就必須分割，因為他們說如果社區超過這個規模就不能光靠同儕壓力管理，而需要法律和警力，那就違反公社主義的精神。社區分割後，一半的人遷出，在附近創立新的社區農場。我與美國人類學家理查・索西斯（Rich Sosis）在上個世紀用社區分裂分析得出的結果是：社區分裂為兩個獨立的譜系時，平均大小為167人。

當代世界也有幾個鄧巴數字的例子。最有名的一個早在社會腦假說提出之前許久就已出現，那就是製作防水布料的Gore-Tex公司，於1970年代由魏拉德・高爾（Willard Gore）創立。他明白大公司效率受限的一個原因在於規模：員工不再傳遞訊息，而且不願意信任彼此，為了避免這個問題，他堅持公司所有工廠的員工都得少於200人，以確保人人都互相認識，並且彼此合作。另一例是瑞典政府的稅捐單位，他們重組結構，讓每一位稅務員都只處理150位客戶，而且只限這些人，讓他們能面對面認識客戶。最近的另一個例子是阿姆斯特丹特別打造的艾伯格（IJburg）中學，學生人數雖然共800名，不過卻是以約175名學生為單位，自給自足的 "deelscholen"（學習社區）組成。

換言之，自然的人類社區和個人社交網絡的典型規模似乎就

是150人左右。這看起來可能是兩件不同的事，但請記住直到平價、快速的運輸在約100年前出現之前，你個人的社交世界就只有你的村子。你可能認識一些鄰村的人，你的表親或叔叔可能去大城市工作，但除此之外，你的整個社交圈就是你的村莊，你和村子裡的其他人共享那個世界。

網路上的朋友

一提起鄧巴數字，最常見的回應就是：「不可能，因為我在臉書上有500……1000……2000個朋友。」確實，由於臉書的成長和它推薦朋友的朋友的朋友……是你可能認識的朋友的策略，有些人在網路上的「朋友」人數已達相當高的數字。但真正的問題是，這其中有多少是**有意義**的朋友。幾年前我曾接受一位知名瑞典電視節目主持人的訪問，他決定在節目中測試這個問題。就和所有媒體人一樣，他因為常在媒體前曝光，因此擁有非常多臉書粉絲。他想要拜訪粉絲名單上數千人的每一位，看看鄧巴數字是否真確。所以他花了幾個月的時間在北歐四處漫遊，帶著攝影小組追蹤他臉書粉絲名單上所有的人，甚至不請自來，闖入某人的婚禮。他後來在節目上報告他實驗的結果時，不得不承認我可能是對的。歡迎他到訪的人都是他原本就認識的人，原就屬於他個人的社交圈。其餘大多數人對他的出現都表示驚訝，有些人則說他出現真的不太方便，還有人因為他的魯莽而饗以閉門羹。經過這一番努力，名單上大多數人似乎根本不能算是朋友。其實他在節目中訪問我時，我就已警告過他了。

那麼一般人在臉書上**究竟**有多少朋友？

我們對這個問題的一次探討，是源自與多塞特的精品麵包餅

乾業者托馬斯・福吉（Thomas J. Fudge）的合作。他們對人們與朋友一起做的事有興趣，想用作廣告宣傳，而我則想要找出人們在網路上的友誼網，因此我們的興趣有了交集。在這個計畫中，他們用了兩個不同的全英民意調查樣本，總計近英倫三島的3500人，受訪者被問到他們社交媒體帳戶上有多少朋友，平均是169人，大多數人的朋友數是在50至300之間，和我們在非網路樣本中所得的結果差不多。所以人們在網上的朋友並不比現實世界的朋友多。

湯瑪斯・波萊特（Thomas Pollet）和山姆・羅勃茲（Sam Roberts）對荷蘭大學生做了抽樣調查，以了解他們使用社媒的方法對他們的社交網絡規模有什麼影響。他們在網路上和非網路加起來的平均朋友數是180。在社交媒體上花較多時間活躍的人，網路朋友圈較大，這並不足為奇：上網時間越長，你當然有更多時間接觸更多的人。但他們在網上花的時間與他們在面對面真實世界的社交網絡規模並不相關——也和他們與離線親友的情感親密度沒有關係。因此至少由這個樣本來看，在社媒上活躍未必能讓你有更多的朋友。

充滿創意的軟體工程師兼實業家史蒂芬・伍弗蘭（Stephen Wolfram）對人們如何使用網際網路做了更全面更精采的分析。他收集了100萬臉書用戶頁面上的朋友人數，並在他的部落格發表了人數分布圖。這張圖有兩個重點：第一，大部分人的朋友數都在150至250之間；第二，圖的右方有一條很長的尾巴，顯示極少數人有非常大量的朋友。就和我們規模小得多的烘焙商福吉樣本一樣，只有非常少的人列出400位以上的朋友，朋友人數超過1000位的人更是寥寥無幾。儘管如此，由於臉書用戶人數眾多，即使是非常非常大數字中的一小部分，也足以讓幾乎每一個

人都認識臉書朋友多達1000名以上的人。

同時，也有兩個不同的物理學者團體因為受到鄧巴數字的啟發，而萌生研究網路世界流量的想法。詹‧哈特（Jan Haerter）和他在哥本哈根大學的同事檢視了挪威奧斯陸大學5600位教職員工和3萬名學生在3個月內所發的2300萬封電郵，對象包括他們彼此之間和對大學外的約1千萬人。他們檢視這段時間聯繫人加入和失去的模式，以及訊息是否得到回報（發送電郵後收到回覆，意味著有真實的關係），得到的結論是聯繫人的數量穩定保持在150至250人之間。

另一組學者，布魯諾‧岡薩夫斯（Bruno Gonçalves）和亞利山卓‧維斯皮格納尼（Alessandro Vespignani）*則查看推特上的對話（即推特帳戶追隨者社群成員）。他們花了6個月檢視約3億8千萬推文，並擷取2500萬則對話作詳盡的分析。他們並不是只看人們所擁有的粉絲人數，而且也考量關係的親疏（以推文數量為指標）。這使他們得以排除只有1-2次交流的閒聊，而專注於更重要的關係。他們得出的結論是，如果把親疏納入考慮，那麼任何人擁有的聯繫人數量通常是在100至200人之間。

因此，與一般人再三聲明的相反，大多數人其實在臉書上並沒有很多朋友。確實，少數人是有，但我們大部分人臉書朋友的人數與我們在日常面對面世界中的人數範圍都相同。實際上，我們臉書的大多數朋友很可能就是日常生活中的朋友，或許再加上我們在網上認識的另一些人。我們中有些人對交友可能更熱情，願意把我們不真正認識的人加為朋友，但這個數字其實很小。大部分人都很謹慎，不願讓不相干的陌生人窺視我們的私人世界。

---

* 據我所知，他們是最早在學術期刊上用「鄧巴數字」一詞的人。

你我之間的差異

我們所看到的研究一致顯示，人們擁有的朋友數量各不相同，其範圍的變化通常在100至250人之間。這顯然又帶來了另一個問題：為什麼有些人的朋友比別人多。這有許多可能，包括性格、性別和年齡。

在我們最初的研究中，請了250名英國和比利時女性各自填寫一份冗長乏味的個人社交網絡問卷調查，這些女性列出的朋友人數與她們的年齡之間，呈現明顯的∩形關係。社交網絡的規模一路增加，到大約30歲為止，然後保持穩定，到大約60歲時開始下降。在烘焙商福吉研究中，調查機構為我們所取得的樣本社交網絡規模隨年齡呈穩定直線下降（此例是以臉書上的朋友數量為準），18至24歲的人社交網絡約為250人，到55歲以上則為73人，30、40歲的人所擁有的朋友數則幾乎正好是150人。

我們對年輕人擁有較多朋友的解釋是，他們對加朋友較不挑剔。我們知道年幼的兒童就是如此，他們會把任何想結交的朋友對象當作朋友，即使對方對他們毫無興趣亦然。隨著年齡的增長，我們學會了該信任誰，該提防誰，在選擇朋友時也更嚴格。要找出你和其他人對世界觀點的差異細節，需要的時間可能比我們想像的更長——這點在第15章會再談。重點是年輕人對友誼的定義較寬鬆。

另一種可能的解釋和這個解釋未必互相排斥，那就是這種年齡趨勢反映了人們社交優先順序的變化。年輕成年人的行為就像謹慎的消費者，他們在潛在的朋友圈中盡可能廣泛取樣，以便尋覓最好的人生伴侶和朋友。因此他們把時間廣泛分配給朋友——畢竟他們比長輩有更多時間可以這樣做，而且如果他們可以因此

而由眼前的對象做更高比例的取樣，就該樂於犧牲友誼的品質，追求朋友的數量。等到30歲之後，他們會辨識出最佳的朋友人選，對選擇也變得更加挑剔。就某種程度而言，這可能是他們在為人父母之後不得不如此。正如每個新手爸媽都知道的，在養育幼兒之初，空閒時間必然會減少，這當然會影響用於社交的時間（和精力）。我們放下泛泛之交，集中時間和精力在少數非常重要的朋友身上。因為放棄了普通朋友，所以社交網絡的規模有幾十年時間穩定保持在150人左右。

有趣的是，1970年代我們在衣索比亞研究獅尾狒時，也記錄了完全相同的情況。雌獅尾狒在哺乳期的能量需求極高，隨著寶寶年齡增長，需要更多的乳汁，使媽媽不得不持續增加哺乳時間，因而逐漸退出除了核心社交夥伴之外的其他互動。一旦寶寶（大約1歲時）斷奶，媽媽的壓力消失，就能恢復與普通友伴的社交……當然，直到下一個寶寶出生，循環再度開始。這似乎是不分物種的問題。

人類生命週期最後的階段約60歲開始，這時我們開始因朋友去世而喪失友伴。如果我們在較年輕時失去朋友，可能是因為他們搬走了，我們只要繼續社交，就可以結識新朋友。然而到了老年，我們缺乏結交新朋友的精力和動機（而且也不再那麼活躍）。此外，我們現在不再那麼適合前往年輕時結交朋友的場所。我們已經不太清楚在那些環境下適當的行為準則，甚至也不知道該如何和陌生人搭訕。所以我們不再那麼樂意為結交新朋友取代老友而出門。結果我們的朋友和家人逐漸減少，直到年逾古稀，只能日復一日待在家裡，只靠著一兩位親近的人照顧生活，直到最後生命結束。

然而朋友的數量在各個年齡層中仍然有很大的變化，因此除了年齡之外，顯然還有其他因素發揮了作用。其中最有可能造成影響的是個性，外向和內向的區別最為明顯。我得說我對以個性作為心理建構元素並不以為然，主要是因為它是心理學家考慮的第一個因素——有時是唯一的因素。儘管如此，湯瑪斯·波萊特還是比較了荷蘭樣本中的個性元素，發現外向的人通常確實比內向的人有更大的朋友圈，兩性皆然。我們先前對英國和比利時女性的社交網絡分析發現，平均而言，社交網絡規模較大的人，在情感上的親密關係比社交網絡較小的人少。波萊特研究的外向和內向的人也都有同樣的情況。總之，外向的人就像翩翩飛舞的社交蝴蝶，來回穿梭，卻並沒有在任何人身上花很多時間。

　　這就好比我們擁有相同數量的情感資本（把它想成你與他人共處的時間），內向的人集中精力在少數人身上，外向的人則把它薄薄地普遍分布在許多人之中。因此外向者的友誼平均來說比內向者淡薄。由於人們支持你的意願與你和他們社交所花的時間（以及他們感覺與你的情感親密與否）有直接的關聯，因此可能會造成一個結果：外向的人不太容易受到朋友的支持。就彷彿內向的人因為對社交世界感到不安，因此比較樂意投資在他們非常了解而且可以真正依靠的人身上。這兩種策略無所謂好壞——只是兩種不同的方式，確保你的社交網絡會提供你想要得到的各種支持。內向的人可能更偏愛情感上的支持（尋求安慰），而外向的人則偏愛關於更寬廣外界的資訊。換言之，這一切都取決於你認為較有價值的資源。

親戚朋友

到目前為止，我一直都把任何在臉書上和你有關係的人稱為「朋友」。然而在社交網絡上，卻有一個我們（和臉書）都默默忽略的重要層面：家人。事實證明，我們的社交世界由兩組截然不同的人組成，即朋友和家人 —— 或者如古語稱的kith* and kin（親戚朋友）。我相信大部分人總把家人視為一種社交擺設，而更喜歡與朋友相處，也許這就是為什麼臉書和其他社媒通常會把重點放在朋友上。儘管如此，即使我們花更多精力去見我們的朋友而非其他家族成員，但家族卻是我們社交網絡的重要部分。在我們研究的英國和比利時婦女社交網絡中，一般人有一半的社交網絡都是由大家庭的成員構成。

在更仔細觀察一般人社交網絡中的家庭部分時，我們很快發現社交網絡的這兩半行為截然不同，就好像我們的確有兩個完全分離的社交世界，雖然偶爾彼此交錯，但大部分時候都相當獨立。一方面，我們似乎以家人為優先，一個例子是在我們的女性網絡資料中，出身大家庭的人實際上的朋友數量較少。在我們做這項研究之前多年，麥特・史普爾斯（Matt Spoors）和我對人們的核心網絡（每月至少聯繫1次的人數）做了採樣，發現完全相同的結果：在社交網絡中列出親屬數量很少的人，有更多的非親

---

* 'Kith' 是安格魯撒克遜的古語，意指朋友。它最先的意思是「眾所周知的事物」（couth 的事物），指的是你所住的地區，以及住在其中的人。後來Kith指的是你所住地區雖非你家，但仍然是你所熟識的地方。它的反義詞是 'uncouth'（unkith），最初意思是不熟悉和不「適當」的事物 —— 因此到現代成了「未開化」的意思（顯然這適用於所有不屬於你部族的人，因為他們不了解你的方式，因此會有你認為離譜、不合適或是奇特的行為）。

戚朋友，反之亦然。我記得有一次我在科學展上演講後，有人告訴我說，她和配偶就是典型的例子。她來自非常大的家庭，所有的時間都是和眾多堂表兄弟姊妹、阿姨和叔伯相處，所以她真正的朋友很少；相反的，她丈夫來自很小的家庭，他有很多朋友。

這似乎是因為我們的網絡僅限150個左右的位置，而我們會先納入所有的家庭成員，如果還有剩餘的空位，才開始把和我們沒有親戚關係的朋友加入其中。按照這意義說來，朋友很可能是較新的現象，是過去兩個世紀家庭規模急劇縮小的結果，尤其是在歐洲和北美。在不避孕（至少在現代醫學提供小藥丸有效避孕之前）的人口中，一對高祖父母異族通婚（和直屬親屬以外的人通婚，幾乎所有已知的人口都有此特色）之後，三代同堂（子女、父母、祖父母）的社群就大約是150人。這點本身就很有趣，因為這大概就是社群裡年紀最大的成員根據個人經驗能記得誰是誰（祖父母的祖父母）的記憶，因此能夠具體說明每一個人憑藉婚姻和出生而有的關係。這種規模社群中的每一個人，都與其他人有最遠是第三代表親（third cousin）的關係，而且大部分人的關係更近。就如人類學家一再提醒我們的，在小規模的社會中，親屬關係是調節社會生活唯一最重要的因素：它決定我們與某人交談時態度尊敬的程度，我們能否和他們開玩笑，我們承擔什麼義務，甚至我們可以與誰結婚。它的影響無處不在，它提供社會的組織結構——至少到村莊的程度是如此。

有個特別發人深省的事實能證明這一點，那就是舉世6個主要的親屬稱謂系統中，對於比表親關係更疏遠的人都沒有稱呼，就彷彿這是人類社群的自然極限，超越神奇表親圈外的每一個人都是無足輕重的陌生人。在大多數傳統人種學的社會中，任何加入這個社群的人都必須被分派某種想像（或虛構）的親屬關係，

通常是被某人收養為兒子，或者被某人當作兄弟；否則他們在社群裡就毫無地位。被收養者的所有親屬都會成為收養者的親屬，與真正的親屬有相同的權利和義務。我們對領養的孩子也有同樣的作法，而且當然，我們對非常親密的朋友也一樣，儘管他們不是孩子的親阿姨或叔叔，我們還是教孩子稱呼他們「瑪麗阿姨」或「吉姆叔叔」。親屬關係對小規模社會非常重要，因此可以視為人類社交世界主要的組織原則。

由此衍生的一個想法是，在所有條件都相同的情況下，我們對於幫助親戚比幫助朋友樂意得多。這有時稱為「親屬關係優惠」（kinship premium）。想想如果突然有陌生人和你聯絡，說他們是你失散多年的堂表親，你們有同一位高祖母。你或許只會問幾個問題證實是否如此，而一旦你接受了他們的說法，就會招待他們留宿──他們願意在你家多待一陣子嗎？但如果這人說他們是朋友的朋友的朋友，你的反應很可能會大不相同：在客套一番之後，你可能會建議他們去問問附近的旅館有沒有空房，並提議他們如果有空，不妨來喝杯茶⋯⋯

親屬關係優惠似乎是源自於演化生物學最基本的原則，親屬選擇（kin selection）理論──我們對近親比對遠親更可能做出利他而比較不自私的行為，對遠親又比對不相關的人更可能這麼做。這有時稱為漢彌爾頓規則（Hamilton's Rule），是以紐西蘭演化生物學家比爾・漢彌爾頓（Bill Hamilton）為名，他還是沒沒無聞的研究生時，就對這點做了透徹的研究。這是所有動物（甚至植物）物種的一般組織原則。湯瑪斯・波萊特在對德國和荷蘭學生的一項研究中，就清楚顯示了這一點。他問他們上次拜訪親戚的情況，他們之間的親屬關係，以及他們住多遠。他有興趣的是，他們是否願意耗費更多心力去拜訪近親而非遠親，就像漢彌

爾頓法則預測的那樣。結果他發現這些學生確實會走更遠的距離，去拜訪和他們關係更親近而非疏遠的人。近親比遠親更值得他們多付出一點。

瑞克‧歐戈曼（Rick O'Gorman）和露絲‧羅伯茲（Ruth Roberts）採用知名的社交心理測驗「內隱聯想測驗」（Implicit Association Test，簡稱IAT），探索家人和朋友之間的差異。這項測驗的設計是為了要檢測個人在潛意識中對物體或人的心理表徵聯想的強度，常用於研究隱性偏見和刻板印象。他們發現人們對朋友的態度更正面，認為朋友與他們有更多相似的態度，但卻認為家人（但不包括遠親）比朋友更能代表他們「真正的社群」。

家人和朋友關係不同的另一點是，維持友誼比維持家庭關係更費力。我們所收集的女性網絡資料說明了通則：人通常花在親密家人身上的時間比花在密友身上的時間更多，但他們花在較疏遠朋友身上的時間卻比花在較疏遠親戚的時間多得多。疏遠的親屬關係只需要偶爾想到即可維持，但如果一段時間沒有和朋友接觸，保持友誼，它們就會很快消逝。在我們對去上大學的高中生縱貫研究中，這樣的結果很明顯。我們發現一旦朋友不那麼經常出現，就會很快（幾個月之內）由朋友名單中消失。只要幾年的時間，朋友就會變成泛泛之交——曾經認識的人。相較之下，家族成員較不需要努力維持，在我們進行研究的18個月中，他們情感的親密程度幾乎分毫不動，甚至還更親密了一點——小別確實會讓情感更密切（但僅限於親人）。而且儘管多年不見，他們依舊張開雙臂歡迎我們，仍然會在我們真正需要的時候拔刀相助。

尷尬地夾在家人和朋友之間的是姻親（在人類學中稱為affines，即透過婚姻關係而結成的親屬）。他們不是生物學上的親屬，但也並非真正不相干的朋友。他們與家人一樣，不論我

們願意與否，他們都出現在我們的生活中。麥克斯・伯頓（Max Burton）在我們的英國和比利時女性社交網絡資料庫中，檢視我們與親生家庭、姻親，和朋友互動的差異。他發現我們和朋友、家人的聯繫頻率有很明顯的區別，在這方面，姻親似乎與親生家庭成員相同。當然，我們幾乎從不會把整個姻親家族納入我們個人的網絡中。比如，通常我們只會納入配偶最親近的親屬（配偶的父母、祖父母和兄弟姊妹）；很少會納入我們手足的姻親。此外，我們往往認為姻親與我們的關係比我們親生家庭的同級成員更退一步——比如，嫂嫂就像是堂表姊妹，親近但又不太近。重點是我們仍然把他們當作家人，而非朋友。由於一個社會儀式（婚姻），使他們突然被推入不同的範疇。但關鍵的區別就在這裡，即使你的姻親和你沒有親戚關係，但他們與你以及你的近親對你的孩子都有共同利益，所以在生物學上，他們被列為親屬，就如已故的奧斯丁・休斯（Austin Hughes）在內容包含困難數學的精采小書《演化與人類親屬》（*Evolution and Human Kinship*）中所示。

值得提醒的是，我們的社交網絡中並非只有朋友和家人而已。並沒有規定我們的社交網只能包含活人。畢竟，我們的社交網是關於「關係」，而非關於特定種類的人物。所以人們也可以把剛去世的長輩納入社交網絡。我們去為他們掃墓，記得他們的生日和忌日。其實在某些社會中，人們每年都會紀念早已死去的祖先。在亡靈節（10月31日，即萬聖節），墨西哥波穆奇（Pomuch）社區的9千民眾都前往墓地，把祖父母和曾祖父母的骸骨由壁龕中移出，仔細清理，為它們穿上新衣服，到次年才更換。波穆奇的民眾認為這是與祖先保持聯繫的方式。在新幾內亞，有些部族常用背巾攜帶先人的頭骨。

事實上，你可以把你覺得重要的任何人都納入社交網絡中——你最崇拜的聖人、聖母瑪利亞、上帝本人。如果你對某些電視劇的角色特別著迷，甚至也可以把他們加入其中。你當然也可以納入你最喜愛的寵物——貓、狗、馬、雞。如果你覺得牠們和你情感特別親近，甚至可以把牠們放在最核心的五個位置。對於真正的人類友誼，我們會期望朋友關係有的某種程度的互惠，才算是真正的關係，但對於其他生物，似乎只要你認為牠們會對你說話，就足以讓你把牠們納入你的社交網絡中。這顯然適用於寵物主人（大部分寵物主人都「知道」他們的寵物會對他們說話），以及許多信仰虔誠的人（他們通常藉著祈禱，直接與聖徒甚至上帝交談）。當然，狗在這方面頗占便宜——部分原因是，牠們源自單配偶制的狼，天生就會流露情感，另外的原因則是，自從我們豢養了牠們的祖先之後的這幾千年來，我們培育牠們展現讓牠們看來深情的行為。衡量這種情感親密程度的方法之一，是人們總是偏心對待寵物。在主人的眼中，剛剛才咬了無辜陌生人的狗絕沒有錯，牠一定是無辜的。

| 3 |

大腦與朋友

我們朋友的數量限制為150，這個數字並非憑空杜撰。其實我已由分析猿與猴社會群體的規模和牠們腦部的大小，做了這樣的預測，不過那是我在嘗試解決當時我認為與群組大小限制無關緊要的小問題時意外得出的結果。行為科學家並不像物理和化學這種硬科學，常有機會做出嚴謹的預測。行為和社會科學家所做的預測通常是微不足道，顯而易見的事實。預測人類天生的群體規模小到只有150人實在令人匪夷所思，沒有人料到這會是真的。讓我解釋這個數字是如何得來的。

大腦與群體規模

1990年代初，我在鑽研一個當時看來雖然微不足道，但卻非常惱人的問題，那就是靈長類為什麼會花這麼多時間梳理彼此？當時一般的看法是，梳理主要是為了衛生——去除毛皮上的草屑和其他植物碎片，保持皮膚清潔健康。梳理毛髮確實可以達到這些目的，但在觀察野生猴子多年之後，我發現牠們梳理的時間遠遠超過純粹出於衛生目的之所需，讓我大感訝異。互相梳理很顯然具有強烈的社交性，而且讓牠們深感愉悅。

當然，梳理有助於毛皮清潔，而且當初必然是因為這個原因

而發展的。但不知為什麼，在靈長類（以及其他社會性很強的物種，例如馬科動物，甚至有些鳥類）演化的過程中，卻被歸為更明顯是社交的功能。有些最愛社交的猴子1天有1/5的時間花在互相梳理上，如果說這一切是為了衛生，根本沒有意義——尤其其他體型相似的物種只花1%至2%的時間互相梳理。問題是該如何測試這兩種解釋。

　　我想到一個方法：不同物種花在梳理上的時間是否與牠們的社交群體規模（意指互相梳理修飾的社交功能）相關，抑或與牠們的體型（衡量牠們得清理多少皮毛）相關。結果發現，動物互相梳理的時間確實與群體的規模有關，而和體型完全不相干。這證明了我的看法。就在一兩年前，蘇格蘭聖安德魯斯大學（St Andrews University）的安迪・懷登（Andy Whiten）和迪克・伯恩（Dick Byrne）才提出：猿與猴的大腦比其他哺乳動物大，因為牠們生活在社會結構較為複雜的群體，他們用中世紀義大利政治學者尼可羅・馬基維利（Niccolò Machiavelli）之名，把這個理論稱為「馬基維利智力假說」（Machiavellian Intelligence Hypothesis）。我想到，如果此說為真，那麼彼此梳理的時間、群組的規模和大腦的大小都應該相互關聯：大群體會比小群體有更多的二元關係（更多可能的友誼配對），因此大群體物種的動物需要較大的大腦來管理這些，同時也必須花更多的時間彼此梳理，才能讓整個群體結合在一起。後來也確實證明在靈長類中，大腦的大小和花在互相梳理整容上的時間，與整個群體的規模成正比。

　　發現這種關係後，我忍不住提出了顯而易見的問題：大腦的大小和群體規模之間的關係，對人類群體的自然規模有什麼意義？在提供靈長類大腦資料的資料庫中，也有人類大腦的資料，所以我們只要把人腦的大小（或更正確地說，新皮質的大小）填

入社會腦的公式即可。然而有一個問題，如圖1所示，社會腦假說是由群體大小和大腦大小（此處指相對於新皮質大小）一系列4個不同的等級組成，這些等級對應逐漸增大的群體規模，以及相應提高的認知能力。猿類本身就在這些等級中占有一席之地（第4級），我們要採用的就是這個關係，而非整體關係。當我們把人類新皮質的大小填入猿類社會腦公式時，得到的答案是148，若以最接近的整數來計，就大約是150。

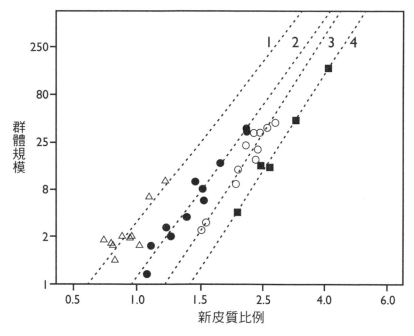

圖1. 社會腦假說。靈長類個體的平均群體規模對新皮質的比例（新皮質的體積除以大腦其他部分的體積）。新皮質是大腦負責所有聰明思想的部位：它會構成大片薄薄的一層，包覆在古脊椎動物腦（主要負責身心合一）。統計分析顯示，社會腦的關係實際上有4個不同等級：半孤獨的原猿（三角形）；社會性低的猴和社會性的原猴（實心圓圈），高度社會性的猴子（空心圓圈）和猿（正方形）。人類是圖中右上角的正方形。這些等級分別編號為1至4。

這可能是正確的嗎？人類真的生活在這種規模的群體中嗎？畢竟我們住在人口數百萬的大都市裡！但都市，甚至城鎮，都是近代才有的。5千年前，任何城鎮的人口幾乎都不會超過數千人。確實，最早有數百人群居的地點距今才只有1萬年。在那之前，回溯數百萬年直到遙遠的演化迷霧中，我們一直都是狩獵－採集者，就像仍然如此做的某些部落一樣。世界各地的狩獵採集者社會都有一個非常特別的形式：它們由分散在整個地域的3、4個營隊群體組成。有些社區又聚集在一起，形成有時稱為大型隊群（mega-band）的群體，幾個大型隊群聚在一起，形成一個部落。人們通常只與自己社區的成員住在一起，但在社區中，他們可以隨心所欲更換隊群；他們可能偶爾會走訪同一大型隊群中的其他隊群（但可能不會在那裡久居），也會與部落的其他成員交易或贈送禮物。換言之，社會的每一層都有其獨特的關係。

當時我不知道該用這些層中的哪一層作為人類自然族群的大小，與我一起討論的人類學家也都不願表示意見。其實就算他們願意表態，也會選擇隊群，但隊群是生態群體，人們在這種群體中過夜，主要是為了尋求保護，其規模取決於季節、緯度，和生態。它並非社會分組。所以我反過來問這個問題，想要知道這些各有不同大小的層中，有沒有任何一層接近150。我找到來自世界各地21個社會的資料，由北極的因紐特人（Inuit）到澳洲的原住民，由委內瑞拉的亞諾馬米人（Yanomamo）到中非森林的俾格米人（pygmies，矮人，指身高不到150公分的民族）。結果發現，在4個分組級別中，大小最接近150人的是社區（community）。人誌學社會中所用的術語往往具有一些彈性，但「社區」或者有時稱為「氏族」（clan）是指共有同一狩獵區域，每1至2年聚集在一起舉行青春期儀式和婚禮等的人。如果這些

人擁有更正式的氏族地位（就如澳洲原住民和某些北美印地安部落），他們通常就會因為有共同祖先的血緣和外婚（與社區外的人通婚）而聯繫在一起。這種隊群的大小大約100至200人，平均為148.4，和預測值147.8十分接近。

人人適用的社會腦

我最初提出「社會腦假說」時，是假設它適用於所有的哺乳動物，而且我也確實對食蟲動物（如鼩鼱和田鼠等最原始哺乳動物的大雜燴分組）和食肉動物做了一些分析。這兩類動物和社會腦雖然有一點關係，但這些關係再怎麼看都有點混亂，遠不及靈長類和社會腦的關係那麼清楚。多年後，蘇珊·舒茲（Susanne Shultz）在這方面又做了更仔細的嘗試。她觀察了有蹄類（有蹄的動物）、食肉動物、蝙蝠和鳥類，發現雖然如我們先前所發現的，靈長類群體的規模大小和大腦的面積大小之間有線性關係，但在其他任何動物群中，卻沒有這樣的關係。相反的，鳥類、蝙蝠、食肉動物和有蹄類都展現了社會腦效應獨特的特性版本：所有單配偶制的物種，大腦都大於獨自生活或者妻妾成群的小群體，或者無組織的大群體物種。而且就鳥群而言，終生配對的種類（鸚鵡、烏鴉和猛禽）和只配對一個繁殖季節，第二年就更換新配偶（比如大多數我們熟悉的後院鳥類）的種類，也有一種顯著的區別：前者的大腦很明顯比後者更大，而後者的大腦又比大多數雜交的鳥類（大部分的其他鳥類）更大。不妨想想單配偶制的烏鴉生著小小的身體和粗短沉重的大腦袋，而雜交的孔雀卻生著小腦袋和龐大的身體。

接下來，蘇珊又證明在一段地質時間內，屬於不同目的哺

乳動物大腦尺寸的增加，與牠們現有物種形成社會群體的比例息息相關。大腦規模增長最明顯的科包括類人猿靈長類（猴子和猿）、駱駝科（南美的原駝和駱馬，以及較傳統的亞洲駱駝）、海豚、大象和馬科（馬、驢和斑馬），所有這些動物現有的成員通常都有緊密的社會關係。猿猴亞目（Prosimian）的靈長類動物〔狐猴、嬰猴（galagos）及相關物種〕在這群動物中則遙遙落後，僅比大腦大小只增加了一點的狗領先一點（所有的狗科動物都是單配偶制），貓、鹿和羚羊則落在最後，這2千萬年左右的時間裡，牠們的大腦規模幾乎沒有增加（牠們大部分不是獨來獨往，就是生活在大群體中）。蘇珊後來和加拿大英屬哥倫比亞大學（University of British Columbia）的基蘭・福克斯（Kieran Fox）分析了鯨和海豚的資料，證明在這一類有密切社會關係的動物中，大腦的大小與社會群體的大小（海豚群與鯨群的大小）以及覓食方式相關。

正是這些資料讓我們明白真正的問題不是群體的大小，而是緊密的社會關係。支配類人猿靈長類社會群體與食肉動物、有蹄類動物、蝙蝠和鳥類的單配偶制配偶關係的最高原則，在於這些群體全都依賴個體化的關係，個體藉由信任、互惠和義務相互對待，換言之，就是彼此之間的友誼。

儘管如此，類人猿靈長類的社會性和食肉動物、有蹄類動物的社會性至少還是有一點差異。蘇珊、哈維爾・裴瑞茲－巴貝利亞（Javier Pérez-Barbería）和我檢視由非社會性到社會性轉變的關聯性，以及這三種群體系統發生學歷史從腦部由小到大的轉變時，靈長類特別突出，因為這兩個變數的轉換似乎是同時發生：只要一個改變，另一個也會以非常緊密的共同演化關係同時改變。相較之下，有蹄類動物和食肉動物的轉變較為草率：一個改

變，但另一個可能還是會有一段時間維持不變。此外，有蹄類和食肉動物的順序經常反轉：牠們可能會從孤獨、小的腦部轉變為社會性的、大的腦部，然後再轉換回來。這在靈長類中從未發生過，這表示靈長類的社會性和大腦大小比其他哺乳動物有更密切的共同演化關係。這是因為所有靈長類都有緊密的社會關係，而只有一些有蹄類和食肉動物有這樣的關係——而且大多與一夫一妻的配偶制度有關。

綜合起來看，這一切都顯示靈長類的社會關係有非常不同之處，只有很少數的其他哺乳動物能及。那就是牠們擁有緊密關係的強度，以及牠們可以與幾個個體，而非僅僅是一個配偶建立這些關係的事實。儘管單配偶制的配偶關係是許多哺乳動物和鳥類世系社會性和關係的高點（90%的鳥類有這種社會制度），這卻是靈長類社會制度最低的要求。

這種關係究竟是什麼意思，有許多讓人吃驚的誤解，因此在繼續探討之前，先讓我澄清幾點。社會腦假說有時被當成生態學假說的一種對立假說，解釋靈長類為什麼會演化出大的腦部。生態學對這個問題的解釋通常是：為了能聰明地尋找食物。其實社會腦假說**就是**一種生態學假說。對立假說並不是社會對覓食，而是動物是藉由個別嘗試錯誤學習，自行解決生態問題（社會群體的形成只是因為動物聚集在食物資源豐富的地方），抑或是生活在群體中，藉社交方式解決問題。在穩定、恆久群體中生活的問題在於，這需要相當多的外交和社交技巧，才能防止與其他個體貼近生活所產生排山倒海的壓力和瑣事（誰沒有這樣的日常體驗？）。如果我們不能消除這些壓力，它們對包括我們在內的哺乳動物就會造成嚴重後果，對我們的免疫系統產生可怕的影響，甚至關閉月經週期內分泌系統，讓雌性停止生育的能力。如果這

種情況繼續下去，個體終將離開群體，尋找壓力較小的更小群體。最後，我們只能獨自生活。

情感依附關係以及支持這種關係背後的複雜認知，是靈長類演化為社會群體的關鍵。一個例子是，在有依附關係的社會群體中，你的朋友會關注你，即使你決定離開，他們也會和你在一起。我們發現靈長類和單配偶制的羚羊會不斷查看牠們密友的下落，而群聚的物種（例如我研究的野山羊）則幾乎從來不會這樣做。所以社會腦假說是兩步驟的解釋：靠著活在群體中解決生態問題，而藉著擁有足夠大的大腦來因應活在群體中的壓力。

這兩種觀點之間的另一個重要區別，在於我們假設的生態驅動因素是什麼。主張以一步驟生態學的解釋來說明大腦袋原因的人只考慮到覓食；支持社會腦假說的人則強調避開掠食者的保護。這個問題其實是：哪個因素對靈長類在特定棲地繁榮的能力限制最大。現實的情況是，食物往往不是大問題，至少對素食動物而言是如此；遭天敵掠食才是嚴重得多的問題，而且顯然妨礙了靈長類占據原本很合適的棲地。我認為這方面的問題部分在於，許多研究人員似乎並不明白關係緊密的社會（包括我們自己的社會）中，社交關係實際上有多複雜。相較之下，決定要吃這種漿果而非那種樹根，根本輕而易舉。最重要的是，我們的社交世界是迄今為止宇宙中最複雜的事物，正是因為它千變萬化充滿活力，因此要了解並管理它，在資訊處理方面非常艱鉅。

腦中的朋友

所以我們要提出一個大問題，如果社會腦假說適用於不同的物種，那麼它是否也適用於同一物種之間——你大腦的大小是否

能預測你個人的朋友圈的大小？演化生物學認為應該如此，因為這是使演化出新形體成為可能的特色變異。要不是個體之間先有不同，物種之間就不會產生差異。

在過去，除非人們死亡，由他們的頭顱中取出大腦，否則就無法驗證這種假說。只是到那時，我們卻可能無法確定他們有多少朋友——我們想知道他們壯年時有多少朋友，而非他們孤單老年之時有多少朋友。不過最近幾十年來，腦造影技術已經改變了這一切。如今我們可以在人們活著的時候掃描他們的大腦，以相對無痛的方式測量大腦的尺寸和結構。最常用的技術稱作磁振造影（MRI），已廣泛運用於醫學診斷。它是用超強磁力追蹤大腦中氫或氧分子的位置，產生非常詳細的大腦圖片。

約在2006年，我和幾個人討論這樣做的可能性。如今在卡迪夫大學（Cardiff University）擔任教授的潘妮・劉易斯（Penny Lewis）當時是利物浦大學（我當時也在那裡）的年輕講師，她很想嘗試。做法是讓一群人列出朋友和家人的名單，然後送他們進掃描器，測量大腦相關部位的大小。因為我們由先前的研究知道，要求人們列出他們的整個親友網絡，不但效果不佳而且乏味，所以我們只要求他們提供上個月聯繫過的朋友及家人的數量。基於我們將在下一章將要談的原因，這與他們的整個親友網絡規模十分相關。

腦部掃描實驗非常費時，因為一次只能送一個人進入掃描器，而且他們還得先填完你給他們的所有問卷，以了解他們的社交網絡。每次掃描都需要將近1小時。儘管如此，經過許多小時的辛勤工作，我們完成了一組腦部掃描和相關的社交網絡的問卷，只需要檢視大腦的哪些部分隨著朋友的數量增加而增大最多。潘妮的作法是把大腦劃分為直徑幾公釐的小體積，然後把所

有屬於同一認知系統的部分加在一起。另外，現為利物浦希望大學（Liverpool Hope University）講師的瓊安‧鮑威爾（Joanne Powell）做了更多辛苦的分析，測量前額葉皮質及其各部分的體積——也就是你前額正後方的大腦部位，大部分的聰明思考都在這裡完成。這兩種截然不同的方法——其中之一雖廣泛，但非常細密；另一種則很集中，但非常粗糙，但它們卻展現了幾乎相同的結果。你的朋友越多，和社交技巧相關的大腦部位就越大——前額葉皮質（大約是大腦的前1/4）、顳葉（沿著你的耳朵延伸）和稱為顳頂交界處（TPJ）的區域，也就是耳後顳葉與頂葉交會之處（見圖2）。列出較多朋友的人，大腦這些區域都較大，但前額葉皮質部位似乎關係最強。正如我們將在第6章看到的，這些是大腦中與處理社會關係最密切相關的部位。然而就目前而言，知道我們擁有的朋友數量與我們在社交場合所用的大腦關鍵部位大小相關就足夠了。

在科學界，只要有新發現，通常會促使其他實驗室也重複做同一實驗，以確定它不只是意外的結果。因此在接下來的幾年裡，共有十多項其他研究用不同的友誼衡量標準以及不同的造影技術，來驗證這個假說。有些研究要求受訪者列出他們150多位朋友和家人全部的名單，其他研究則採用臉書上朋友的數量，有些研究用的是受訪者所擁有支持關係的數量，其他研究則用受訪者在社交上的活躍程度而非實際的朋友數量作為衡量標準。這些研究全都發現社交網絡大小（無論如何測量）與大腦區域體積之間的關係。有些研究強調杏仁核和邊緣系統的角色，有些研究則強調額葉和顳葉（心智網路理論的一組大腦單元，最近則稱為預設模式神經網路）。重點是，它們全都大致證實了在我們原始研究中的發現——你擁有的朋友數量與已知用來管理社交世界的大

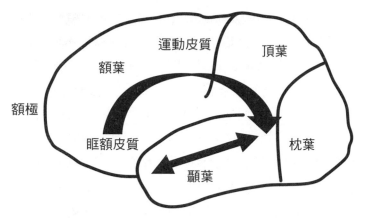

圖2. 大腦的主要區域，箭頭標出的是心智化網路（mentalising network）。

腦部位大小相關。

　　然而在許多方面，最有成果的是由郭世裕（Seyul Kwak，譯音）所領導的韓國團隊，他們檢視了整個城鎮近600名成年人，並詢問每一個人所依賴情感支持的對象，藉此為社區建立了完整的社交網絡。他們用這種方法找出哪些人最常被其他人列出來（衡量受歡迎程度的直接方法），接著由這些人取樣，掃描他們的大腦。這個研究特別重要，因為它問了其他所有人對你的看法，這讓他們確定人們**確實擁有**（宣稱你是他們朋友的人）的朋友數量，而非你**自認為**可能擁有的朋友數量（包括我們在內的大多數研究所問的問題）。換句話說，它比先前的大多數研究都更客觀。他們發現眶額皮質、背內側前額葉皮質（dorsomedial prefrontal cortex），和舌回（lingual gyrus，眶額皮質正上方的部位，有時與高級視覺處理相關，但也和事件的邏輯結構相關）最能預測朋友的數量。

　　金井良太負責的一項腦部掃描研究證實了朋友較少的人（在

此例中是以臉書上的朋友數量為準），大腦體積較小。他在做這個追蹤研究時，想了解自稱寂寞的人大腦組織是否與不寂寞的人不同。他發現寂寞的人顳葉溝上側溝（superior temporal sulcus，或稱 STS，耳旁沿著大腦兩側的顳葉部分）灰質較少。這是所有心智理論和心智化的腦部掃描研究都會探討的部位。由於顳葉也與記憶儲存（包括文字意義之類的事物）關係密切，因此它在心智化中的角色可能是：讓我們比較這類研究中所用虛擬情境（vignette）的不同事件記憶。一如我們的預期，他的研究也證實寂寞與處理社會線索的困難相關，並確認如果社交網絡規模較小，高度焦慮和同理心低等其他心理因素都會導致寂寞。然而，似乎只有社會知覺技巧才能解釋顳葉體積與孤獨感之間的關聯。

有趣的是，已有幾個研究標記了杏仁核與此的關係。杏仁核是邊緣系統的一部分，與處理恐懼和其他讓我們避免危險情況的情緒線索有關。雖然它位於大腦較老部位的新皮質之外，卻直接連接到位於大腦前部的眶額新皮質。眶額新皮質與解釋情緒線索相關，它似乎可以抑制杏仁核錯誤的恐慌反應。由於所有的關係，尤其是與陌生人的關係，都有潛在的風險（我們不太清楚陌生人會有什麼樣的行為），因此我們最先的本能就是逃跑。在沒有逃跑的必要時，眶額皮質就會抑制這種傾向——這點在求偶和交配期間可能特別重要。這是重要的提示，告訴我們不同的大腦部位會相互作用，以創造調整好的平衡，讓我們能夠在複雜的情況下有效運作。

我在牛津大學的同僚瑪麗安·努南（MaryAnne Noonan）所做的研究提供了另一個相關的重要提示。她觀察大腦的白質，發現它的體積也和朋友圈的大小有關。大腦是由兩種表面上不同類型的細胞組成：白質和灰質。灰質就是沒有裝飾的神經細胞，負

責完成所有繁重的計算工作，是大腦的計算引擎。白質基本上是連接不同灰質單元的接線，其中一些可能位於大腦內的不同位置。它們之所以是白色，是因為被稱為髓鞘的脂肪鞘覆蓋，就像電線上的塑膠絕緣層一樣。髓鞘有兩種相關的作用，第一，可以防止神經放電到另一條神經上（這會導致訊息傳導到錯誤的地方）；其次，會加快神經傳送電子訊號的速度，因此加快大腦不同部位交談的速率。瑪麗安發現，白質體積與你的社交網絡規模尤其相關。這可能就是把新皮質當成一個整體（包括灰質和白質），就像我們在最先的社會腦分析中所做的那樣，效果良好的原因。各種特定的功能，比如要弄清楚吉姆是否行為不端，並不是發生在大腦的一個小角落，而是讓訊息在許多大腦單元之間來回分流。

　　幾乎所有這些分析都是在慣用右手的人身上進行的。這是腦部掃描研究的標準做法：避免了由於大多數（但並非全部）左撇子的大腦與右撇子的大腦相反這一事實而造成的混亂情況。對右撇子而言，在我們的實驗中最能預測朋友數量的大腦部位，是大腦最前面的部位（專業說法就是緊鄰你眼睛上方的眶額皮質，或稱為內側額葉皮質的相鄰部位）。這個部位與體驗情感和控制情緒相關，似乎意味著處理有關於關係的知識，是以半自動的方式完成——或者更確切地說，是在意識界線之下進行。瓊安・鮑威爾對左撇子做了一些額外的造影研究，結果基本相同，只除了最能預測左撇子朋友數量的額葉部分是背側額葉皮質，比大腦上表面的眶額葉皮質後退一步。這個大腦部位通常與理性思考和推理有關。我懷疑左撇子對人際關係比右撇子更自覺。換句話說，右撇子和左撇子可能以不同方式處理他們的關係，一種比較著重情感，另一種比較著重理性。

接下來的一些研究已經顯示，大腦處理社交資訊的方式可能非常複雜，或許取決於所牽涉的社會背景。西維亞·莫雷利（Sylvia Morelli）和同僚請兩棟大學宿舍的每一位學生住戶提名在社交上最有價值的個人，是他們友誼、同情和支持的來源。研究人員藉此繪出了學生之間的社交網絡，使他們能夠看出誰是這些網絡的中心（即誰特別受歡迎）。他們讓其中一部分學生看其他人的照片，同時掃描這些人的大腦，結果發現這些學生在看到身為社交網絡中心個人的照片時，與心智化相關的大腦部位（即內側前額葉皮質、顳葉和楔前葉）和與價值處理相關的部位（腹側紋狀體，ventral striatum）活動都增加，即使在控制個人與身為社交網絡中心的個人關係時也是如此。

諾姆·澤魯巴維（Noam Zerubavel）和凱文·奧克斯納（Kevin Ochsner）對兩個各有14名成員的小型學生俱樂部所做的研究，也發現了類似的結果。他們請每個人為俱樂部的其他成員按照他們受歡迎的程度打分數，然後在他們輪流觀看每個俱樂部成員的照片時掃描他們的大腦。就如莫雷利所做的研究，看到較受歡迎成員的照片會造成大腦心智化和評估部位更多的活動，後者包括眶前額葉皮質、杏仁核、腹側紋狀體。然而，在他們的案例中特別有趣的是，評估部位的活動只發生在自己受到很高評價的人腦中。被評為不那麼有吸引力的人看照片，腦部活動並沒有差異，不過他們的這些大腦部位整體確實顯現出更高程度的活動。換言之，較不受歡迎的人似乎更加注意每一個人，而較受歡迎的人則只對最受歡迎的個人（社群領袖）有興趣。

在第三個研究中，卡洛琳·帕金森（Carolyn Parkinson）和同僚在一班MBA研究生的腦部也發現了類似的活動模式。這一班的每一個學生先根據自己與他人共度的閒暇時間多寡來評估其

他人。然後由20名志願者觀看其他同學的錄影帶，同時讓自己的大腦接受掃描。再一次，自己和朋友都被列為受歡迎的人在和評估及心智化相關的大腦部位中，引發了最強烈的反應。換言之，心智化和評估網路不僅對觀者與錄影帶中人物的關係做出反應，而且對這些人與小組其他成員的關係做出反應——換個方式說，正如佛雷明罕心臟研究所建議的，朋友的朋友和朋友一樣重要。

然而更有趣的是，最近對非常社會化的舊世界猴種（獼猴和狒狒）所做的兩個研究顯示，個體所屬群體的動物數量與顳葉、前額葉皮質和杏仁核單位的多寡有關，就像人類的情況一樣。因此社會腦假說似乎不僅適用於不同的物種，而且對猴子和人類兩者，也適用於同一物種內的個體。這很驚人，也證明了社會腦的演化基礎。

當然，到目前為止，我所說的一切都是基於大腦大小的簡要資料。我們所不知道的是你的大腦尺寸決定了你可以有多少朋友，抑或是你的朋友數量決定了你大腦的大小。我們有充分的理由認為，後者必然至少有一部分是正確的。我們現在知道大腦對環境的反應比以往我們想像的更加靈活。稍後我們會看到，促成社會腦效應的社交技巧非常複雜，人類要花20年以上的時間學習，這很可能會影響大腦的生長方式。你的前額葉皮質和其他社會腦部位的大小可能會隨著它們使用的多寡而增長，儘管到20多歲之後，可能就不會再增長太多。不論如何，等你成年時，你的大腦恐怕大部分都已經固定了。在那之後，只能做零星的修補。

性別與社會腦

在各種社交網絡的研究中，我們注意到一點，那就是女性總

比男性多一點朋友，即使有時差異並不顯著，卻始終如此。這是否表示兩性之間有與友誼相關的大腦差異？長久以來，我們都知道，兩性不僅整體腦容量（男性體型較大，大腦也較大）不同，而且某些大腦部位的大小也不同（女性通常比男性有更多白質和前額葉皮質）。

這些發現以迂迴的方式與著名的劍橋神經學家貝瑞‧凱弗恩（Barry Keverne）先前的發現相符。1980年代，凱弗恩對名為基因組印記（genomic imprinting）的新課題產生了興趣。簡而言之，這是指一種現象，即我們由父母那裡繼承來的基因似乎知道它們來自哪一方，因此可能會主動抑制其中一組，以免它們影響我們的發育。這些基因似乎大多數都與大腦的發育過程有關，其中有兩方面引起了他的注意。一個是在我們的發育過程中，遺傳自父親的新皮質基因似乎受到抑制，因此我們擁有的新皮質是由母親的基因決定；另一個是，我們邊緣系統的基因（大腦的情緒機器）是由父親那裡繼承而來（來自母親的基因受到壓抑）。

就男女性生殖策略的主要驅動因素來看，這個非常奇特的過程有其意義。對大多數雌性哺乳動物，尤其是靈長類而言，能夠在社會環境中有效地運作，對牠們的繁殖成功比其他一切都重要得多。大多數雄性哺乳動物如果要成功繁殖，主要取決於牠們有效競爭的結果，與其他雄性狠狠打上一架往往是最有效的方式。會禮貌地說「你先請！別客氣！」的雄性哺乳動物不太可能留下太多子嗣。相反的，至少在靈長類中，社會化是雌性繁殖成功的關鍵：在面對如撒野雄性之類的事件時，朋友較多的雌性壓力較小，牠們會有較多的後代，而這些後代較有可能長大成年，而且牠自己也會有較長的壽命（順帶一提，對野馬的研究也有類似的發現）。因此牠們很可能會需要建立友誼所需的社交技巧，在大

腦中支持這些技巧的部位，就會被演化列為優先。正如我們所見，這些部位就位於新皮質，尤其是額葉。

然而，雖然有這些線索，但大腦性別差異的問題，尤其是大腦的大小卻一直未受重視，主要是因為這個課題在某些方面會使人不快。2018年，我突然接到一封有趣的電子郵件，寄件人丹尼洛・布茲多克（Danilo Bzdok）是德國亞琛大學（University of Aachen）的年輕神經學者。說話輕聲細語的他以跡近英國風格的保守態度告訴我，他發現一些結果，我可能會有興趣，因為它們似乎支持社會腦假說。我願意與他見面討論嗎？我很好奇，當然答應了。正好我們的行程幾個月後會在倫敦交集，他在返回亞琛途中會經過倫敦，而我正好在那裡開會。在他往赴倫敦希思洛機場的路上，可以到我下榻的旅館酒吧會面。我們一邊喝啤酒，他一邊給我看他的資料。

他和他的研究小組一直在分析英國人體生物資料庫（UK BioBank）的資料。這個資料庫早在2000年代初期就已建立，要求50萬名英國人提供他們的健康資料，並且用特定的心理和生理標準評估。更有趣的是，生物資料庫提供了超過1萬個大腦掃描的巨大樣本，並且有相關的生理、心理和社會學計量。這使丹尼洛及團隊能夠仔細觀察大腦不同部位的體積與兩性個體的社會計量有什麼樣的關係。邊緣系統（杏仁核）和部分前額葉皮質與個人社會接觸的頻率和強度之間的關係，有特別明顯的性別差異。他發現住在人口較多家庭中的女性，杏仁核比同住者較少的女性大，但家庭規模對男性的杏仁核大小卻沒有影響。相較之下，大家庭的男性眶額皮質較大，而女性在這部位上卻沒有一定的模式。相反的是有更多機會建立親密情感關係的案例。對人際關係感到滿意，並且表示有較多傾訴機會的女性，大腦的這兩個部位

都比其他女性大。

　　我會在第13章再次回到棘手的性別差異問題，但在此同時，有幾個要點要注意。首先，社會（因此大腦）的演化可能主要是受女性的利益所驅使。其次，這對支撐社會性的神經系統似乎會產生連帶結果。這在兩性方面可能並不一致。第三，我們的神經生物機件被組織起來的方式對我們的思維和行為方式可能有微妙但重要的影響。

＊

　　到目前為止，我談到我們的社交網絡的方式，好像它們是同質的——朋友是朋友是朋友，就像社交媒體讓我們以為的一樣。然而同時，我也暗示友誼有多種形式，有些更親密，有些則否。我一開始就提到，一般人通常有5個親密的朋友。我甚至提到，有些人我們雖然認識，但並不像我們視為朋友的人那樣親密。我會在下一章更進一步探討這一點。

| 4 |

朋友圈

　　以下事物有哪些共同點：陪審團、大部分的團隊運動、大多數政府的核心內閣、耶穌12門徒、大部分現代軍隊編制中最小的單位（通常稱為「班」），你會真正因對方明天死亡而傷心的人數？答案是，它們的規模都差不多，上面的數字分別為12、11至15、12至15、12、11至16、11至15。12這個數字在人類心理學中似乎十分奇特，總是在人們必須彼此密切合作的各種環境中重複出現。1990年代初，我正在搜尋關於人類群體自然規模的證據時，初次發現了這一點。當時我湊巧讀到美國社會心理學家克利斯丁‧拜斯（Christian Buys）和肯尼斯‧拉森（Kenneth Larsen）的論文，他們把這樣的分組命名為**同情團隊（sympathy group）**，並且要求受訪者列出哪些人去世會讓他們覺得難過的名單，他們是頭一批藉此收集這種分組規模資料的學者。他們認為，我們會同情的人數是有限的，而且這似乎對其他需要密切心理互動的群體造成了限制。

　　足球隊就是一個明顯的例子。成功的球隊並不是由11名在場上橫衝直撞、只顧自己進球，甚至由隊友手中搶球的球員組成的。相反的，它是由11名分工合作爭取進球的球員團隊組成[*]。前鋒和後衛各有不同的職務，他們必須堅持自己的任務，而非在球場上瘋狂追球。在真正成功的球隊裡，每一名球員都配合得天

衣無縫，他們很清楚在任何特定的時刻，每一個隊友會在場上的哪個位置；他們確切知道拿到球的人可能會在哪裡把球踢出去，因此甚至在球到達那裡之前，他們就已經就位。這需要他們徹徹底底明白其他隊友究竟是怎麼想的。

1990年代初期，我們的研究生麥特・史普爾斯（後來擔任生物老師）做了一項調查，這是我們頭一次嘗試了解同情團隊的規模。調查結果確認了同情團隊的存在，但也提出同情團隊中還有由大約5個人組成的更小團體，我們命名為**支持小組（support clique）**，因為組成這個圈子的人是只要你有需要，就會毫不猶豫支持或幫助你的人。社交網絡的結構顯然比我們之前想像的更多，而且在個人之間，這個結構有驚人的一致性——每個人似乎都有同樣的模式。這是第一個線索，顯示我們周遭典型150人的社交圈其實是一層一層一系列組成的。

朋友圈

在分析小型社會規模的資料時，我注意到不同的社會層似乎形成了相當獨特的系列，以約50、150、500和1500個人的分組，採層層包容的階層形式表現。後來我們又注意到我們的耶誕卡資料也有類似的5、15和150（中間還可能有另一層）的模式。我們正在思考該如何探究其意義時，我突然接到法國物理學家迪迪耶・索內特（Didier Sornette）的電郵。他在生涯之初原本

---

* 你可能會指出，橄欖球（又稱拉格比足球，rugby football）一方是15人，而它的變體，例如聯盟式橄欖球（rugby league），則是13人制（澳洲的規則是18人制）。但請注意，這些比賽把「團隊」分為2個子群（澳制分為3個），任務截然不同，而且主要是與他們自己所屬子群的其他成員合作。

嘗試預測地震，後來卻對股市和金融泡沫這些同樣不可預測的現象產生興趣。他讀到我談狩獵－採集者分組大小的論文，問我是否注意到資料中的模式，並且問我他是否可以分析這些資料，以了解這個模式是什麼。所以我把資料送去給他，他說服了年輕中國研究員周煒星（現任上海華東理工大學教授）透過複雜的數學運算進行資料分析。這個分析用分形數學，在資料中尋找重複的模式，結果在兩個資料集都發現一個非常一致的模式：這些關係的結構是一連串包覆的圈（circles）或層（layers）*，每一層的大小是在它圈內緊鄰下一層的3倍。圖3說明了這個模式（你應該在1.5看到另一層。我很快就會回頭談那一點）。這些層依次包容，因此15人的圈子包含5人圈內的所有成員，50人的圈內包括5人和15人圈中的每一個人，依此類推。換句話說，15人那一層就是由你經常見面的5個親密朋友，和另外兩個你比較少見面的5人朋友群組所組成。

為了多給這些圈子一點日常的感受，我們可以把它們分別想成是我們的至交（5人）、密友（15人）、好友（50人）和普通朋友（150人）。內部的這幾層在我們的日常經驗中具有憑直覺就能了解的意義，但是超過150人的兩個外層就不太明顯。他們可能代表熟人之類（你熟悉的人，其中許多可能與你一起工作，大約500人），和你叫得出名字的人的數目（1500）。最後這種說法源自1970年代初的一項研究，它估計我們可以叫得出名字的人數上限為2千左右，但我們所知也僅此而已。

然而，約克大學（University of York）羅伯‧詹金斯（Rob Jenkins）最近的研究讓我們能夠比較明確地為這些外層的圈子下

---

* 下面我會把這些交替稱為層或圈。

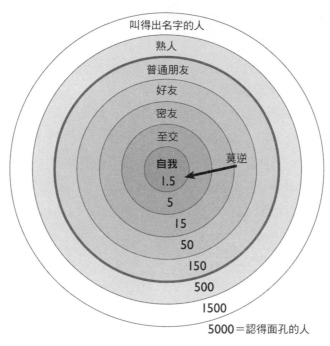

圖3. 朋友圈。每一層的大概數值包括其內各層。在每一例中，各層都有包括性，它們的大小形成一個規則的分形圖案，比例約為3（每一層都是其內次一層的3倍大）。

定義。他用人臉辨識作業來了解人們能夠認出多少張面孔（即使他們說不出這些面孔的名字）。他給受測者看許多面孔的照片，然後問他們認識哪些面孔，以及他們曾經見過哪些面孔。這些資料顯示，我們確實認識的人大約為500個（在這個研究中的定義主要是朋友、家人和同事），而光憑臉孔大約可認出（但未必能叫出名字）5千人。所以綜合這些不同的見解，我揣想1500這一層是你可以叫得出名字的人數〔對大多數人而言，這包括如英國女王和唐納·川普（Donald Trump）或長跑明星莫·法拉赫（Mo

Farah）〕，而詹金斯則指出5000那一層是你可以識別出你以前見過（或沒見過）面孔的人數，即使你不知道他們的名字。在這兩種情況中，你和這兩層最外層的任何人都沒有建立個人關係，你可能在街上會認出他們，但他們根本不知道你是誰。在500人那一層的人則以熟人來形容最合適，其中許多是與你共事，或是你透過某個社交團體，或是在上班途中買咖啡而不經意認識的人。500這層的人和1500那層的名人和半陌生人不同，他們都知道我們是誰。你可以在下班後和這些人一起喝一杯，但你不會邀請他們參加你的大派對——而且在你的喪禮上，他們也不太可能會現身。順帶一提，詹金斯無意證明這些朋友層級的存在，他是研究人臉識別機制的視覺科學家，只對我們可以識別多少張面孔的問題感興趣。他的研究結果與我們的非常吻合，令人非常鼓舞。

讓我們感到驚訝的是，在朋友圈中，連續層之間的比例（稱為「縮放比例」）非常接近3。為什麼比例是3，而非2或4，並沒有明確的理由。這促使我們搜尋其他資料集，想尋找類似的模式，其中一個資料集就是我們所做250位女性的社交網絡樣本，果然找到了相似的模式。在這個例子中，各層似乎是由人們聯繫朋友的頻率，以及他們自覺與這些人的情感有多親密來決定。5-層對應的是我們每週至少接觸1次，並且自覺情感親密的人，15-層則是對應我們每月至少聯繫1次，但感覺比較沒那麼親近的人，50-層是每6個月至少接觸1次的人，150-層則是我們每年至少聯繫1次，感覺最不親近的人。

在艾利斯特・蘇特克利夫和詹斯・班德對曼徹斯特大學的師生採取網絡規模和結構的樣本時，他們發現了平均為6人的支持小組規模，平均為21人的同情團隊規模，和總數為175的網絡規模，這些數字很接近我們的5、15和150，讓我們大感鼓

舞。後來愛彈奏曼陀林的愛爾蘭學者帕德萊格‧麥卡倫（Padraig MacCarron）在我的研究團隊做博士後研究，他檢視了我們透過芬蘭合作者而取得的龐大歐洲手機資料集。坦白說，他相當懷疑這些層是否存在──說得更正確一點，他懷疑就算有這些層存在，它們的比例為什麼會是3，而非其他任何數字（或者，為什麼不是依據不同的個人或不同的層而有不同的數字）。但是當他分析某人多頻繁打電話給某人時，這些層就出現了，累積的平均大小為4、11、31和130──比我們在面對面網絡中發現的層略小，但仍然存在，而且比例為3.3。他分析打給這些號碼的電話持續的時間，發現了和人們多常打這些電話非常相似的模式。隨後，周煒星和索內特分析了某個中國行動電話網路400萬用戶逾兆通電話記錄，發現累積平均值2、7、20、54和141的層，縮放比例為2.9。再沒有比這更好的結果了。

　　同時，先前曾和我合作另一個計畫的幾位義大利比薩（Pisa）電腦學者也在其他資料集中尋找這些模式。瓦萊里奧‧阿納巴爾迪（Valerio Arnabaldi，當時是研究生）和他的兩位導師安德瑞亞‧帕薩雷拉（Andrea Passarella）、馬可‧康提（Marco Conti）在享用美食和義大利美酒之餘，也找出了一小一大兩個臉書資料集〔它們並非來自未經臉書用戶同意就擅取資料的劍橋分析公司（Cambridge Analytica）……兩者都是公開的資料集〕，並下載了推特流量的大型樣本（對於了解如何進行這種作業的人，做起來很容易，而且因為推特對公眾開放，所以完全合法）。這些資料集全都僅由指名的貼文組成：就和手機資料一樣，我們只知道誰貼文給誰，而不知道文中實際上說了些什麼。我們分析這些數位世界資料集中的模式，找出的圈子大小與我們在面對面的社交網絡和電話資料集中找出的圈子簡直一模一樣。更驚人的是，每個

圈子裡的人彼此聯繫的頻率在4個資料集（面對面、打電話、臉書貼文和推特推文）中都幾乎一樣。

　　我個人認為推特的資料非常令人震驚。我可以明白為什麼臉書網路看起來和面對面的網絡差不多——在我們臉書好友表單中的大部分人都是我們現實生活中的朋友，我們在日常生活的過程中與他們大多數人面對面，同時也在網路上向他們發送並更新貼文。但我們在推特上互動的人很可能是陌生人——然而我們在推特網路中發現的模式與現實世界面對面的網絡卻並無二致，除了它們只有最內的三層（5、15和50圈）！難道這些人整個社交生活真的都在網上，而在現實世界中很少有面對面的接觸嗎？當然，的確有這樣的可能，而且這可能是年輕網路世代的特色。這甚至也可能是年長男性的特色，他們有充裕的時間，社交生活卻有限，似乎成了推特世界中最活躍的人口。但若果真如此，那就意味著某種程度的社會孤立，這是我未曾料想到的，它引發了讓人擔憂的問題。

　　瓦萊里奧也分析了逾30萬名科學家合著論文的網路。合寫論文是學者合作常見的結果，因此論文合著者的人數是衡量你的合作者的簡單方法。一篇論文平均的合著人數為6（即你和5個朋友），不過確切的數字確實會因學科而異。最成功的作者（論文被引用次數最多的人——一般視為衡量論文影響力的指標）通常的合著者比不成功的作者多。分析與不同個人合著論文的頻率就會透露出潛在的分層結構。在橫跨由物理、電腦科學到生物學的6種科學領域中，這些層的平均數為2、6、15、38和117，相鄰層之間的平均縮放比例為2.8——非常接近我們在圖3中所見的日常面對面和網上的社交網絡。合著的頻率甚至也會以真實社交網絡中關係的性質那樣，按層遞減。看到這些外層的數字比我們預

期的要小一點，或許會讓你鬆一口氣——總算可以為朋友和家人騰出一點空間，但卻僅僅只有一點而已！

你應該已注意到，在所有這些系列中，每個序列一開始都有一個1-2的值，這個模式的一致性令人驚訝，因為我們沒有料到在5-層內還有其他分層。儘管我說這並非意料之中，但就某種程度而言，我卻已料想到這點，只不過我是把它當成玩笑。我在演講時談到這個問題，總會指著圖3中5、15、50、150、500和150等圈圈，指出它們非常獨特的縮放比例3，接著我會問道：是不是還缺少一個圈圈？如果我們一路由1500那一層倒推，最後應該能找到什麼？當然是1.5個人的一層！這可能就是我們會視為莫逆的人——他們有像情侶那樣真正熱切的親密關係。聽眾通常的反應是：但是怎麼可能有半個浪漫的伴侶呢？答案顯而易見，其中一半的人有2個這種特殊的朋友，另一半只有1個。而且是哪一半不是很明顯嗎？女性有2個（1個戀人和1個閨蜜，閨蜜通常是女性），但男性則僅有1個（戀人或酒友，酒友顯然是男性）因為他們不能同時應付兩者。為了避免你把這些人想成是妻子和情婦或丈夫和情夫的組合，我在第12章會提到一個發現，強烈顯示在人們有這種婚外情時，原本的伴侶很少會被納入5-層內，更不用說2-層了。

我並未真正料到這種說法的真實性，只是假設這些特殊的朋友屬於朋友圈最內層的5-層友誼圈。但是比薩的那幾位學者對數位資料庫做了分析，發現的確有這一層，而且非常明顯。1.5-層確實存在，它之所以存在，就是因為有些人（主要是男性）社交世界的中心只有一份特殊的友誼，而有些人（主要是女性）則有兩份。那麼額外多出的這個人是誰呢？在大多數情況下，他們正如我原先預期的——莫逆之交（Best Friend Forever，BFF，閨

蜜），這人幾乎總是與你同性別，不過這種現象幾乎完全限於女性，很少出現在男性身上。在安娜‧馬欽（Anna Machin）取得的密友樣本中，98%的女性說她們有BFF，而這些BFF中，85%為女性。儘管在樣本中，85%的男性在我們強迫下也可以列出某人為摯友（其中76%是男性），但他們似乎和女性的閨蜜並非同一層次。女性的至交是可以傾訴心聲、尋求建議的密友；而男性的摯友卻只是能在酒吧共度一晚的哥兒們。這是截然不同的友誼。由單身漢擁有至交（一起喝酒）的人數是已婚男性的4倍（分別為63%和15%），就可看出。

事實上，這種縮放比例為3的數字模式可能是所有複雜社會的普遍特徵，不只人類，動物也是如此。我們最先在是在狩獵－採集者社會的結構中注意到這一點。這些社會通常具有階層式巢套（hierarchically nested）的結構，每一層都由下面一層的幾個分組所組成 —— 幾個家庭組成一個營組或群隊，幾個營組組成一個社區，幾個社區組成一個大群隊，幾個大群隊組成一個部落。兩個不同的狩獵－採集者社會資料庫，包括我所整理的人種學資料集，和新墨西哥大學馬可斯‧漢彌爾頓和羅勃‧華克（Rob Walker）取得的資料集，都得到非常類似的結果。在我們的樣本中，各個分組層的平均大小分別為42、127、567和1728，縮放比例為3.5；而馬可斯的樣本則分別為15、54、165和839，縮放比例為3.9。839這個數字有點啟人疑竇，彷彿是把500和1500的兩個外層合併在一起，果真如此，那麼它們的縮放比例實際上就是3.3，與我們得到的結果幾乎相同。

另外兩個證明這些層存在的例子來自意想不到的來源。麥特‧葛羅夫（Matt Grove）檢視西元前3000年到西元前1200年左右青銅時代愛爾蘭巨石圈（Stone Circles）的大小，雖然這些巨石

圈不如英格蘭南部家喻戶曉的巨石陣（Stonehenge）那麼宏偉，但它們共有140個，規模也由很小到極大，有很大的變化。考古學家一直認為這些巨石圈是舉行某種儀式的場所——是社區舉行宗教甚至政治儀式的公共中心。麥特假設當地社區的每一個人都必須能夠擠進當地的巨石圈，藉由巨石圈的大小來推斷社區的大小。他以每人舒適站立需要3平方碼（2.6平方公尺）的空間為準，並假設社區只占用巨石圈的一半，讓少數官員在石圈的另一半舉行宗教儀式，估計出由1到156人不等的社區總規模。有些仔細的統計分析顯示，社區規模的範圍確實是由4個獨立的分布（即「層」）組成，平均數是4、11、38和148，平均縮放比例為3.4。最內兩層的人數雖然有點低，但實際上只有38那層明顯比我們預期的50小。不過若以這些資料的性質來看，它非常符合我們為個人社交網絡層次找到的5-15-50-150模式。

在我們發現這種模式幾年後，年輕的德國學生托比亞斯・柯茲梅爾（Tobias Kordsmeyer）和我聯繫，建議我們可以檢視德國宿營營地的大小。這幾十年來，德國出現了一種新時尚，長輩賣掉城市裡的住宅，搬到鄉下拖車公園的露營拖車裡，或許是因為這樣依山傍水，可以欣賞美景。有時這些地點是在比較傳統的旅遊露營地內劃出的特定區域，供永久居民居住，有時整個營地都僅供永久居民使用。無論是哪一種，現在在稅表上都已可列成正式的住所，人們分成小型的永久社區在那裡居住。托比亞斯認為這些社區也可能會展現相同的分形圖案。我不得不說我有點懷疑，我不明白為什麼營地的擁有者會用我的數字來設計他們的物業。他們似乎不太可能會經常閱讀科學文獻，因而了解鄧巴數字及朋友圈。但讓我驚訝的是，這些營地的大小確實表現出非常清晰的模式，居民人數峰值分別為16、56、140、350和677，縮放

比例為2.6——再次接近網絡層的大小，尤其是兩個較大的數字橋接500-層的方式。營地的設計人當然不是刻意這樣做的，而且也沒有明顯的財務或建築因素讓他們用這樣的數字。它們似乎只是存在業主的心裡，在他們設計營地、分配露營拖車的位置時，自然就浮現出來。這簡直太驚人了。

這種模式似乎不僅僅是人類獨有。其他社會性複雜物種的分組模式也遵循相同的順序。羅素・希爾（他做了最初的耶誕卡研究）和亞歷克斯・賓利（Alex Bentley，原為物理學家，後轉為考古學家）研究了社會性最複雜的一些哺乳動物——黑猩猩、狒狒、大象和虎鯨等的分組模式，也發現了一模一樣的模式（雖然分組並沒有超過50圈），不但有相同的數字，也有相同的縮放比例，每個外圈是其中內圈的3倍大。其實約10年前，日本靈長類動物學家工藤弘子和我已經證明了許多舊世界猴與猿類梳理網絡的結構也有3的縮放比例，只是當時我們還沒有意識到這一發現的意義。此後也有報導說毛翼山蝠（giant noctule bat）、加拉巴哥海獅和哥倫比亞地松鼠的社會組織縮放比例約為3。這樣的縮放比例似乎無處不在。

後來，派德瑞格・麥卡隆（Padraig MacCarron）、蘇珊・舒茲和我研究靈長類各物種的平均群體規模分布，發現了一模一樣的分形圖案，峰值為1.5（半獨居物種），5（主要是單配偶制的物種，其群體由一對繁殖動物及其幼獸組成），15（主要是多妻制的物種，其群體通常由單一的繁殖雄性和幾個雌性及幼獸組成）和50（生活在大型社會群體中的物種，有幾隻成年雄性和幾隻成年雌性）。（靈長類沒有由150個個體組成群體的常規特徵，因此資料裡沒有這一層。）我們再次看到相同的縮放比例3，同一個神奇的數字。當物種被迫增加團體規模以因應環境特定的需

求時，似乎會藉著結合群體，以創造更大的群體。牠們為了防止群體因繼續分割而分裂，因此讓小組保持在一起而非分離。但這麼做時，只有某些群體的規模保持穩定。

再一次，圖3（頁76）中人類的分層大小是平均值。每一層的數字多少都有一些變化，不過當時在最內的幾層比最外的層變化較小，原因僅是因為它們的規模。再一次，在各層的兩性性別間有細微的差異（女性始終比男性擁有更多的「5-層」朋友），而且兩者的內層大小往往都隨著年齡的增長而先增後減。層的大小也因個性而有一貫的差異，正如我們在第2章中所見的朋友總數一樣。湯瑪斯・波萊特和山姆・羅勃茲研究荷蘭學生樣本，探究外向性格對網絡規模的影響，結果發現外向的人在每一層都比內向者有更多的朋友，朋友的總數也更多。正如我們所料，他們也與每一層中的每個人保持較不那麼親密的情感，即使我們控制網絡規模亦然。有報導說，外向的人社交技巧比內向的人好，所以導致較差關係的原因似乎並不是他們的社交技巧，而只是因為他們把時間（以及情感資本）分給更多人而已。凱瑟琳・莫霍（Catherine Molho）對另一資料集做了更精細的分析，她發現擁有更大支持網絡的外向者面對新經驗的開放度（換句話說，喜歡新事物的挑戰）和情感（能夠表達更多情感的人，或許比較不焦慮緊張）分數都較高。另一方面，同情團體的規模則與你的誠實和謙遜相關。

3人團體

在我們的研究中，總是把社交網絡視為一連串以你為中心的層或同心圓——由你個人角度看到的世界。然而社會心理學

有悠久的傳統，把社會關係看成多組「3人團體」（triad）——由不同性質的關係以不同的組合綁在一起的3人組，這是由奧地利心理學家弗里茲・海德（Fritz Heider）在1958年出版的《人際關係心理學》（*The Psychology of Interpersonal Relations*）一書中所提出，因此稱為「海德的結構平衡理論」（Heider's Structural Balance Theory）。其基礎的觀念是：任何3人都可以以多種不同的方式產生關係：我們都可以互相喜歡，也可以2個人喜歡彼此，但都討厭第3人，A可能喜歡B，而B可能喜歡C，但反過來則否，我們也可能3人互相憎恨，以此類推。兩位美國數學家，多文・卡特萊特（Dorwin Cartwright）和法蘭克・哈拉瑞（Frank Harary）以3人團體為基礎製作出社交網絡的數學理論，由於這個觀念在社交網絡研究中根深柢固，因此據說有一位知名網際網路公司的傑出研究員頭一次聽到我們的朋友圈理論時，聲稱（至少我是這麼聽說的）這絕不可能是真的，因為人人都知道社交世界是由3人團體所組成。所以，我們最好在這裡先停下來談談平衡理論，並探討它與我們的朋友圈有什麼關聯。

有一點很重要的是，3人團體並非友誼：它們只是在網絡圖中3個連結的組合（在個人社群中相互連結的蜘蛛網，無論友好與否）。平衡理論非常明確的預測哪些類型的3人團體會保持穩定，哪些則否。3種可能的關係都屬於同一種（全都彼此喜歡或者全都彼此討厭）的3人團體，比關係不一致的團體（我喜歡你和吉姆，但你和吉姆討厭彼此）穩定。後者顯然不會是晚餐聚會的好組合，對關係也會帶來一定的壓力，你很可能被迫在我和吉姆之間做選擇。其他還有一些3人團體的關係（例如你和我彼此喜歡，但我們都討厭吉姆）也可以保持穩定，但其他大多數的3人團體關係都可能不穩定。

我們可以把社交網絡視為由一系列這些3人團體所組成，其中每一個人都可能是幾個相鄰3人團體的一部分。最重要的是，只有在所有連結都是正面的情況下，整個網絡才能真正穩定。然而，網絡的完整性或凝聚力可能並非取決於人人都喜歡其他人，而只在於某些人在相鄰的3人團體之間形成連結（稱為橋梁）──亦即，2個3人團體連結在一起形成一個網絡，因為這2個3人團體的一個成員喜歡彼此，創造出一個8字形。其假設是社交社群（比如你的150個朋友的網絡）包括許多以這種方式結合在一起的3人團體（大概有50個）。構成最內層的3人團體很可能是穩定的團體，否則整個結構就會崩潰。然而最外層150那層成員的連結未必全都是正面的：你可能不很喜歡傑米娜，但她是你的遠房堂妹，因此你不能排斥她，不然奶奶會囉唆。

有鑑於此，對3這個縮放比例的一個明顯解釋是，社交關係原本就是由3人團體組織而來。海德主張，有太多至交是不利的，因為這樣會提高他們之間發生衝突的風險，因而限制你可以擁有的密友數量。此外，朋友會帶來義務，義務太多會使你心力交瘁──尤其是在不同密友的義務互相衝突之時。你不能與朋友的敵人為友。所以他的主張實質上是說，你只能有幾個義務高的友誼，但是卻可以有更多義務低的友誼。後者就像跟隨者一樣，你對他們沒有那麼多的義務，但他們在你的友誼網絡中，因為他們是朋友的朋友。這聽來有點像我們談的友誼圈。幾年前，北卡羅來納大學的約瑟夫・惠特邁爾（Joseph Whitmeyer）以海德的3人團體為基礎，發展出一個數學模型，他結論說，至交的人數上限是5人。他檢視的許多資料集都證實了這一點。所以以5-層為基本單位，依海德的方式發展出大型網絡超級架構的這種看法有一些支持者。

回歸海德原本的3人團體，3個人主要可以4種方式做正面或負面的連結，維持穩定因而常見的關係。其中2種方式是平衡的，因此可能非常穩定，另外2種並不平衡，因此沒有那麼穩定。彼得・柯林梅克（Peter Klimek）和史泰芬・瑟納（Stefan Thurner）花了4個月的時間，在奧地利網路遊戲世界Pardus採取約7萬8千個3人團體的樣本，證明這些類型中只有2種是常見的：由3段正面友誼組成的3人團體（比隨機形成的3人團體幾乎頻繁3倍），以及有一個共同敵人的友誼2人組（大約比預期的多1/3）。比較不穩定的2種類型，（3個互為敵人的團體和2個正面但成員互相憎恨的2人團體）很少見（只占所有3人團體的5%至10%）。也就是說，3個朋友形成的3人團體不僅較穩定，而且異常普遍；再和單純的2人團體（有共同敵人的2個朋友）相結合，這些似乎形成了社交網絡的基礎。

同樣的邏輯可以解釋我們在人類網絡和動物網絡更高層級的分組中，所找到的縮放比例3：由3個彼此「喜歡」的子群所組成的分組在面對外來攻擊時，能讓社會群體架構保持穩定和彈性。在極廣泛的猴和猿類（顯然包括人類）中，主要社會夥伴的數值為5，似乎也非常一致。至少在猴子的情況下，這似乎也必須由他們有多少時間可以用於社交互動以創造友誼，以及最少需要投入任何一種友誼多少時間，才能確保在我們需要朋友幫助時，相關的人會來幫助我們。這又為我們帶來了時間，及它在建立友誼時的角色問題。

時間的束縛

時間是有限的物品，而我們用來社交互動的時間可說是一種

零和事件——我們付出給一個朋友的時間就不能給另一個朋友。由我們對猴子和人類的研究可以知道，友誼的品質取決於我們投入的時間。1970年代我們在衣索比亞研究獅尾狒發現，成年雌狒狒幫助另一頭雌狒狒的可能性，與牠們花在彼此梳理的時間成正比。在人類方面，麥克斯・伯頓證明我們對於他人幫助我們的期望，與我們花在他們身上的時間有直接的關係。實際上，我們先決定誰比較重要，然後按照他們對我們價值，把時間分配給他們。

由圖4就可明顯看出這點，圖中顯示在我們的英國和比利時資料集中的女性聯繫她們社交網絡不同圈層中每一個人的平均頻率，各層之間的差異非常大。的確，它們對應非常特定的互動頻率。如果把平均時間乘以圈層中的人數，就會發現我們約把總社交時間的40%用在最內圈的5個人，20%花在構成下一圈的10個人，也就是15人的那一層。也就是說，我們社交活動的60%只花在15個人身上，剩下的135人只能湊合剩下的時間，每個人分不到我們社交時間1%的1/3，大約每天30秒。

喬凡娜・米里泰羅（Giovanna Miritello）和艾斯塔班・莫洛（Estaban Moro）做的一系列分析，證明了時間在這方面真的受限。他們當時和巴塞隆納西班牙電信（Telefónica）的研究部門建立了關係。山姆・羅勃茲在一次會議上認識了他們小組的一員，於是我們意外地和他們合作。他們研究了西班牙電信公司西班牙網路2千萬客戶打電話的模式（7個多月的時間總共約有90億通電話），發現打給較多人的用戶花在通話上的總時間並沒有更多；只是他們打給每個朋友的時間，比起打給較少朋友的用戶更短，這表示每個人都面對同樣的時間限制。最合適的朋友數量幾乎就是正好150人。如果你想打電話給更多的人，就至少得犧牲

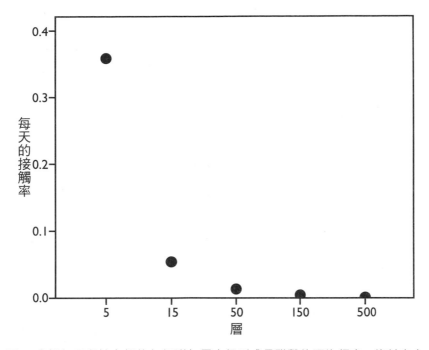

圖4. 我們每天與社交網絡每個附加層中個別成員聯繫的平均頻率。資料來自250名女性的社交網絡。

投資在某些人身上的時間，才能辦得到。

　　高野政法和福田一郎分析了6個社交網站的資料，其中大半是日本的社交網站。他們發現參與這些社交網站的人，如果聯繫的對象越多，他們為每個對象發布的貼文就越少，因此和每位聯繫對象關係的平均強度就降低──這再次顯示他們投資在每一位聯繫對象身上的能力受到時間的限制，即使在網路世界中亦然。他們還發現投資在聯繫對象身上的心力也有差異，少數人會建立更密切的關係，但多數人的關係則不那麼密切。這顯示朋友層和它們的時間分配基礎不僅僅只限於歐洲，而是跨越兩種截然不同

的文化。

　　我們做了兩次嘗試，想要了解時間如何構建社交網絡中的分層。兩次都需要相當複雜的數學模型，所以讓我簡單總結而非詳細解釋主要的發現。

　　第一個模型是由曼徹斯特大學商學院的艾利斯特·蘇特克利夫所設計。我在1970年代就認識艾利斯特，當時我們都是研究靈長類行為的研究生。我們都在就業市場——尤其是學術界的就業市場一片蕭條的時候完成了博士學位。我在原本的領域掙扎，但他決定運用他在新興電腦科學領域不斷增長的專業知識，從此和我失聯。25年後，他重新出現在我面前，提出建議研究網路中這種層次結構的問題。

　　艾利斯特和同僚黛安·王（Diane Wang）採用一種稱為代理人基模型（agent-based models, ABM）的電腦模型來處理這個問題。這些模型牽涉了許多虛擬代理人，他們可以根據一組決定他們行為的規則隨機互動，目標是要了解如果非常大量的代理人各有該如何表現的不同規則，互動時會有什麼結果。在問題太複雜，無法分析解決時，這是廣泛使用的技術，就像許多事物（或個人）彼此同時互動時的情況。當然，你確實需要了解你想要建構的世界實際上如何運作，否則你就難免會得到這一行稱為GIGO的結果——垃圾進，垃圾出（garbage in, garbage out）。因為你根本不明白模型內部實際發生的情況（畢竟它是在電腦內部進行），你不知道為什麼這個模型會以它現有的方式行事。在這種情況下，認定模型和真實世界所發生的一切有任何關係就很危險。能力較差的人通常會忽略這個明智的建議，把複雜視為了解。要解決這個問題的方法，是要有非常明確的現實世界的基準，用來和模型的預測做比較。換句話說，模型是否能準確預

測我們在現實世界中所看到的現象？如果可以，那麼哪一組模型參數值能給出這些結果──而非其他結果？這就稱為逆向工程（reverse engineering）：我們知道在現實世界發生的情況，因此我們需要調整多少作業規則和模型中的參數值，以準確獲取我們在現實世界中所看到的結果？對於我們了解現實世界如何運作的機制，這些特定的值說明了什麼？

我們決定把重心放在生物覓食和投資在社會關係上功效的平衡，作為這些行為所耗費的時間和因此所獲得利益的結果。畢竟，它們是猴子和猿類花時間做的兩個主要活動。在本質上，這個模型容許大量的個體去進行覓食和社交的日常工作，在食物和社交關係對他們的生物適應性（在生物世界中，生物適應性的定義就是成功生殖的能力）有不同的影響時，有不同的規則規範他們的社會偏好。我們要找的是行為規則和參數值的組合，能夠產生我們在對人類社交網絡和社會分組的所有研究中都發現的分層大小的結構。為求簡化，我們的重心放在5-、15-和150-層，分別定義為強、中和弱關係。我們的模型必須精確地重現這些數字。

我們發現，我們在人類群體中所發現，數值接近5、15和150的分層網絡結構只有在非常特殊的情況下才會出現，這意味著它在自然界中應該極為罕見──當然，它確實是如此（我們只有在少數哺乳類物種中發現這種社會系統，其中也包括人類）。唯有在對福祉和結盟以及高度的社交互動有重大益處時，才會有這種情況。覓食和社交偏好的大部分選擇不是導致缺乏結構的牧群結果（擁有小型內部結構的大群體），就是妻妾成群宛如後宮的小群體，有鬆散的大社群，但沒有中間的分層。除非形成社會集團有顯著的好處，否則我們得到的結果就是在大多數哺乳動物

和鳥類中發現的社會組織：後宮或無名的牧群。只有在由社會關係中產生的益處有極大的選擇壓力時，有明顯層次、高度結構化的特殊形式才會出現。

等我們開發完這個模型並且發表之時，我已經參加了由西班牙統計物理學家恩佐・桑其士（Anxo Sánchez）在馬德里主持的社會和經濟模型大型計畫。參與這個計畫的還有研究生伊格納西奧・塔馬里特（Ignacio Tamarit），他不但是物理學家，也是專業的古典吉他手，我們大家都自嘆弗如。他建議我們以古典統計物理學的方程式來做分析，或許能解釋為什麼我們會得到這些分層。實際上他就是建議我們以純數學理論做艾利斯特、黛安・王和我花了大量時間和心血所做複雜的代理人基模型。我們原先以為這個問題太複雜，難以僅靠數學解決，所以才用了更笨拙的電腦模型方法。身為物理學家的伊格納西奧有比我們多得多的數學工具包可用，他開發的模型認為個人必須決定如何針對不同類型的關係分配精力或時間，以獲得不同種類的利益，由於可用的時間有限，而且每一種關係都必須投入最低限度的時間，才能獲得益處。在這種情況下，你確實會得到分層的結構，而且數值和我們在人類社交網絡中所觀察到的一樣。

這個模型之所以出乎意料地有趣，是因為數學告訴我們有兩個最佳解（optimal solutions）──一個是我們觀察的分層結構（有一些非常親密的朋友和許多弱關係），另一個則是相反的結構（較多親密的友誼，較少的弱關係）。在某些條件下，這種情況似乎自相矛盾。起初我們覺得這有點奇怪，不禁懷疑是否在數學方面計算錯誤。但後來我們明白，數學告訴我們的其實是你可以建立關係的人口規模。如果你的社群很大，你獲得的就是標準模式；但如果它很小，你的弱關係機會就比較少，因此你會把你未

使用的時間用來建立更親密的友誼。我們想到，這正是移民所面對的情況：身為外來者，他們無法接觸到較寬廣的社群，而後者正是弱友誼的潛在來源。他們選擇朋友的範圍僅限於他們所屬的小移民社群，而這種社群通常規模非常有限。

這種社群的巴爾幹化（balkanisation，指分割、分裂）或隔離集中化，在現實生活中似乎很常見。然而就眼前的目的而言，重點在於這個模型做了令人驚訝的反預測，促使我們尋覓資料來測試它。伊格納西奧設法找到了幾個西班牙移民社群網絡結構的資料，發現果然有逆向網絡。更重要的是，我們仔細觀察移民網絡資料和西班牙社會傳統成員的網絡資料，發現兩種模式都存在，但頻率不同：移民社區的一些成員擁有縮放比例為3的傳統網絡，而且他們擁有比平均規模更大的網絡，而西班牙社區的一些成員則有逆向網絡，結果發現他們擁有比平均更小的網絡。因為我們先前總專注在平均的模式，因此沒有注意到有些人是例外。其實就算我們注意到了，恐怕也只會把它視為真實世界資料中一向都存在的自然變數，而不會多想。這個模型吸引了我們的注意，讓我們問：為什麼會有這些差異存在。

各有所好

在我們社交網絡中存在的這些朋友層引發了最後一個重要問題：這些層是否提供了不同的好處？先前我們所考慮蘇特克利夫的代理人基模型和伊格納西奧的數學模型當然暗示了它們各有不同的好處，只是我們對這些好處所知甚少，也不知道不同的朋友層是否與不同的好處有關──尤其是投資條件各不相同的好處。巧的是，早在1990年，研究社交網絡的加拿大先驅學者貝瑞·威

爾曼（Barry Wellman），發表了一篇題為「各有所好」（Different strokes from different folks）的論文。他花了多年時間研究東約克（East York）社區，這是位於加拿大最大城市多倫多外的小城，人口約10萬。他仔細探索這個社區內社交網絡的結構，之後把注意力轉向不同類型關係提供的功能，得出的結論是：有很多截然不同的好處，而且這些好處很少是由相同類型的關係所提供——當然，這可能就是我們需要這麼多不同類型朋友的原因。他認為牢固的關係提供情感上的支援、家用品的借貸、家務的協助，和陪伴。父母和成年子女交換經濟援助、情感援助、各種重要的服務，包括協助維修用具、定期托兒服務或醫療照顧。弱關係提供較多非正式的好處，包括資訊交換。

多年後當我們發現網絡的分層結構時，也開始思索怎麼把威爾曼的想法轉化成我們的層。畢竟，層次似乎限定了性質迥異的關係，我們似乎大可建議：不同層次的友誼會提供不同種類的好處。我們已說過，15-層的功能是同情團隊，5-層的功能則是作為**支持小組**，慷慨提供情感、實質和經濟協助及建議的一小群人，我把這一層稱為推心置腹的至交。你大部分日常社交活動的同伴可能都來自15-層的朋友，你會請他們來家裡便飯，或者一同上酒吧或看電影共度一晚。我認為50-層是你參加派對聚會的朋友，你會邀請他們週末來烤肉，或者參加生日或週年紀念慶祝會。150-層則是可以邀來參加婚喪喜慶成年禮的那群人，他們會出現在你這輩子難得發生的活動中，它可能也會包含你較親近朋友的大部分子女。此外，我們研究的女性網絡資料顯示，這一層主要是由你的大家族成員構成，這些人的友誼不需要經常促進加強，因為它由血緣關係鞏固。

詹斯・班德和山姆・羅勃茲的研究證實了最內部幾層的功

能。他們請約300人列出各自支持小組和同情團隊的名單，結果發現這兩層人數的數值（支持小組略低於6，同情團隊則略低於16）和我們在其他樣本中發現的5和15數值十分接近，更證實了這些特定大小的分組規模。接著他們請這些人在這兩層朋友中分別選擇一人，並按照他們可能會與受訪者一起做的20件事評分。這20個項目按活動性質分為4大範圍：積極正面（一起歡笑，表達謝意），支持（面對難關時的支持，接受對方的本色），坦誠開放（發人深省的對話、分享私密的想法）和共同活動（共度時光，彼此互訪）。此外，受訪者還為他們提供的8項社會利益（陪伴、情感、指導／建議、意義和價值的肯定、傾訴心聲、實質的協助、情感支持和可靠的結盟）做出評價。他們發現不論是4大維繫關係的活動或是8項社會利益，支持小組的評分都比同情團隊更高或更多。實際上，同情團隊（密友）滿足了社交需求，而支持小組（至交）則滿足了親密的需求。

他們也請每一位受訪者評估他們感到的孤獨程度。結果發現，孤獨感與人們在這兩層中朋友和家人的數量都有負面關係——擁有的朋友和家人越多，就越不覺得孤獨。因此，這兩層除了提供更明顯的正面益處之外，也能緩衝我們擺脫孤立的感覺和因此產生的所有負面後果。

我在第1章提到奧利佛・柯瑞的利他行為實驗，它的結果也和此處的研究有很大的關聯。他請受測者分別在三個主要的層（5-、15-和150-層）指出特定的個人，並評估他們對這些人採取兩種利他行動的可能：借錢給他們，或者在緊急情況下捐腎給他們。而這兩種利他行為的指標都隨著各層次的增加而穩定減弱。對於最核心的朋友圈，我們更有可能做出無私的行為，但對於層次較外面的朋友，我們這樣做的熱忱就降低許多。然而150-層標

志力或對偏好特定獎勵等未涉及額極的任務，則沒有影響。

*

　　在本章中，我試圖說明對社交生活，尤其是我們的友誼很重要的兩個關鍵心理機制。一個是心智化——讓我們看到自己行為的後果，並想出為什麼其他人會以他們的方式行事。我們因此能看出：我們行為的後果可能會如何透過我們的社交網絡成員產生迴響。當然，在大多數時候，我們可能只會考慮我們的所作所為會如何影響所針對的朋友。但每當那個行為會對朋友的朋友產生影響時，我們就需要高級的心智化技巧才能看清這一點。另一種機制——抑制，則會讓我們抑制自己做出破壞關係穩定行為的自然傾向。因此大腦中對這兩者都至關重要的心智化神經網路也可以預測我們擁有的朋友數量。這就像認知的雜耍表演：我們做得越好，就能同時讓更多的思維狀態停在空中而不會落地，因此就能有更多的朋友。

誌出我們利他意願突然的轉變。150的圈子似乎在我們的利社會行為意願中劃分出真正的差距，彷彿它非常堅定地把世界分成了「我們和他們」的對立。

*

我們可以由前三章汲取幾個教訓。第一是有意義的朋友數量少得令人訝異，而且整體看來，這個情況很普遍，對個人甚至跨文化的範圍，變化都很有限。第二是我們的社交世界高度結構化，是一系列的圈或層，它們各有獨特的大小，各自與非常具體的接觸頻率、特殊的親近情感和提供協助的意願有關。這些層似乎又向外延伸了另外三層弱得多的關係，利他行為的意願在這外面三層中產生重大的變化：我們幫助他們的動力少得多，就算提供幫助，通常也完全是基於互惠的基礎——現在我幫助你，但我希望你未來要回報。在我們幫助社交圈內層的150個朋友時，未必期望得到回報（但如果能得到回報更好）。對於至交密友，我們甚至根本不期望會得到回報。第三點是親屬關係構成我們網絡的方式——即使在不再像傳統文化一樣重視家族的已開發西方國家亦然。顯然，不論我們有時怎麼發牢騷，家人對我們來說仍然非常重要。

社交網絡圈結構的規律引發了它是由什麼導致的問題。我們的模型給了我們一些提示，但模型基本上是高級的描述，我們必須要理解這些發現背後的心理和行為機制。在接下來的四章，我們就要檢視它們所涉及的機制，並解釋為什麼我們的社交圈不能無限大的原因。

你的社交指紋

　　由電話中可以知道的東西實在令人驚訝。在檢視我們的高中樣本時，我們首度明白這一點。我們驚訝地發現在這些樣本中，有3名學生平均每天發送100多則簡訊，而且在我們進行研究的整整18個月中，情況一直如此。不，你沒有看錯，每天都發100則簡訊，而且這還是平均值，並非最高值！這相當於在學校的每一整天、與爸媽一起在家吃飯的時間，以及整個晚上——當他們應該在為即將淹沒他們的考試努力用功時，卻能每11分鐘發一則簡訊，真是了不起！我們可以由他們的第一則和最後一則簡訊，準確得知他們早上幾點起床，晚上幾點睡覺。而且順便提一下，這3人中有2個是男生。很遺憾我們沒有問問這幾個學生的考試成績，看看它是否與發簡訊的頻率有（負面！）關聯，否則可能會很有啟發性。

　　友誼的吸引力有時實在讓人難以抗拒。我記得有位同事說，他的孩子很小時，他們請了一位南美來的打工換宿保姆（au pair），他驚訝地發現，這位保姆非但沒有出外體驗倫敦的文化和結交新朋友，反而把所有的空閒時間都關在她的房間裡上網，與她在老家巴西的朋友「交談」。他對此一直驚訝不已：她為什麼大老遠跑到倫敦來？當然，如果你不了解當地文化，不知道該去什麼地方，那麼如何結識新朋友是個老問題。但就算如此⋯⋯

其實，對於我們的友誼模式以及我們為維持友誼所做的努力，這兩個例子提出了重要的問題。這對於友誼（相對於家庭關係而言）尤其重要，因為它們似乎特別脆弱，而且對於我們在它們身上投資的時間非常敏感。直到僅僅10年前，網際網路、社交媒體和手機還沒開始流行之時，只要人們一搬走，原本的友誼就會自然而然地消失。在那之前還是面對面的世界，你在街上或酒吧裡才能見到朋友和家人。放在客廳茶几上的電話對家人和社交約會或許很有用，但它卻不像現在這樣，是維持友誼的首要媒介。在臉書、Skype和Zoom流行之後，我們似乎寧可待在家裡，和故鄉的老友聊天。這是好主意嗎？維繫舊友誼還是建立新友誼比較重要？

我的獨特之處

在山姆·羅勃茲和我開始對高中生展開縱貫研究時，我們並沒有料到會由其中了解多少事物。那個研究的目的是要了解搬家對友誼和社交網絡的品質有什麼影響，以及手機又對這有什麼影響。我們在他們18歲、就讀高中最後一年的復活節開始這個研究，並在接下來的18個月觀察他們，一直到他們大學第一年結束為止。我們的協定是，我們提供他們18個月的免費手機計畫，交換下載他們每月的帳單，好讓我們看到他們打電話和發簡訊給誰。在研究的開始、中間和結束時，他們還得填寫問卷，告訴我們他們與網路中每個人的關係——每個人的身分（父母或兄弟姊妹、朋友、戀人、熟人等），他們在情感上與這些人的親密程度，他們彼此上一次聯繫的時間以及聯繫方式（面對面、電話、簡訊、電子郵件、社交媒體等），以及他們與這些人見面時做了

什麼。這是一項麻煩的工作，因此我們非常感激他們的辛勞。

　　他們提供了大量的資料。正好我當時和一群物理學家合作有關線上網路的計畫，因此能說服其中幾位協助完成分析這些資料的複雜任務。其中一位是芬蘭阿爾托大學的賈瑞・薩拉瑪奇（Jari Saramäki），另一位則是年輕的墨西哥博士後研究生艾德瓦多・羅佩茲（Eduardo Lópes）。艾德瓦多擔起重任，把大量紙本分項帳單轉換為數位化的資料庫，以便統計分析，賈瑞則與伊麗莎白・李契特（Elizabeth Leicht，另一位博士後研究生）負責隨後的分析。

　　由這些分析中得出最驚人的發現可能是：每一個人撥電話給朋友的分配方式都有獨特的模式，而且在18個月期間，這種模式非常穩定地一直持續。雖然我們可以很清楚地看到他們的5、15和50層關係，但卻沒料到他們打電話給第一、第二、第三……等等最常打朋友的頻率細節會如此獨特，就像社交指紋一樣。我一個月打30通電話給詹姆斯，打10通給傑米瑪，而你每個月打給你最重要的兩個朋友各20通。在整段18個月期間，這種模式非常穩定。你的社交指紋似乎確實是你個人的特色，雖然我們不知道為什麼會如此。

　　然而，還有一項更令人驚訝的發現：打電話的模式顯示，在我們追蹤的18個月中，網路成員的流動率約為40%（技術上稱為「流失」）。即使後來我們發現這實際上是18至20歲年輕人的特性，但它還是比我們預期的要高得多。在這個特別的案例中，是因為這些年輕人離家上大學後幾乎換了整批朋友。或許這並不足為奇，畢竟上大學讓你進入全新的社交環境，你不得不與大批新人一起生活、吃飯和（偶爾）睡覺。你每天都見到他們，而且他們免不了會提議和你一起出去喝一杯，或者去社團、看電影、參

加派對……不論如何，你都會一直見到他們。

其實不只離家上大學的人經歷了這種戲劇性的友誼轉變，即使沒有上大學，而是留在家鄉工作的人，在離開學校後的頭6個月裡，也會看到朋友同樣地流動。當然，部分原因是他們在學校的許多朋友都去上大學了，但最主要的還是由於社交環境的變化。他們在工作崗位上或當地社團中結識了新朋友，開始與他們一起出遊。相較之下，社交網絡中家庭成員的流動率相當低。家庭成員可能會在社交網絡上下一層飄移，但整體而言，他們較穩定，至少他們依舊留在網絡中。

令人驚訝的是，在我們觀察友誼變化之前與之後的接觸模式時，發現它們幾乎完全相同。似乎在我們結交新朋友、取代社交網絡中的某人時，在我們與他們聯繫的頻率方面，我們就把新朋友放在舊朋友先前所占據一模一樣的位置。你見到或撥電話給新朋友的頻率，就與你占據你社交網絡同一位置的前一位朋友相同。這似乎反映了你天生的社交風格。

時間是關鍵

我們究竟花多少時間與朋友和家人社交互動？幾年前，我整理了不同文化和經濟體的時間預算資料，試圖找出答案。我找到大約6項研究，研究人員記錄了人們在一天中花在不同活動上的時間——睡眠、收集和加工食物、烹飪和飲食、在土地上工作或製作工具和衣服、放鬆和社交。在某些案例中，研究人員每隔10或15分鐘（有時甚至整夜！）不辭辛勞詢問受訪者，並記錄他們所做的事。在其他案例中，他們則要求受訪者填寫時間記錄，目的幾乎都相同，即使只限在清醒的時候：你在上午10時、10時

15分、10時30分等等，究竟在做什麼。我找到的樣本包括蘇格蘭鄧迪市（Dundee）的家庭主婦、東非的馬賽族牧民、尼泊爾山區的農民、新幾內亞園藝工作者、撒哈拉以南非洲各農業部落，以及非洲南部的昆桑（!Kung San）族狩獵－採集者。

平均而言，在這些不同的研究中，人們在清醒的18小時內似乎花了約20%的時間社交互動，大約每天3.5小時，平均分布在一週之間。這些時間並不是花在派對上，而是花在與人一起進餐，在社交的背景下與人坐在一起交談。這樣的時間看起來似乎很多，但如果分配給你的150位朋友和家人，平均每人每天只有1分45秒，幾乎連打個招呼「哈囉，你好嗎？」都來不及，更不用說等待對方回答。其實正如我們在第4章中看到的，真相並非如此。我們大約有40%的社交時間都花在我們最內層社交圈中的5個人——支持小組身上，另外20%用在構成下一層（即同情團隊）15名成員中的另外10人身上。平均起來，我們每天各花17分鐘半在支持小組5名成員的每一個人身上，各花約4分半鐘在組成支持小組另外10人的每一個人身上。當然，我們並不會每天都見到這些人全體。請記住，支持小組的定義是你每週至少會見到1次的人，而同情團隊的定義是你每個月至少會見到1次的人。在1個月的時間裡，你可能會和支持小組的成員會面6次或以上，在每一位成員身上花大約520分鐘（大約8個半小時，相當於一整個工作日）（無疑地，有些人會較多，有些人則較少）。對於另外10位同情團隊成員，你會對每一位投入130分鐘（略多於2小時，或者每2個月花1整晚）。對兩個外圈的其餘135人，平均每天每人各花37秒——每個月不到20分鐘。

社交網研究中有一條不成文的定律，稱為「30分鐘規則」（Thirty-Minute Rule）：如果某人住在距離你住處30分鐘行程之

內，你就會去看他們，而且會認為他們對你很重要。無論這30分鐘是步行、騎自行車，還是開車，似乎都無關緊要，這指的是你到達那裡所花時間的心理意義。因此你可能會以為自己會打電話或發簡訊給住在行程超過30分鐘的人，以彌補你無法親自去看他們的事實。然而實際上卻非如此。你更可能打電話給住在附近的朋友，正如趙漢賢（Hang-Hyun Jo，譯音）對阿爾托大學手機資料庫的電話模式分析所顯示的。與你所想像的相反，你最常打電話給最常見面的人。

在貝瑞・威爾曼對加拿大東約克社區所做的研究中，他和黛安・莫克（Diane Mok）檢視了分隔的距離對社區成員與朋友和家人見面的頻率有什麼影響。他們發現，當兩個人的住處距離超過5哩時，面對面的接觸就有明顯的斷點（break-point），在大約50哩（大約1小時的車程）處進一步減少，在100哩（舒適一日遊的極限距離，至少在加拿大是如此！）處更進一步下降。打電話的方式顯示了大致相似的模式，儘管下降速度較慢，尤其是在100哩左右下降幅度特別大。約翰・李維・馬丁（John Levi Martin）和楊金塗（King-To Yeung，譯音）在分析1960年代美國嬉皮公社先前成員之間的聯繫頻率時，發現了類似的結果。以前的朋友彼此聯繫的頻率與他們現在居住的距離呈反比，他們之間的距離越遠，相見的次數就越少。

當人們遷居，不再有那麼頻繁見面的機會時，友誼似乎會以驚人的速度消退。匹茲堡卡內基美隆大學的鮑勃・克洛特（Bob Kraut）研究估計，兩個朋友一旦分開（例如分居不同的城市），每一年友誼的品質都會下降大約1個標準差（standard deviation）。在統計學上，平均值兩側的3個標準差就占了99%以上的資料。實際上，3個標準差的改變就相當於：一段原本高強

度的友誼，在短短3年內，就會變成只是點頭之交。

分離的第一年似乎對關係性質的影響要比隨後幾年大得多。至少我們在英國高中生手機樣本中觀察到這樣的情況。由他們對先前朋友的情感親密度來看，只要一個朋友搬走，最多只要分開6個月，其關係就會在朋友圈下降一層。但到目前為止，關係品質第一次下降的幅度最大：在接下來兩段6個月期間，下降幅度逐漸降低，彷彿他們的關係正靜靜地趨於平緩，變成「只是點頭之交」的最小公分母。

附帶一提，在家庭關係中並非如此。即使經歷很長的時間，家庭關係依舊保持非常穩定。相較之下，友誼要脆弱得多，得依靠不斷的鞏固加強來維持它的強度。我想大家都知道這一點。在畢業多年後，我們再度與多年前在中小學或大學裡的同伴見面時——當年我們曾和他們共度許多時光，聚會、喝酒、運動和遊戲，但如今我們卻突然發現雙方沒有什麼共同之處。我們可以花半小時和他們聊聊，了解一下他們的近況，但隨後我們也很樂於互道珍重。沒錯，聊天敘舊實在有趣，我們一定要再見面……只是我們一直都找不出時間。有時候，我們只會疑惑當年我們究竟和這些人有什麼共同之處……

公平地說，有極少數的友誼似乎經得起時間和離別的考驗。約翰・馬丁和楊金塗在對美國嬉皮公社的分析中發現，在公社裡花很多時間聚在一起的人，在離開公社12年後比其他人更可能經常聯繫。拉斯・巴克史托（Lars Backstrom）和同僚分析了非常龐大的臉書資料集，發現了類似的結果：比起很少交換貼文的人來，在臉書上交換較多貼文的人在6個月後較可能仍然是朋友。但這些特殊的友誼數量很少——可能只有3、4個人。他們往往是我們特別親近並共度大部分時間的朋友，與我們分享成年

之初人生的起伏和創傷，在嚴重危機時尋求他們的建議，同坐到深夜，討論深刻的哲學問題，經常一起外出喝酒或聚會。就彷彿正是因為我們參與了如此強烈、熱情的互動，因此這些少數的特殊友誼刻骨銘心。多年後，我們依舊可以由中斷處再重拾往日情誼。但對於其他人，友誼則變化無常，今天存在，明天卻會消失。在許多情況下，它們只是出於方便——一起去狂歡或一起一日遊，在沒有更好同伴的情況下，暫且由他們代替。

我們的許多普通朋友都是這種出於方便的朋友。他們碰巧有空（並且應該願意花點時間和我們同處），或者在純粹的社交之外，他們在其他情況下對我們的價值使得我們值得在他們身上投資。這種友誼典型的例子就是我所謂的「校門口朋友」（school-gate friends），也就是你去接孩子放學時，在校門口遇到的其他家長。在等待孩子們放學之時，你們終於因為無聊而開始閒聊。如果你們雙方的孩子建立了友誼，你就會開始在校外的社交場合上更常看到對方的父母，比如去接參加同學生日聚會或到同學家過夜的孩子時，會碰到這些家長，接著可能在週日烤肉或晚上的活動時，甚至最後可能會一起度假。接著奇怪的事發生了，孩子們吵架了，或者上了不同的大學，突然你就不會再見到這些家長了。孩子們結交了新朋友，彼此失去了聯繫，即使放假回家，雙方也不再聯絡。而且悄悄地，家長也逐漸疏遠，大家都沒說什麼，只是沒有人刻意保持聯繫。偶爾你們會在超市走道上撞見對方，大家會熱烈打招呼：「好久不見！你最近都在忙什麼？你一定要來玩！」接著你們道別了。一兩年後，同樣的小儀式會在同一個超市走道上重演，但你們仍然沒有聚會。這些都是出於方便的友誼，主要是由孩子們之間的友誼驅動的。當他們的友誼結束時，社交的黏合劑就太少，無法維繫家長的友誼。於是你們先是

不再見面，然後不再寄送耶誕卡片。你們的友誼很少能夠培養到親密得足以經歷時間的考驗。

友誼取決於你們在彼此身上投入足夠的時間和精力，以保持關係的良好和作用。不常見到對方，無論是出於故意抑或迫於環境，都不免會使這種關係減退。確實，我們察覺到缺乏聯繫會削弱關係，因此當你下一次和他們聯繫時，你就會花更長的時間——彷彿要撫平關係中可能裂開的縫隙。庫納爾・巴塔查里亞（Kunal Bhattacharya）和艾辛・戈許（Asim Ghosh）分析了阿爾托大學手機資料集中連續通話的時間，發現在與特殊朋友通話時，自上次通話之後間隔的時間與下次通話持續的時間之間有關，不過這並不適用於較普通的友誼（以通話頻率判斷是否普通朋友）。通常每天或每兩天就會通話的對象，如果10至15天沒有通話，會導致下一次電話的時間急劇增加。

我們在衣索比亞研究的獅尾狒身上看到了類似的反應。隨著狒狒寶寶成長，哺乳的需求增加，母狒狒逐漸退出日常的社交活動，花更多的時間哺餵寶寶。牠們也會減少梳理主要社交同伴的時間——牠們的閨蜜，而是靠對方盡力維繫關係，因此省下牠們原本該花在梳理朋友的時間。然而，一旦寶寶開始斷奶，母狒狒的壓力減輕，牠們就會回報，花更多時間梳理閨蜜，而非讓閨蜜梳理牠們。

在我們的高中生資料集中，有些友誼在整段研究期間維持得比其他友誼更好，我們想知道維持得較好和不好的友誼之間有什麼區別。受訪的高中生除了列出他們與聯絡人名單中每個人的情感親密程度之外，也告訴我們上一次聯繫的時間以及方式（面對面、電話、電子郵件等），以及他們是否與他們一起進行表列20項活動中的任何一項。這些活動包括如花時間一起廝混，一起

外出，一起參加派對或上夜店，幫他們搬家，和他們一起逛街購物，和他們一起度假等等。結果發現，不論兩性，能繼續維持的友誼是在他們畢業後花更多努力交往的友誼，離開學校後較少花時間與先前的朋友相處的友誼，品質則下降。

　　然而這裡有一個令人驚訝的性別差異。對於女生而言，保持友誼最有效的活動是一起聊天，無論是面對面還是透過電話都一樣。但對於男孩來說，一起聊天對是否能夠持續友誼毫無影響——我要強調的是**完全**沒有影響。造成男生友誼的不同之處在於比以前更頻繁地聚在一起「行動」——上酒吧、踢足球、爬山，或者做他們過去常做的其他活動。當然，一起「行動」對女生的友誼也有正面的影響，但其效果遠不如一起行動對促進男生友誼的效果大。花更多時間做以往常做的活動，只能讓女生的友誼維持在原先的程度，但它無法像一起聊天那樣增進女生的友誼，也不能像一起行動那樣增進男生的友誼。要維持男生的友誼（不論他的朋友是什麼性別），重要的是做，而不是說。開玩笑、調侃、吹牛，或許可以維繫男生的友誼，但並非女生那種親密的知心話。在本質上，那對男生根本就是異域。我的腦海中浮現了一幅影像，兩位希臘老人在陽光下坐在咖啡廳外的桌子兩端，他們偶爾會啜飲咖啡或茴香酒，但兩人都一言不發。這才是男人建立情誼的方式。

　　這似乎反映了兩性在維持或保養（借用汽車維修的比喻）關係時在方式上的差異，一個是用談話，一個是用行動。這顯然是男生的電話總是比女生短很多的原因。女生才在學校一起待了一整天，放學後還能花1小時講電話，這樣的長舌早已經惡名昭彰。而如果你能接到男生來電長達5分鐘，就算很了不起了，即使你由上個月起就沒有見過他。但話說回來，他要說的只是：我

七點鐘在酒吧等你。在我們的高中生樣本中，不論男生打電話的時間是日或夜，平均1通約為100秒。而女生在早上的電話平均約為150秒，然後隨著一天的進行穩步增加，到深夜和午夜剛過的凌晨時分平均達500秒。而在那個時間，男生的電話平均還是只有100秒。

我們檢視整個阿爾托大學手機資料庫，發現在3300萬成人用戶共19億通電話中，男性的通話時間比女性短得多，各年齡層平均起來皆是如此，雖然青少年男女的差異沒有那麼大。其他研究也報告了類似的結果，齊畢格紐·史莫達（Zbigniew Smoreda）和克利斯勤·李科佩（Christian Licoppe）分析了317個法國家庭樣本的電話，發現女性占通話時間的2/3（無論她們是兼職還是全職工作，或者整天都在家裡）。如果光看通話的次數而非時間，那麼全天在家的女性通話次數比男性多2至3倍，尤其是撥給家人，不論她們的年齡大小或有沒有子女都一樣。

早起的鳥兒和夜貓子

就像所有的猴子和猿類一樣，我們是晝行性物種，白天醒來，夜晚睡覺。其實我們深受晝夜循環（我們的生理時鐘）影響，甚至我們與他人的互動都會以微妙的方式受到我們起床和睡覺相應於太陽日常循環的影響。塔拉耶·艾達沃德（Talayeh Aledavood）研究我們的高中資料集通話的晝行模式，發現在白天使用手機最活躍的人和晚上打電話最多的人之間，有非常明顯的差異。更有甚者，這個模式在18個月的研究中一直持續，讓人想到社交指紋的情況。儘管朋友更替了，早起的鳥兒（或「雲雀」）一年半之後仍然是早起的鳥兒，而一開始是夜貓子，到頭

來還是夜貓子。

塔拉耶後來又分析了另一個行動電話資料集，這是由丹麥電腦學者蘇尼‧拉曼（Sune Lehmann）向1千名丹麥大學生收集的資料。她再次發現同樣的雲雀和夜貓子的區別。這個龐大得多的樣本讓她可以更詳細檢視這兩類人相對的頻率。大約20%的學生是主要在早上活躍，到晚上社交活動一片沉寂的雲雀；另外20%則是中午之前幾乎毫無動靜，但在傍晚到深夜在社交上火力全開的夜貓子；其餘的則既不是雲雀，也不是夜貓子。夜貓子的社交網絡比雲雀大（至少以他們最常打電話的對象來比較是35人對28人）。然而夜貓子和每個朋友通電話的時間要比雲雀少得多（平均94秒對112秒），因此他們的社交網絡整合並不那麼良好，也不那麼鞏固。由這些學生構成的社群看來，在整個網絡的社交活動中，夜貓子更趨中心，他們宛如蝴蝶的互動模式有助於保持社區的整合，讓社交訊息由一側流向另一側。如果把他們由社交網絡中移出，社交網絡就會分裂成許多小社群，其間幾乎沒有交流。雖然雲雀對社交網絡並沒有表現出任何特別的偏好，但夜貓子卻較常與夜貓子結交，在這方面展現出強烈的同質性。這無疑也反映出夜貓子所處的忙碌社交世界：最好的派對大半是由夜貓子組成的派對，而且在晚上舉行。

有關於我們選擇如何及何時進行社交活動的差異，這方面的討論讓我想到丹尼爾‧蒙西維斯（Daniel Monsivais，是在阿爾托大學群組中的一位墨西哥物理學博士生）所做的淘氣分析。他對造成資料庫中這個國家全國在午後午睡習慣的因素十分好奇，因此想要用阿爾托手機資料庫來檢視晝行和季節模式對打電話的影響。由於所涉及的資料龐大，需要非常繁重的計算工作，一方面要（至少盡可能）過濾掉非社交電話，並且要辨識人們**每一天睡**

覺和醒來的時間。基本上，我們要找的是在一長段不活動（也就是電話擁有人應該在睡眠）時間兩端的第一通和最後一通電話。由於在這個樣本中，我們處理的大約有1千萬人，絕不可能憑人力完成——至少，如果你想要有任何社交生活，就不可能這樣做。因此它不得不自動化，這就是為什麼需要有統計學技巧的物理學家設計出可以篩選上兆位元資料的電腦程式，搜尋正確的模式種類。這其中多少會有一些錯誤，偶爾你會以為電話並沒有使用，其實是電話所有人正在參加私人會議，或者電池正好沒電。不過當樣本足夠多時，這些例子就消失在茫茫的統計資料中。

　　結果他發現有兩段這種睡眠時間，一段在晚上，另一段在午後（傳統的午睡）。由於資料庫提供了電話帳戶所在地的郵遞區號，因此我們可以把每個人分配到他們正式居住的城市。丹尼爾能夠證明，在南北緯5½度範圍內（大約380哩，即600公里），這個地中海國家南部的人中午的午睡時間比北方的人長。在每一個緯度帶中，人們全年午睡時間的長度隨溫度而變化，在一年中最熱之時最長（在全國最南部的城市大約為2小時），而一年中最冷的時候最短（大約只有1小時）。

　　熱帶地區的狩獵－採集者在周遭環境溫度最高的午後，因天氣太熱無法外出以免曝曬，因此經常在這段時間休息。確實，這幾乎是所有熱帶靈長類及其他許多哺乳動物的特性。在我們樣本中，較南部的人最接近熱帶北緣（北迴歸線），他們更密切地遵循這樣的模式，白天炎熱的時候最好睡覺，把工作時間換成較涼爽的傍晚，他們就是這樣。

　　另一個有趣的發現是，不論在哪一個城市，夜晚的長度都與午睡的長度成反比。在北方的人晚上睡得較久，而在南方的人午睡得較久，因此南方的人會熬夜，等到半夜較涼爽時才睡。無論

是北方人還是南方人，每天睡覺的時數都相同；他們只是因應天熱，以不同的方式分配睡眠時間。

丹尼爾的另一項分析說明了我們對日光的起伏有多麼敏感。由於太陽從東方升起，因此在任何時區內，東方顯然會比西方稍早開始一天。我們手機資料集的來源國只有一個時區，但東西範圍相當長（經度10度，大約600哩或900公里），因此最東和最西城市的日出時間實際上大約相差43分鐘。丹尼爾觀察了沿同一緯度軸東西向分布的5個城市，發現即使人們生活在同一時區，在東方城市的人依舊比西方城市的人早半小時開始打電話——儘管有各種文化因素規範我們的生活方式！

*

本章介紹了關於我們如何建立友誼，以及因此產生結果的兩大發現：其中一個是我們每個人似乎都有天生的社交指紋，讓我們分配我們在社交上的努力。在某種程度上，這可能反映了我們的性格，比如我們有多外向，以及我們對人際關係有多渴望。社交風格的這些層面會影響我們偏好的社交方式和時間，因此提供指引我們選擇朋友的一個因素——如果我們是夜貓子，我們就較可能與其他夜貓子交往，因為他們將會是凌晨兩點還在活動的人。另一個發現是，這些模式似乎非常穩定，並且完全不受在任何特定時間誰實際上在我們的朋友圈中的影響。就彷彿只要我們有朋友，這些朋友究竟是誰並不真正重要一樣。當然，我們盡可能選擇意氣相投的人，但只要符合條件，任何人多半都可以算數。如此這般，長久下來維繫關係就會較容易。這或許能讓我們的社交網絡以及社群的規模和結構增加一點穩定性，因為一旦社

群建立之後，與我們的社交偏好每週變化所造成的結果相比，它的架構就不會有那麼大的改變。

| 6 |

心智能力與朋友

在BBC關於自閉症的電視紀錄片中,有個令人心酸的片段,一名11歲的亞斯伯格症*病童問他的母親說:「媽媽,朋友是什麼?我可以要一個嗎?」他玩了一下玩具,接著又問道:「我要怎麼得到朋友?」他明白和他在一起的兒童稱呼彼此為朋友,但其中似乎有些神秘的過程,他無法完全理解。究竟該怎麼做才能得到朋友?他嘗試要其他兒童成為他的朋友,但似乎沒有用,他並不真正明白為什麼,他被難倒了。

他的困惑讓我們想到,在我們為了結交朋友示好卻遭到拒絕,或者朋友讓我們失望但我們不明白原因時,都不免會感到困惑。這些苦惱的時刻提醒我們友誼的一個重點:在現實中,朋友並不那麼容易獲得和維持。我們必須要努力維繫友誼,而且可能需要花費數月,有時甚至數年時間,才能讓真正的友誼開花結果。更重要的是,我們應付社交世界的能力各不相同。在這個世

---

* 亞斯伯格症(Asperger syndrome)是一種自閉症。自閉症的特點是有一些關鍵的缺陷,其中最重要的就是缺乏讓社交活動充分發揮功能的認知技巧(有時稱為心智化能力或讀心術──了解別人在想什麼的能力)。在較嚴重的情況下,病人可能難以用語言溝通,行為控制不佳,對大聲的噪音、人群,甚至肢體接觸都極端緊張。自閉症其實是許多症狀而非單一症狀的譜系。亞斯伯格症患者通常有正常(在許多情況下都高於正常)的智力和正常的語言能力;他們經常有非常好的數學和電腦程式技巧。

界的一端是完全無法解讀友誼這種觀念的小男孩，另一端則是社交場合的完美主人，他們光憑直覺，不費吹灰之力就知道該說什麼好炒熱氣氛，讓每一個人都發揮最好的一面，誰和誰能夠一拍即合。我們大多數人都介於這兩個極端之間，由一個社交雷區跟跟蹌蹌地走入另一場人際關係災難，而只能設法讓自己不滅頂。也有的情況讓我們被困在社交荒島上，羨慕地看著別人享受社交時光。

人類的社交世界恐怕是宇宙中最複雜的現象——遠比創造恆星和設計行星軌道的神秘過程更盤根錯節。推動這個世界運作的社交技巧千頭萬緒，而且在這些技巧背後的認知機制是演化工程的奇蹟。然而我們卻認為它們理所當然，對它們幾乎從不多想。對畢達哥拉斯和阿基米德的簡單數學，我們花了許多腦筋，但我們卻能萬無一失地執行複雜得多的社交世界運算，毫不猶豫，那是因為演化把我們的心智設計成社交電腦。比較起來，我們在日常真實世界中所做的種種運算不但初步，而且簡單得驚人。只有在我們想設計重要的建築結構或噴射引擎，或執行火星任務時，才會變得複雜——這些情況遠遠超出一般的日常經驗，一直到我們演化史的最近幾千年才開始出現。

為了處理這種複雜性，我們需要一項特殊技巧，即解讀他人心智的能力，這種技巧有時被稱為讀心術或心智化（mentalising），是人類獨有的技巧。雖然有些較聰明的猿和猴展現出部分這種技巧，並且與我們一樣在大腦中有支援它的神經迴路，但只有人類才有解讀心智的能力，讓我們能夠擁有語言，創作小說，面對複雜的宗教和科學。這種解讀他人心智的能力決定了我們的社交技巧，因此到頭來也決定我們罹患自閉症（或症狀較輕的亞斯伯格症）的風險。

莎莉與小安測驗

　　下面是用在幼童身上的實驗，心理學家稱為「莎莉與小安測驗」（Sally and Ann Test）。莎莉和小安是兩個在沙發上一起玩球的洋娃娃。莎莉把球藏在沙發一側的墊子下，然後離開房間。而小安趁著莎莉不在房內時，把球由莎莉藏的地方取出來，藏在沙發另一側的墊子下。你可以一邊用兩個洋娃娃表演，一邊向幼童解釋。現在莎莉回到房內了，你問孩子：莎莉認為她的球在哪裡？莎莉會去哪裡找她的球？

　　4歲的孩子通常會指向小安放球的地方，因為他們知道球在這裡；而5歲的孩子會指向莎莉離開前放球的地方。這個差異非常顯著，而且孩子的反應非常一致。5歲左右（有時較早，有時較晚）的兒童似乎經歷了一種稱為「**心智理論**」（theory of mind）的重大轉變。4歲的孩子還無法區分自己和其他人對世界的了解。他們怎麼想，就會假設其他人也這麼想。但是由5歲起，他可以區分自己對世界的認識（球實際上在那裡，因為他看到小安把它藏在那裡）和其他人對世界的認識（莎莉**認為**球在那裡，因為她把球藏在那裡，而沒有看到小安移動它）。這其中的關鍵是理解「錯誤信念」（false belief）的能力——別人相信你明知道不正確的事。正如哲學家所說，這就是擁有或獲得一種「心智理論」。更淺顯一點就稱為讀心術或心智化，即理解別人在想什麼的能力，明白**他們**如何看世界，和**你**如何看世界不同。

　　心智理論是人類社會性的關鍵。它讓我們能夠與他人產生共鳴，容許我們管理構成我們社交世界的關係、友誼、怨恨敵意等無止境的複雜網絡。與某人交朋友並不只是在你的大腦中留個位子給他，不論記住他們是誰，以及他們與你上次見面時對你的態

度（經濟學家的友誼觀）有多重要，這都是複雜得多的過程。我們究竟如何做到這一點可以追溯到猴和猿類創造和維繫友誼的方式。這和其他哺乳動物及鳥類管理關係的方式大不相同。猴和猿（以及人類）的友誼有一種永恆的性質，與我們常在哺乳動物和鳥類中看到漫不經心、變化無常的關係截然不同──當然，單配偶制物種的配對和馬、象等有親密關係的少數其他物種例外。這就是自閉症患者和心理學家統稱為「神經學典範」（neurotypical people，非自閉症的人，意思就是我們其他人）的差別。

靈長類透過心理學家所謂的雙重歷程機制（dual-process mechanism）來管理關係──兩個獨立的機制協力合作。其中一個與關係深層的情感內容有關，大部分在潛意識裡運作，主要和腦內啡有關。如果觸發它們釋出，可讓靈長類彼此建立溫暖和正面的感受，它提供了深入的精神藥理平台，藉由這個平台，第二種更明確的認知機制容許他們透過心理反省過程，建立信任、義務和互惠關係。正是這第二個過程真正奠定了社會腦假說的基礎，因為它計算成本高，需要超過身體活力所需，備用容量足夠的大腦。第二種（認知）機制就是本章的基礎。至於第一種機制（腦內啡藥理機制）則延到下一章再討論。

雖然大腦的大小確實限制了你擁有朋友的數量，但如果說造成朋友數量有限的只是因為大腦的規模限度，未免太過簡單。在很多方面，大腦就像電腦，是的，電腦的大小確實會限制它所能做的事，但到頭來真正工作的是進入電腦的軟體。在大腦上和軟體相當的是認知過程，它允許大腦思考社交環境中正在發生的情況，並做出如果你以不同的方式處理，人們會如何反應的預測。在這方面我們確實有很多需要學習。

很多人似乎認為社會腦只不過是記得誰是誰，整件事只是

個記憶的遊戲，讓我大感困惑。這除了表示你沒有讀過我們有關社會腦的論文之外，也意味著你對社交關係的了解非常有限。當然，你的確需要記住在你的社交世界中誰是誰，但僅憑這一點並不可能支撐龐大的朋友和家人網絡，甚至也不容許你和人對話。輪流說話而不彼此打斷，對其他人剛說的話加入有意義的內容，判斷什麼時候適合開始新的話題——這一切全都取決於能夠正確解讀他人的想法，預測他們可能感興趣的事物，知道如何合乎邏輯地接口說下去，而非插入完全離題和無關緊要的話題，知道該如何說你想說的話而不致冒犯他人。我們似乎毫不費力就做到這一點，但是，正如我們全都曾在人生的某一時刻發現的，這種事太容易出錯了。它可能導致對話接不下去，突然結束，或者友誼破裂。

真正的重點在於你對自己與他人關係的思考方式，以及反過來這些人彼此之間的關係：也就是要能夠問，如果我對安說這個，她會如何回應，也許更重要的是，如果我對安說這個，莎莉會如何回應？甚至，如果在我和安說完話之後，莎莉對安所說的感到不滿，莎莉的媽媽會怎麼說？這就是心智化的意義所在。

擁有心智理論就是知道別人相信某事。這很重要，因為有這種能力的似乎只有人類，或許還包括類人猿（黑猩猩、大猩猩和紅毛猩猩）。所有其他有知覺的動物都無法超越「我知道……」這樣的敘述。牠們表現得像是4歲的人，不明白莎莉可以了解與自己不同的情況。類人猿似乎能夠解決莎莉－小安問題，並且在這方面似乎與5-6歲的人類處於同一認知階梯。但無論是牠們或是5歲的兒童都比不上成年人。猿類和5歲的兒童只站在認知階梯的第二階，遠低於任何有能力的成年人所能做的。事實上，如果沒有這些高級的思維能力，你甚至無法讀這本書，因為你無法

解析這些具有許多子句的複雜長句……。

　　心智化至關重要的原因，在語言的另一個層面，那就是我們幾乎從不確切說出我們的意思，而是靠著聽者正確闡釋我們所說的——甚至因為我們話中有話的機智用法而感到趣味。使用文字的隱喻——暗指新的脈絡，在兩個完全不相關的事物或前後文之間類比，使對話變得豐富而有意義。我們讓時間有空間的範圍（4點鐘之前和之後），我們說大海或天空發怒，我們說人們冷冰冰（實際上的意思是不友善），我們說有人打了我們的手腕（slapped our wrist），實際上的意思只是他們輕描淡寫地責備我們，或者我們說有人點燃了我們的生命，實際上的意思是他們讓我們快樂，我們說人生就像一段旅程，然而我們可能從沒有離開家門。我們拐彎抹角想要釣出別人的恭維（fish for compliments），我們淹沒在悲傷的海洋中，我們感到藍色（feel blue，真正的意思是悶悶不樂）；我們說某人性格陽光，是我們的掌上明珠，有的東西是錦上添花……這種種的形容不勝枚舉。

　　真正了不起的是，我們在這方面很少犯錯，即使聽到新奇的比喻也能馬上心領神會。這是日常語言的一部分，是我們的第二天性，讓我們忘記玩弄這種文字言詞到底有多複雜。因此可以想像一下，對於既無法解讀對話或社交訊號的人而言，社交世界有多麼困難，更不用說隱喻了——以足夠親密的方式與某人交往，建立我們大多數人會立即體認是友誼的事物，這多麼令人困惑，多麼難以捉摸。這就是自閉症患者的世界，他們承受了莫大的壓力。

　　最後，但同樣重要的一點是，心智理論讓我們說的謊能讓人相信。要能夠撒謊以便影響你的行為，我們就必須了解你如何看待或可能如何看待世界。只要能做到這一點，就可以向你提供虛

假訊息，因為我知道你會相信。動物偶爾會互相欺騙，但這是因為牠們由經驗中明白，如果你做X，其他人就會做Y。但牠們並不真正明白為什麼其他動物會做牠們的行為，只知道這樣做大半時候會奏效。而靠著心智理論，我們可以理解行為背後的心理，並了解為什麼牠們較可能相信X而非Y。這使得欺騙的複雜性和規模提升到新的高度。

心智理論使我們得以擁有豐富而引人入勝的小說和詩歌——能夠想像另一個與我們所處截然不同的世界。這也使得科學可能發展，因為它使我們得以想像世界可能與我們直接體驗的世界不同。大多數動物的問題是，牠們太專注在眼前的事物，無法在心理上保持足夠的距離，以思索為什麼世界必須是這個樣子，或者是不是有可能存在以其他方式構成的世界——這就是當我們根據世界的生理學或遺傳學或隱形的化學或物理學等基礎來解釋我們所體驗的世界時，所需要做的事。

當莎莉碰上哈利碰上瑪麗……

在1989年梅格‧萊恩（Meg Ryan）和比利‧克里斯托（Billy Crystal）的電影《當哈利碰上莎莉》（When Harry Met Sally...）中，兩位主角花了很多時間不僅討論他們過去與彼此的關係，也討論了他們與各自目前的情侶傑斯和瑪麗的關係——他們還介紹當時他們各自最好的朋友傑斯和瑪麗認識，以及後來結婚，這一切變得非常複雜。這個故事的主題是友誼，但反向的主題是男女可不可能不受性的干預成為朋友。莎莉認為這完全有可能，但哈利不同意。電影的結局是他們結了婚，這或許意味著哈利是對的。

儘管如此，我們的興趣卻在於一個事實：莎莉和哈利不僅在嘗試了解對方，而且也想要以他們與其他人（他們各自的戀人，傑斯和瑪麗）的友誼為背景，來看待他們彼此的關係。人生並非由一組不相關的二元關係組成（你和你的母親，你和你的女兒，你和你最好的朋友）。相反的，這些二元關係都嵌入複雜的人際關係網絡中，在其中一個二元關係中發生的事，會波及並影響在另一個二元關係中發生的事。更重要的是，就像這部電影中的關係一樣，網絡中的關係也在不斷變化。2個人因為一點小爭執而斷交，這影響了他們與其他共同朋友的關係。它改變了3人組關係的形勢，因此原本是3段正面關係的穩定3人組，現在變成了2個正面和1個負面關係的不穩定3人組。每一個人都因此處於混亂的狀態，因為一段關係破裂會在社交網絡上分叉交錯，對其他每一個人都造成影響。我們處於錯綜複雜、盤根錯節、不斷變化的社交世界，需要莫大的技巧和心思才能順利通過。

　　在上一節中，我們只把心智化視為能夠理解他人的想法。但是，正如創造這個專有名詞的哲學家所指出的，心智理論是一種自然的遞歸現象。如果我能理解你在想什麼，那麼原則上沒有什麼能阻止我理解你在想吉姆在想什麼，如此這般推及你想添加的各種不同心智。其實我們在這裡並不真的需要其他人：在你我之間，遞歸同樣有效。我**想**你**相信我在疑惑**為什麼你**認為**我**打算**做與你**想要**我做的相反的事。這裡至少有6個遞歸，每一個遞歸都用黑體字的動詞標記出來，表示獨立的心理狀態。哲學家用「意向性」（intentionality）這個術語來代表這些心理狀態，因為它們通常都是鬆散的和意圖相關聯。他們用意向性的級（orders）或階（levels）這個詞來指示特定言語中所涉的遞歸或思維狀態的數量。像上面這樣有6次遞歸的句子是六級意向性陳述，因此能夠

成功解開這種句子的人就可說具有六級意向性，或者是六級意向。

　　雖然哲學家在幾十年前就指出了這一點，但實際上並沒有心理學家曾經質疑這種遞歸是否有任何限制，主要是因為對這個課題最感興趣的人不是對兒童何時首度了解他人心智有興趣的發展心理學家，就是對自閉症有興趣的臨床心理學者。他們沒有理由對較高階的遞歸感興趣，因為他們所關心的人都沒有超越單純的心智理論〔二級意向性：**我認為**你**相信**（關於世界的某個事實）〕，然而這並不表示我們其他人不會（儘管有些心理學家發言時依舊彷彿只有基本的心智理論，而無其他）。我們可以並且經常同時考慮幾個人的心態。如果我們做不到，就無法擔心我們的行為對其他友誼的影響，就不會有內疚之類的感受——不僅僅因為我們因為違反一些抽象的法則而感到歉疚，也因為我們擔心我們的行為可能會傷害或惹惱某人，或者擔心其他人會對我們有不良的印象。

　　哲學家聲稱人們可以同時處理2種以上的心態，但這樣做實際的限制是什麼？臨床心理學家理查・班托（Rich Bentall）、彼得・金德曼（Peter Kinderman）和我試圖找出答案。我寫了一些簡單的日常社交生活小片段，類似莎莉－小安的情節，但牽涉更多人，同時也包括故事中人物誰在想誰怎麼樣的問題。這些小片段大約200字，描述某人試圖做某事，全都包含某種社交元素——找出如何到達某處，比如最近的郵局，安排與某人約會，進行某種社交安排，與老闆談加薪。每一段故事通常都有幾個人參與，每一個人都在思考其他人的想法。在最初的一組故事中，有些情節有多達9種心態。最後經過一些修訂和標準化，這些故事成為我們此後評估心智化能力的標準方法，我們也在所有日後的心理智研究中都採用它們。然而，我們的第一項研究只是為了

確定正常成人心智化能力的自然限制，結果答案是平均為5種心態。5種心態相當於能夠思考下面這樣的句子：我**相信**你**想知道**吉姆是否**料到**傑米娜**打算**問莎莉她是否**愛上**了佛瑞德。只有20%的人可以做得比這更好。此後，我們在大約6項後續研究中證實了這些結果。

由於心智化是我們處理對話中隱喻能力的基礎，而且因為笑話非常依賴語言的隱喻使用，所以我們想了解心智化的能力如何影響我們對笑話的理解。賈克・羅內（Jacques Launay）、奧利佛・柯瑞和我分析了「滑稽笑話100篇」（The Hundred Best Jokes Ever）中的心態數量，發現大多數笑話由3個或5個心態組成（觀眾和說笑話者的心態算做兩個），只有少數笑話有6、7個心態。這裡舉兩個例子以便理解，一個是美國喜劇演員喬治・華勒斯（George Wallace）的二級笑話（除了說笑話的人和觀眾——你之外，沒有其他心態），另一個則是流傳甚廣的五級笑話，沒有人知道最初是誰編的。二級笑話如下：他們在機場問我有沒有我不認識的人給我任何東西。就連我認識的人，也不會給我任何東西。五級笑話如下：一個小男孩走進一家理髮店，理髮師對他的顧客耳語：「這是舉世最笨的孩子。我證明給你看。」理髮師一手拿著1元紙鈔，另一隻手握著2個25分錢的硬幣，然後把男孩叫來問：「孩子，你要哪一邊的錢？」男孩取了2個25分錢的硬幣之後離開。「看我怎麼說的？」理髮師說：「這孩子永遠學不會！」後來顧客離開理髮廳時，看到那個小男孩從冰淇淋店裡走出來。「喂，孩子！我可以問你一個問題嗎？為什麼你拿25分錢的硬幣而不拿1元紙鈔？」男孩舔著冰淇淋說：「因為等我拿1元之後，遊戲就結束了！」

我們請大家對這些笑話的好笑程度評分，發現隨著心態的數

量增加，評分也提高（牽涉數個主角的笑話比只涉及一個主角的笑話更有趣），一直到5個心態，但之後它們很快就變得越來越沒趣。這似乎是因為涉及的心態如果超過5個，人們的腦筋就轉不過來（又是一個比喻），難以理解笑點（當然是比喻）。

因此到目前為止，我們所了解到的是，人們每一次可以處理的心態數量有典型的上限，即5個（有一些變異性）。但是決定這個限制的是什麼？它與我們可以擁有的朋友數量有什麼關係？

心智化能力

我們在第3章看到，你所擁有的朋友數量與大腦某些關鍵部位的大小有關。相關的大腦部位構成了一個分布網路，稱為「心智理論網路」，因為在人們解決標準的兩人心智理論任務時，似乎總會牽涉到它。在我們進行腦部掃描研究，以查看大腦的哪些部分與你擁有的朋友數量有關時，我們也會要求每個人完成我們的心智情境任務，以便讓我們了解隨著所涉及的心智數量增加，大腦會有什麼樣的反應。

瓊安・鮑威爾對這些資料做了前額葉皮質的大規模結構成分分析，顯示眶額皮質似乎會隨著人們所處理的心態數量成正比增加。這本身就非常有趣，因為大腦的這個部位與情緒管理相關，它與負責處理情緒訊號的杏仁核有直接的聯繫。而位於你額頭後方，就在這部位上面的背側前額葉皮質（dorsal prefrontal cortex），則通常被視為負責理性思考。雖然它在一些心智理論研究中確實占有一席之地，但在我們的多心智研究中並沒有特別的意義，因為我們的研究強調大腦中處理情緒反應那些部分的重要性，也就是存在意識雷達之下友誼的「原始感受」。我們知道自

己的感受，但卻難以用言辭表達。

然而很明顯的是，對大腦來說，思考社交世界時所進行的心智化，比理解雲和雨之間，或者擦火柴和火柴棒尖端起火之間的因果關係這種實體世界的關係要困難得多。愛米·伯奇（Amy Birch，當時是我們的學生，現在是倫敦帝國學院的大腦研究員）對此做了研究，比較大腦在解決不同數量心理狀態心智化問題時的工作量，以及當它只在解決同一故事的實際元素時（某人做了某事，而不是**打算**做某事）的工作量。在所涉及的命題數量相等時（畢竟，每個思維狀態都是一個命題：「吉姆**認為**某事」與「吉姆**做**某事」具有相同的語法結構），心智化任務比找出實體世界的因果關係要困難得多，並且隨著所涉及的思維狀態越多，困難會變大到不成比例。

在我看來，這是因為在我們思考其他人的想法時，實際上是在我們自己大腦的虛擬空間中模擬他們的思想狀態，而物理關係（某件事物導致其他事物）則就在你面前，是單純的事實記憶。心理狀態比實際事件離現實更遠一步，因為你得運用間接線索揣想其他人在想什麼。一個是關於某件事物的證據，另一個則是在證據（你所說的或你的樣子）和證據背後的心態在性質上有所不同時，推斷某件你看不到的事物。後者在計算上免不了更加困難。你的愁眉苦臉和你正在感受的痛苦並非同一件事；它當然反映了你的心智狀態，但我必須做出這樣的推斷，而且我是根據可能性的平衡來推斷，因為愁眉苦臉實際上可以暗示許多不同的心態，從痛苦到諷刺，到「老天爺，那真的是很糟糕的玩笑……」都有可能。

我在第3章提到潘妮·劉易斯、瓊安·鮑威爾和我已證明大腦中的心智理論網路大小（尤其是額葉皮質的大小），與你所擁

有的朋友數量相關。在本章中，我們也看到你的心智能力與你擁有的朋友數量和相同的大腦部位相關。但這種三邊關係的背後有什麼樣的因果關係？大腦的大小是否會影響心智能力，抑或朋友的數量會影響大腦的大小？鮑威爾用一種稱為「路徑分析」（path analysis）的統計技術顯示，因果鏈必須是：大腦的大小決定心智化能力，心智化能力決定你擁有的朋友數量。這既為社會腦假說（為什麼你生活在較大的群體中時，會需要較大的大腦）提供了解釋，並且告訴我們心智化所涉及的認知過程，是了解我們如何同時設法保持（與否）如此多友誼的關鍵。

我在牛津的同事傑夫・伯德（Geoff Bird）開發了一種相對較新的技術，稱為經顱磁刺激技術（Transcranial Magnetic Stimulation，或TMS），使用非常小的電流通過連接在頭骨上的電極，以開啟或關閉電極正下方的大腦區域。他證明對顳葉與頂葉交界處（temporo-parietal junction或TPJ）的正面刺激會提高受測者在換位思考（perspective-taking）任務的正確度，而抑制性的刺激（關閉大腦的這個部位）則會有相反的效果，不過它不會影響把心理狀態分配給自己或他人的能力。TPJ在心智化中的角色似乎與自我和其他人的表徵（representation）有關，這雖然和處理心智狀態並不完全相同（後者可能與前額葉皮質部位的功能更相關），但一定有關聯。

處理猴子社交關係的神經迴路研究，更強調了這些心智化能力的重要性。傑洛姆・沙利特（Jerome Salet）和羅吉爾・馬斯（Rogier Mars）證明，舊世界猴（old world monkey）已有人類社交過程（social processing）的關鍵神經迴路。他們用詳盡的大腦神經影像證明，獼猴額葉皮質中的連接組織方式和人類非常相似，尤其是與社交技巧（比如心智化）相關的聯繫。他們主張，

雖然猴子可能沒有完全的心智化技巧，但前額葉皮質組織結構的相似，意味著牠們具有相同類型的認知技巧，也就是當人類在足夠大的範圍內完成這些技巧時，被認為是心智化的技巧。實際上，認知差異是特定大腦部位容量的差異，而非大腦部位質的差異所造成的結果。更重要的是，瑪麗·狄范（Marie Devaine）和她在巴黎、羅馬的同僚在一系列傑出的實驗中，用特別設計類似心智化的任務測試了7種猴與猿，讓牠們與採取不同心智化程度的人互動，證明一個物種解決這些任務的能力與牠們的腦容量有關。然而就像其他充滿想像力的開創性研究所常見的情況一樣，他們很難在比較傳統的期刊上發表相關的論文，最後只好發表在電腦科學期刊上！原本科學家和同行評審（peer-review）制度應該保證研究報告的品質和重要性，但這又是眾多科學不受其阻礙（而非拜其之賜），依舊推動知識進步的例子之一。

知道何時拒絕

我們社交世界心智化的核心意義在於，能夠了解我們的行為可能會如何影響他人，或者能夠看出為什麼朋友會以他們的方式行事，因而寬容他們的行為，而不是在盛怒之下立即與他們絕交。正是這一點讓我們能夠教育孩子，並向成年人解釋為什麼會發生某件事——為什麼我們上週表現得如此糟糕，或者為什麼他們的行為讓我們感到不快。然而還有第二種同樣重要的機制，容許我們調整我們的友誼，也就是心理學家所謂「抑制優勢反應」（inhibition of prepotent responses）的現象，用平常的用語來說，就是意志力。優勢反應是指比別人先下手搶拿盤子上最大一塊蛋糕的自然反應。或者在有人惹惱你時，你不經大腦思考就大發雷

霆——「先行動，後思考」的原則。這種行為的問題在於，只有在利益相當均衡的情況下，關係才會有效。如果你試圖搶奪超過你應得份額的蛋糕，或者每次有人妨礙你時就攻擊他們，就會破壞關係的穩定；如果這樣做太頻繁，朋友就不會再與你共處。

當然，我們會竭盡全力維繫某些關係，原諒種種不端的行為（父母對子女，情人對情人，下級對上級——至少有時如此）。但我們準備忍受多少總有個限度。如果我們每次相聚，你都吃掉大部分蛋糕，或者你總是要我付我們一起喝的飲料費，或者你總是對我大嚷大叫，那麼即使是最親密的關係也會破裂。某人欠你一點債（這會鼓勵他們想和你出遊，做為報答），和你成為某人的經濟奴隸（因為他們希望你承擔這段關係中的所有工作）之間，有天壤之別。

防止我們表現得過度貪婪，或者在有人惹惱我們時，阻止我們以不必要的暴力回應的，是抑制我們行為的能力。目前我們還不清楚這種能力有多少出於天生或出於本能。在孩子們還很小時，我們花很多時間教他們不要貪婪，要和客人分享他們的玩具，在他們的欲望受阻時不要發脾氣，要容忍其他人討人厭的習慣。在大多數情況下，他們學會這些技巧，儘管有些人顯然比其他人學得更好，也有些人似乎總是學不會（在後面的章節中會再詳細說明這點）。這是外交和民主的基礎，是能夠在困難的情況下生存，好漢不吃眼前虧的基礎——尤其在處理不好會導致關係破裂，或者衝突持續升級，最後帶來致命後果的戰鬥之時。這些技巧不容忽視，沒有它們，我們的友誼恐怕無法維持到週末。沒有它們，我們所知的人類社會，甚至靈長類的社會，就不可能存在。

在很大的程度上，這是因為靈長類的社會群體以及構成這些

群體的關係是隱性的社會契約。我們同意同住，或者做朋友，因為這樣比我們自行解決日常生存和繁殖的問題更有效，因而使我們獲得益處。問題是，你總是受到想占便宜的誘惑，不是不付你該出的費用，就是取走過多的好處。正是這個問題導致了所謂的「公地悲劇」（tragedy of the commons）。在中世紀和近代初期的英國，公地顧名思義就是公共的土地，每個人都可以在那裡放牧馬、牛和其他家畜。當然，如果在那裡放牧的動物太多，必然會耗盡食物供應，導致所有的動物都餓死。因此村民通常會安排每一戶可在公地放牧多少羊、牛或馬。這是非常微妙的平衡，因為總是有個誘惑，讓你想放牧比你配額更多一頭動物，這表示你做得更好，但你同村的村民得付出代價，因為他們的牲畜食料就減少了。如果只有一個人這樣做，可能還可以應付；但如果人人都這樣做，唯一可能的結果就是我們破壞了大家都仰賴的資源。這是自古以來就一直困擾著社會生活的問題——從友誼一直到漁業和森林的保育的層面。我們需要某種機制來勸說人們堅守我們對彼此的關係，以及對取用共有資源的非正式協議和期望。

實際上，這就是為了未來更大的利益而放棄眼前小利益的能力。這免不了會成為一種權衡：總會有一個點，讓這個資源現在的價值超過它未來可能的價值，因此我們在到達這一點時，會選擇現在收穫，經濟學家稱之為「折現未來」（discounting the future）。整體來說，我們這種放眼未來的能力很差，至少由人類砍伐森林的情況來看是如此，這也稱為「盜獵者的困境」（poacher's dilemma）。這是因為短期的觀點其實有時是一種理性的態度：未來難以逆料，也許永遠不會發生（尤其是我可能會死），如果我決定放棄眼前盤子上的蛋糕等待，總得要確定未來的收益會大於我無法撐到明天的風險。

史蒂芬妮‧卡爾森（Stephanie Carlson）和路易斯‧摩西（Louis Moses）等學者已經證明，在兒童身上，延遲滿足或克制不當反應的能力與較佳的社交技巧，尤其是心智理論有關。我研究團隊的傑克‧羅奈（Jacques Launay）、艾利‧皮爾斯、拉菲爾‧伍達斯基（Rafael Wlodarski）和詹姆斯‧卡尼（James Carney）對成年人所做的研究也有類似的結果。康乃爾大學薩克勒研究所（Sackler Institute）的B. J.卡西（B. J. Casey）及合作同僚發現，你在兒童時期抑制優勢反應的能力，到成年後仍保持非常穩定。他們讓40歲的成年人執行標準行為抑制任務，並與他們在4歲時延遲滿足的能力（後者通常是讓孩子單獨一人面對桌上的餅乾，告訴他們在主持實驗者離開房間時不要去碰觸餅乾）做比較。他們用在成人身上的是「是否」任務（go/no-go task）：你必須視所看到的視覺刺激是否符合標準，而決定是否按下按鈕。當任務有明確的社交線索時（看到快樂而非恐懼的臉就按鈕），成年人的表現與他們40年前延遲滿足的能力相關，但當任務沒有相關的社交線索時（中性表情的面孔）則不然。學者在這些成年人執行任務時掃描他們的大腦，發現低延遲和高延遲者在右額葉的神經活動上有顯著的差異，尤其是在正確地抑制反應時。

抑制我們行為的能力也可能取決於大腦中被稱為額極（frontal pole）的部位。它位於眉毛正上方的前面（見頁65、圖2）。大腦的這個區域（技術上稱為布羅德曼10區，brodmann area 10）僅在猴子、猿和人類中發現。其他哺乳動物，包括原猴靈長類在內，都沒有這個部位。它還和其他許多通常稱為執行功能的重要認知能力有關。這些能力除了抑制之外，還包括因果推理、一次性學習（從單次觀察中推斷出一條通則，和由多個重複的例子中機械式學習這種大多數動物學習的基礎相對），以及比

較多種結果以便選擇最佳結果的能力。這些較複雜的認知形式，對動物進行推理或決定做什麼的速度和效率有顯著的影響。額極較小的人可能較難控制自己的行為，較難把眼光放長遠，較難原諒冒犯他們的朋友，較難分辨是意外還是故意的行為。正是抑制立即行動的能力再加上心智理論，使我們能夠預測使社交生活和友誼成為可能的未來。能夠迅速決定做什麼在社交環境中要比在覓食的情況下重要得多，因為在社交環境下，行動經常是以閃電般的速度進行——至少對於靈長類而言是如此，大多數靈長類只吃植物類的食物，而這些植物通常都是靜靜地待著，等你慢慢決定要不要吃它。

莫莉‧克羅克特（Molly Crockett）和托比亞斯‧卡倫希爾（Tobias Kalenscher）做了一系列功能性磁振造影（fMRI）研究，要了解當他們在決定要選擇眼前的小獎勵，或運用意志力抑制衝動，還是用稱為預先承諾（pre-commitment）的行為策略，預期意志力的失敗，和刻意提前限制我們面對誘惑，以獲取日後的大獎勵之時，大腦的哪些部位特別活躍（在日常生活中，預先承諾的例子包括公開承諾以某種方式行事，或避開我們會受到誘惑的地方）。他們發現，當受測者運用意志力來抑制不想要的選擇時（眼前的小獎勵），背側前額葉皮質與頂葉皮質的其他部位一起大量活動。但是在預先承諾執行時，有一部分額極部位比較活躍，與意志力相關的背側前額葉和頂葉區的連結也會增加。他們認為，這意味著這種決策的等級安排：如果決策相當簡單，我們就使用理性意志力和背外側前額葉皮質，但如果比較棘手，我們就使用預先承諾，額極就會活躍，因為這讓我們能夠抑制背側皮質的活動。後來他們用經顱刺激證實了這一點：他們發現積極刺激額極區域可以改善預先承諾的決定，但對涉及非約束性決定、意

| 7 |

時間和觸摸的魔力

　　如果你想知道別人對你真正的看法，請想想他們如何碰觸你。觸覺有一種任何其他感官知覺都無法比擬的真誠，而且當然比他人可能對你說的話誠實得多。一個觸摸勝過千言萬語，因為觸覺極其親密，其他任何感官知覺都及不上。言語是滑溜溜的事物，我們不僅常常口是心非，就連我們所用的文字也會隨我們怎麼說它們而改變意義。我們特別擅長藉機說謊，有時是出於好意（比如我們不想殘酷地老實說出冒犯他人的意見），有時則是刻意為了個人的利益而說謊。相較之下，某人把手放在你肩膀上或撫摸你手臂的方式，比任何事物都更能說明他們如何看待自己與你的關係。這多少是因為觸覺有其他感官所缺乏的親密感。另外兩種親密的感官——味覺和嗅覺，可以告訴我你是**誰**，但它們不能告訴我你對**我**的感覺。

　　觸覺是使人際關係世界運轉的推手。觸覺帶來親密感，意味著我們對觸摸我們的人，以及他們觸摸的方式非常敏感。受到撫觸或搖擺使人平靜，產生愉悅和放鬆感，煩憂由你的肩上緩緩落下。這就是按摩師在日常生活中所做的工作。這就是我們搖晃嬰兒，以及搖晃為什麼使他們平靜的原因。同時，或許正因為觸摸如此親密，所以也有一種矛盾：我們想要一些人觸摸我們，但卻不願受其他人觸摸。這種矛盾心理成了人生的禍根，尤其是因為

有時和我們互動的人很難知道他們屬於哪一類。我願意深情地撫摸你，你卻不願意讓我這麼做。所以我們必須制定規則，協助理清那條特定的路徑。兩個陌生人可以握手，卻不宜撫觸背部或親吻。我們花了大部分的童年和青春期學習這些規則，即使如此，我們還是照樣會犯錯：有時受撫觸的渴望未能獲得滿足，有時我們則是不受歡迎而不自知。

親密的觸覺

不論什麼文化，似乎都有放諸四海皆準的觸摸規則。在芬蘭學者茱莉亞・蘇萊維托（Juulia Suvilehto）和我合作的研究中，我們問了5個歐洲國家的民眾（芬蘭、俄羅斯、法國、義大利和英國）他們覺得可以觸摸他人的部位，以及反過來，他們覺得可以接受觸摸的部位。他們的對象包括兩性特定的個人，由關係親密的人（父母、手足、情人、好友）到不那麼親密的家庭成員（叔伯舅舅、嬸嬸阿姨、堂表兄弟），到一點也不親的人（點頭之交、完全陌生的人）。電腦顯示人體輪廓，請他們畫出身體的哪些部位可以觸摸或被觸摸。共有1300多人參與研究，結果非常一致，甚至跨越文化。關係越親密，可以觸摸的身體部位越多。陌生人的觸摸只限雙手，腹部和大腿是絕不能碰觸的禁區，這就是為什麼我們初識陌生人時只握手，而不會熱情擁抱他們，也是為什麼如果有完全陌生的人第一次見面就熱情過度地擁抱我們，會讓我們感到不舒服的原因。親密的家人雖有更大尺度的自由，但只有戀人可以肆無忌憚地彼此碰觸全身。有趣的是，女性比男性可以觸摸更大尺度的身體部位，同樣也可以容忍更大部分的觸摸。更重要的是，在更細緻的尺度下，這些模式和受測者與接觸

對象的情感親密度密切相關，不分性別。

　　當然，這其中也有一些國家差異，令人驚訝的是，芬蘭人身體碰觸的尺度最大，可能和天體芬蘭浴有關？英國人最小，這不足為奇。但在全歐洲，整體模式是相同的。後來，茱莉亞與日本科學家合作時，我們發現日本人的行為很像英國人，只是日本戀人觸摸的自由要小得多──當然比近親多，但比嬉皮之後的西方國家卻小得多。兩種文化之間的主要區別是，日本人對觸摸近親臀部和小腿的容忍度比英國人低。然而最令人驚訝的是，腳對日本人是禁忌的部位。這該怎麼解釋？

　　觸摸傳達親暱感的事實甚至曾出現在關於管理的建議中。1980年代，英國企業如保齡球一般紛紛倒下，經理人經常得向員工公布裁員的壞消息，當時管理大師就建議宣布壞消息時，絕對不要坐在受害人對面的辦公桌前，而要走到他們身邊，把手放在他們的肩膀上。手臂或手放在肩膀上的不經意碰觸可以消除這種情況下的痛楚，讓受害者比較不會做出挑釁的反應。

　　觸摸在人際關係中如此重要的原因，是它構成了靈長類友誼建構和運作的基礎。牠們的社交生活圍繞著社交梳理修飾（social grooming）。經常互相理毛的動物在其中一個受到威脅或攻擊時，較可能互相支持。在東非野生長尾猴的一項開創性實驗中，美國靈長類動物學者羅伯·塞法斯（Robert Seyfarth）和桃樂西·柴尼（Dorothy Cheney）把擴音器藏在一隻正在進食的猴子附近，播放受攻擊猴子的求救叫聲。如果呼叫者是受測目標主要的梳理夥伴，牠就會停止進食，並窺視灌木叢，想了解究竟是怎麼回事。但如果發出叫聲的猴子是其他猴子的梳理夥伴，牠可能就不會理睬，繼續進食，或許只會快速地朝擴音器的方向瞥一眼。我在衣索比亞研究的獅尾狒也是如此：越常互相梳理的兩隻雌狒

狒，在其中一隻受到母狒狒鄰居的威脅時，另一隻就越可能伸出援手，人類也是如此。我們不只願意對和自己相處時間較多的人做出利他行為，而且正如我們在麥克斯·伯頓的研究中所證明的，我們也預期他們會更願意幫助我們。

這一切全都是以互相梳理的親密關係為基礎。由某人梳理意味著一種信任的元素——相信在你放鬆警惕時，他不會咬你一口。尤其因為社交梳理時，最常梳理的部位是動物無法自己修飾的身體部位——頭部、肩膀、背部、腰部、臀部。如手腳、四肢正面和腹部這些很容易就能自行梳理的部位很少會成為其他友伴梳理的目標。

靈長類學者經常主張，猴子以梳理（一種服務）來換取社會支持（較有風險的好處）。果真如此，那這筆交易一定非常不合算，因為至少在朋友之間，梳理毛髮幾乎總是相互的：在早晚的社交時間，朋友輪流梳理彼此，每隔5分鐘左右交換角色。所以甚至在需要支持之前，債務就已經抵消了。在其中只有一方做大部分梳理工作，因而產生梳理債務的情況下，反而正是在發生衝突時最不可能互相支持的案例，因為這通常都是低階動物試圖討好占主導地位者，或者是為某些社會侵權行為致歉者。這恐怕又是一個因為未能關注動物究竟在做什麼而阻礙科學真相的例子。

其實猴和猿的梳理修飾有截然不同的目的。藉由修飾建立的親密關係對動物有兩個重要的影響。首先，這確保兩者之一移動時，兩個依舊在一起。這種情況一天會發生幾十次，很快就會導致朋友在茂密的森林或灌木叢中失散。如果失去聯繫，你很快就會喪失用群體作為保護，防止掠食者的益處。其次，這也創造了一個被動的防禦聯盟，對抗來自你團體中其他成員的攻擊。這種被動的防禦形式比積極的聯盟支持重要得多。光是看到你有個朋

友，就會讓我們其他人小心，不要騷擾你，以免我們到頭來也會招惹你的朋友。只有在被動保護未能發揮作用（或者我未能壓抑自己，在盲目的憤怒中攻擊你）的少數情況下，積極的聯盟支持才變得必要。

互相梳理創造了信任和義務的關係，讓你產生永遠和伴侶在一起，與他們進行身體接觸的願望。由猴子和有蹄類動物之間的差異，可以很清楚地看出這點。我們用實地觀察所得的資料，比較了個別動物進食時注視群體其他成年成員的頻率，這些動物包括關係密切的獅尾狒，恪守單配偶制的山羚，和社會性較低的野山羊，野山羊的群居狀態就像鹿和羚羊等大多數群居動物那般，是比較隨意的群居形式。前兩種有聯結關係的物種平均每3至8分鐘就會注視牠們所屬群體的成員，相較之下，野山羊就少得多，每40分鐘1次。換言之，在前兩個關係密切的物種中，動物經常檢視牠們的社交夥伴 —— 不是因為牠們害怕同伴的威脅，而是因為牠們擔心會看不見友伴。這種渴望接近對方的感覺正是人類浪漫關係以及至交友誼的特色。

這也就是說，互相梳理確實建立了一種感受，讓你對和你一起梳理的友伴產生心理上的渴望。你渴望和他們相處，和他們依偎在一起。由於這種非常有針對性的心理傾向，你會在他們需要的時候伸出援手，不管是在有人攻擊他們時奮不顧身保護他們，在他們需要金援時借錢給他們，或是幫他們購物或種花蒔草。但互相梳理是如何建立這種感受的呢？

友誼的催眠藥

到目前為止，我談到了大腦在友誼中的作用，暗示朋友數

量的限制是來自我們思考及評估朋友與我們關係的能力。但在大腦的故事中還有尚未得到廣泛肯定，更深入、更情感的一面。這和大腦自身的止痛藥，一組統稱為腦內啡（endorphins）的分子有關。其實腦內啡分為三個家族：腦啡肽（enkephalins）、強啡肽（dynorphins）和腦內啡。牽涉到我們故事的是最後這一種，在這個家族中，又以 β-腦內啡關係最大。腦內啡是神經肽（neuropeptide），通常作為神經傳導物質，然而它們主要的作用似乎是與疼痛相關。它們的化學性質類似嗎啡（鴉片罌粟樹液乳膠中的精神活性物質），作用則是止痛藥。如以重量來計算，腦內啡當作止痛劑的效果比嗎啡要高30倍。

只要人體遭受任何種類的疼痛和壓力，就會啟動腦內啡應對。心理和生理壓力都會啟動腦內啡系統。正是因為腦內啡的化學成分和嗎啡非常類似，我們對嗎啡和海洛因才會那麼容易上癮。這也是我們會沉溺於氧可酮（oxycodone）、氫可酮（hydrocodone）和芬太尼（fentanyl）等新鴉片類藥物的原因，這類藥物已成為二十一世紀美國生活的災難特徵。2017年，美國約有170萬人對商業性生產、只限處方才可購買的鴉片類藥物上癮（是海洛因成癮人數的3倍多），當年逾4萬7千個死亡病例都是因為服用這些藥物過量所致。腦內啡和這些人工鴉片類藥物的化學結構差異很小，但卻足以導致我們對一種上癮，對另一種則不會。當然，我們在心理上可以對腦內啡上癮，它是我們對酒精和性行為上癮的原因之一，因為兩者對腦內啡系統都是非常有效的觸發器，但這與我們對嗎啡和鴉片之類的合成鴉片類藥物和鴉片劑那種破壞性的生理上癮不同。

儘管如此，現在越來越多的臨床和藥理學研究證據顯示，腦內啡分泌異常可能是許多精神疾病的原因，這些疾病包括精神

分裂症、某些形式的憂鬱症,和某些自閉症譜系障礙,尤其是被標為「免疫表型」(immunophenotypes)的情況——也就是似乎是與免疫系統異常有關的疾病,通常都和產生炎症的細胞因子(cytokines,免疫系統對感染反應的蛋白質)有關。比如有人主張,腦內啡對身體免疫反應產生影響,可能和「神經炎症」反應有關,造成在這些情況下及鴉片成癮者經常出現的煩躁不安。這些疾病的一些症狀,尤其是與憂鬱症經常發生的避免社交互動相關的症狀,似乎與鴉片劑成癮者的行為非常相似。

為什麼這一切很重要?

受多巴胺系統協助和煽動的腦內啡系統是靈長類社會聯繫過程的核心。在大部分哺乳動物,尤其是靈長類身上,腦內啡系統是由社交梳理啟動。確實有高度專精的周邊神經系統——c-tactile(或CT)傳入神經元促成這一點。大腦吸收腦內啡,創造出如攝取鴉片般的放鬆感、鎮痛感、飄飄然、一切都美好的感受,讓相關的人產生強烈的親密關係和信任感。

在相互梳理中最重要的撫摸動作刺激了每個毛囊底部的CT神經受體。CT神經纖維和其他周邊感覺神經不同,它們無髓鞘(因此傳導速度非常慢),它們沒有返回運動迴路(在正常疼痛神經元中,這個迴路會讓你在不小心碰觸到火時縮回手),它們回應一種——而且只有一種刺激——以恰好每秒2.5公分的速度輕柔緩慢的撫摸⋯⋯這正是梳理毛髮時手部運動的速度。法蘭西斯・麥格隆(Francis McGlone)和同僚用嬰兒對疼痛(針刺)反應的研究戲劇化地證明了這一點:以每秒3公分的速度撫摸他們,很快就能讓他們平靜下來,但以每秒30公分的速度撫摸,卻不能達到這樣的效果。如果受到刺激的方式正確,CT纖維就會直接觸發腦內啡系統,把大量腦內啡送入大腦中,由分布在大腦

大部分的一組專門受體（μ-受體）接收。

　　劍橋大學神經生物學家巴瑞·凱文（Barry Keverne）30年前就證明了參與互相梳理能做到這一點，而且很明顯和腦內啡有關。他給群居的猴子非常微小劑量的嗎啡或腦內啡拮抗劑（納洛酮，naloxone），後者會鎖定大腦內的腦內啡受體部位，但在藥理上是中性的，所以不會產生鴉片劑的效果。接受納洛酮的猴子再怎麼梳理也不滿足，並且一直要求其他猴子幫牠梳理。而接受鴉片類藥物的猴子，雖然藥物劑量小到在血液樣本中也檢測不到，卻很快喪失了被其他猴子梳理的興趣，因為牠們不必梳理，就得到了鴉片類藥物的效果（順帶一提，這可能說明了為什麼對鴉片上癮的人會對社交和他們的社會關係喪失興趣：他們已用人為的方法得到滿足，不需要和其他人接觸來達到這個效果）。

　　我們人類擁有同樣的這個系統。我們日復一日，在彼此互動時啟動它。腦內啡在大腦中湧現時，我們感受到與親密的人肢體接觸時那種溫暖的感覺，那種輕微的鎮痛感，減輕我們所有人在日常生活中都偶爾會感受到的精神和身體上的痛苦，得到明顯的欣快感受（由相關的多巴胺啟動）。如果你想知道那是什麼樣的感覺，只要去慢跑就可以體驗。大多數人跑了約10分鐘後，都會體驗到所謂「恢復精力」（second wind）或「跑步者的高潮」（runner's high）的感受。突然之間，跑步的壓力消失了，你覺得自己可以永遠跑下去。在社交環境下，這可以讓我們感到輕鬆，並且對對方產生友好的感受，提升對他們的信任感。崔斯坦·稻垣（Tristen Inagaki）和娜歐米·艾森柏格（Naomi Eisenberger）用腦部掃描證明我們由朋友那裡得到的溫暖感受，其實就和我們拿著溫暖的物體時的暖和感覺一樣：兩種感覺都出現在大腦的同一部位──在疼痛和撫摸時都會被啟動的腹側紋狀體（ventral striatum）和腦島（insula）。他們的受測者在拿起冷涼的物體之後再拿起溫暖的物體時，甚至會覺得更「有聯結」。

如果你想在人類身上看到真正像靈長類的梳理修飾，不妨看看在公園或海濱帶著小孩的母親，觀察她們用與任何猴子所用完全相同的動作梳理幼兒的頭髮（這是我們唯一還擁有的毛皮）。我們失去大部分的皮毛（可能在200萬年前，不過這是我在《人類的演化》（*Human Evolution*）書中討論的另一個主題），意味著我們傳統的梳理能力受到了限制。儘管如此，即使我們體毛有點稀少，這個機制依然存在，並且就像以往一樣運作。如果你不相信，不妨想想你起雞皮疙瘩時皮膚皺縮的樣子。這是和每隻狗、貓和猴子受到威脅時，豎起頸毛好讓自己看起來更高大所用同樣的微小肌肉，位於每一個毛囊的底部。我們的體毛或許不能再像狗的毛那樣豎起來，但皮膚裡造成這種效果的構造機制依然一如既往地運作，因此我們仍然會說「讓你寒毛直豎」。我們失去了皮毛，但並沒有失去皮膚下面的東西。CT受體也是如此。雖然我們的身體失去了大部分可供梳理的毛髮，但我們只是用撫摸、輕拍和擁抱等產生相同效果的動作取代：摩擦皮膚會觸發CT纖維，火速向大腦產生腦內啡的神經元發送訊號。我們在性行為前戲過程中所做的撫摸和摩擦皮膚讓我們的伴侶放鬆，讓他們更願意參與。

自然地，我們很希望確認撫觸皮膚確實會導致我們大腦中的腦內啡系統爆發，問題是腦內啡不能穿過血腦屏障（blood–brain barrier）[*]，所以你不能像檢測體內大部分其他化學物所用的方式那樣，藉著採集血液樣本來檢測大腦中的腦內啡。檢測腦內啡只有兩種方法，一種是藉由腰椎穿刺──這是一種痛苦的過程，在脊椎上刺個洞，以取出圍繞大腦及沿著脊髓延伸神經循環液體

的樣本。麻煩的是你必須這樣做兩次，因為你得先建立一個基準面，才能知道實驗操作是否改變了循環腦內啡的量。除了非常疼痛，你實在不想在半小時的實驗裡讓志願者做兩次之外，腰椎穿刺通常還會產生令人不快的後果，例如頭痛，或甚至感染——畢竟，你是在大腦刻意獨立的循環系統敲一個洞，誰知道由外面會有什麼異物會進來。

另一種選擇是一種稱為PET（Positron Emission Tomography）的腦部顯影，或稱正子斷層掃描。線索在於正電子——這種次原子粒子由某些放射性衰變形式的原子中發射出來。你光聽就知道不太妙，它是在人們想要觀察代謝過程進行之時，用在某些形式的醫學造影，因為它可以讓你即時看到體內發生的化學反應。PET可能是腦造影技術中令人最不舒服的一種，因為必須把放射性示蹤劑注入血流中，然後觀察它們在腦中何處被忙著吞噬血液及其氧氣燃料以執行認知任務的神經吸收。即使如此，你仍然需要施打兩劑，因為你得知道你要求他們做的活動是否會導致腦內啡活化增加或減少。除了你不能在短時間內連續給人施打放射性物質之外，你也必須在開始你的實驗之前，讓第一劑有足夠的時間由人體內清除，否則你就無法看到腦內啡是否被大腦受體接受。這表示志願者必須在實驗室裡花幾乎一整天的時間，以便可以在上午進行第一次掃描，下午進行第二次，這未免要求過多。

編注：

* 血腦屏障，腦血管屏障幾乎不讓任何物質通過，除了氧氣、二氧化碳和血糖，大部分的藥物和蛋白質由於分子結構過大，一般無法通過。由於身體很多功能都由腦經由荷爾蒙的分泌來控制，如果讓化學傳導物質在腦裡自由流動，可能會造成反饋現象。因此，若要腦部功能維持正常運作，腦血管屏障的存在是必要的。此外，腦血管屏障的存在也使腦部不會受到病菌的感染。

而且彷彿這還不夠似的，整個程序非常昂貴。放射性示蹤劑的生產成本很高，而且你要對人注射放射性物質，表示你需要醫療急救小組全員隨時待命，以防萬一有人有不利的反應（儘管實際上這**極端**罕見）。這雖不理想，但在現實中卻是唯一的選擇。

我們曾數次為PET實驗爭取經費，想證實撫摸會觸發人類的腦內啡分泌，但在英國卻爭取不到經費。研究經費機構不感興趣，我猜測主要是因為審核者和委員會並不明白實驗的意義，而寧可贊助他們通常贊助的普通神經科學研究。我們嘗試在一家進行臨床PET掃描的醫院做實驗，他們非常熱心，但沒有製作我們所需特定放射示蹤劑的工具組，因此如果要做，我們就得由倫敦快遞示蹤劑過去，這在天氣好且沒有塞車的情況下需要一小時半的時間——但這個化學品的半衰期僅有兩個半小時。換句話說，如果高速公路或倫敦越來越擁擠的街道上發生了任何阻塞，示蹤劑抵達時，大半的放射性特性已衰變，因此變得毫無用處。這真令人沮喪。沒想到機緣巧合，正當我在定期往訪阿爾托大學，向芬蘭合作學者抱怨這個僵局時，神經學者羅瑞·諾曼瑪（Lauri Nummenmaa）不經意地建議說，他可以在芬蘭進行這項研究，所花的費用只需要我們在英國支付的一小部分。他果真這麼做了。

我們決定只對男性進行這個實驗，原因是如果我們能證明這種機制在較少社交行為的性別產生效果，那麼就可以證明它對任何人都有效。因此他請一群男性志願者進入掃描器，由他們的女性伴侶輕輕撫摸他們的軀幹。這些女性夥伴受到詳細的指示，撫觸的部位不要超過肩部上方或腰帶下方。總之，志願者在掃描之後完成了檢查他們對實驗心理和情緒反應的問卷，沒有任何人有任何類型的性反應或性興奮，但是腦部掃描影像顯示，在受到撫

觸之後，大腦開始活躍，腦內啡噴湧而出，遍布腦部的受體貪婪地吞噬它們。

最後，崔斯坦．稻垣和娜歐米．艾森柏格在其實就是複製貝瑞．凱弗恩在猴子身上的實驗中，證明當人類服用納洛酮（一種腦內啡拮抗劑）4天後，比服用安慰劑4天後（通常是藥理中性的糖錠）的受測者更容易認為自己在社交方面不行。簡而言之，腦內啡確實對我們的社會聯繫感有直接的影響。

神經化學蜘蛛網

過去十多年來，我們看到了過量的研究和媒體報導，談論十幾種不同的大腦化學物質在我們社交生活中所扮演的角色。其中催產素（oxytocin）比其他化學物質受到更多的關注，尤其是媒體的關注。催產素有時被稱為「愛情荷爾蒙」，或者更糟糕的「信賴液」（liquid trust），是所有脊椎動物荷爾蒙寶庫的一部分。它似乎最初是在魚類身上演化而來，作為維持身體水分平衡的部分機制，以確保不會有太多的水由周圍的海進入魚的細胞。等到早期魚類成功登上陸地，開始產生兩棲動物和爬行動物的祖先，以及最後的鳥類和哺乳動物，牠們的問題正好相反：在乾燥的空氣中，牠們有失水和乾燥的風險。催產素被用來確保身體不會乾透，這也是它對我們所有哺乳動物作用的方式。然而，由於它們與眾不同的泌乳策略，使它們在哺乳動物中具有額外的重要功能：催產素的部分作用是要確保哺乳不會破壞母親的水分平衡，以免這種平衡陷入徹底的混亂。於是，它似乎又增加了促進母嬰關係的任務，母嬰關係確保母親會不斷回來給孩子餵奶，因此攸關緊要。到頭來，在配對聯繫發展時，只要非常小的一步，就能

調節催產素，讓它由母嬰關係轉變為在配對聯結中發揮作用。

　　接著在1990年代傳來報導，最先來自蘇·卡特（Sue Carter）的神經科學實驗室，後來賴瑞·楊（Larry Young）的實驗室也有相同的實驗結果，他們發現催產素似乎可以區分性伴侶單一的田鼠和雜交的田鼠。這種以草食為主的小鼠類哺乳動物在地面植被中四處疾走，是貓頭鷹和其他猛禽以及土狼、狐狸的主要食物來源。牠們在洞穴中育兒，就像大部分如牠們體型大小和習性的物種一樣，妊娠期都很短（大約3週），哺乳期甚至更短（2週）。

　　恰巧兩個團隊研究的兩個物種——山地田鼠（montane vole）和草原田鼠（prairie vole），交配系統截然不同。一種是雜交，另一種（至少在繁殖季節）是單配偶制。和這點並行的是牠們攜帶的催產素基因有所不同。在一系列歷經多年的一流實驗中，這些實驗室能夠證明兩者相關，比如注射催產素，或把單配偶制草原田鼠的催產素基因插入雜交的山地田鼠體內，會使山地田鼠對性伴侶彼此更加寬容，因而變成單配偶配對的物種。

　　這促使媒體爭相報導，隨後也免不了出現了許多要把這些發現擴展到人類的嘗試。由於催產素似乎是可以穿越血腦屏障的神經化學物質，因此可以製成鼻噴劑，很容易讓人類使用。大家做了許多實驗，測試噴入人類受測者鼻腔內的催產素是否讓他們變成更信任他人、更慷慨或更規矩的人——我認為可以公平地說，這些結果只有一點成果，還不能讓人信服。吉登·奈夫（Gideon Nave）最近對催產素在人類社會行為中作用的評論表示：坦白說，這些證據是有問題的。不僅許多研究的技術層面還有很多不足之處，而且不同的研究團體複製實驗時，經常產生互相矛盾的結果。尤其在催產素對信任的影響方面，他的結論是，雖然看起來確實有些正面影響，但實際上的影響卻幾近於零。隨後，催產

素可能無法穿過血腦屏障的證據也說明了這類實驗的結果為什麼會時正時反。

然而，催產素的故事還有更基本的問題。田鼠是社會性頂多只能算是短暫的齧齒動物——即使是最社會性的種類，在繁殖期間頂多也只有幾週有社會關係，不能和終生都有社會關係、彼此深刻承諾的靈長類相比，甚至也比不上單配偶制的山羚。公山羚對伴侶非常殷勤，從不讓母山羚離開他的視線，也很少會離開她數公尺。更糟的是在這些有關催產素的研究中，催產素的效果似乎相當短暫。對倉鼠的研究顯示，這些動物僅僅幾週後就習慣於它的效果——時間雖長到可以滿足田鼠和倉鼠的生殖需求，但並不完全是靈長類終生關係的做法。還有更糟的，針對所有田鼠種類的比較分析顯示，其實單配偶制與催產素基因的關係並不如原先研究所假設的那樣明確，因為後來證明，原始實驗的兩種田鼠是單配偶或雜交，也可以用牠們所擁有的腦內啡基因來預測。老天爺！

另外還有其他問題。大多數試圖操縱催產素的實驗並沒有控制可能因這種操縱而啟動的其他神經化學物質。例如，在一項研究中，受測者要完成一項壓力大的任務（例如發表演說）；其中一些人獲准在進行任務之前獲得伴侶的擁抱，而其他人則不能。得到擁抱的人在演說時壓力比較小，而未獲伴侶擁抱的人則否。但正如我們先前看到的，擁抱也會啟動腦內啡系統，因此我們如何確定壓力程度降低不是由於腦內啡的放鬆效果？我們不能確定，因為沒有人想到要控制它們。

或許關於催產素研究中最嚴重的問題，是催產素似乎是內源性的物質。擁有催產素的正確基因很可能會讓你變得更熱情、更友善和更信任他人，但並不是你遇見的每一個人都會像你。有

些人會有催產素基因的變體，使他們不那麼信任他人。多虧了你的慷慨大方，每一次你碰到社交鯊魚，他們都會一邊詐騙你，一邊嘲笑你，這正是腦內啡該發揮作用之時。腦內啡具有獨特的長處，你可以透過梳理其他人來啟動它們。如此一來，你就可以把鯊魚變成乖巧的小狗，這是無法用催產素辦到的。腦內啡似乎與社交梳理有關的證據，使貝瑞·凱弗恩提出：雖然催產素很可能是更廣大哺乳動物世界的社交神經荷爾蒙之選，但它無法維持像靈長類社會關係特徵那種更強烈的終生社會聯繫形式，顯然還需要更強烈的東西，他主張就是腦內啡系統。在演化過程中的某一刻，靈長類選擇了腦內啡系統，為維護社會關係提供更強大的平台。

依我的經驗，這個世界似乎劃分為兩個陣營，彼此從不交談，更不用說閱讀對方的出版品：也就是催產素派（喜歡催產素，認為它可以解釋一切的人）和腦內啡派（喜歡腦內啡，並認為它可以解釋一切的人），後者很明顯是少數，而且似乎總讓前者嘆氣皺眉。其實腦內啡的故事要古老得多，最先是愛沙尼亞神經學者傑克·潘克沙普（Jaak Panksepp）由對老鼠的研究中得出了它是黏合劑的結論，治療人類成癮和婚姻關係的精神科醫師也提出了類似的主張。然而由於這似乎是基於診療室中偶然的觀察，而不是來自任何實驗證據，因此往往受到忽略。真正的問題是腦內啡很難使用，更難測試，而催產素則很容易在實驗中使用。新登場的催產素（遺憾的是，科學就和高級時裝一樣有流行的趨勢）吸引了比它所應得更多的注意，而快速排除了其他一切。有時科學家的行為反而會妨礙科學。

在對這一切感到挫折之後，我們終於策劃了一項大規模研究，試圖以更嚴格的標準弄清楚究竟怎麼回事。我們找出了先前

研究的兩大問題，第一是無法控制其他社會神經化學物質的影響。我們至少可以辨識出6種化學物質：除了催產素和腦內啡之外，睪丸酮、血管加壓素、血清素和多巴胺也都似乎有影響。其次，我們感到不解的是，幾乎所有關於催產素的研究都集中在對偶關係上，通常是在浪漫關係的背景下。當然，這部分是因為催產素在田鼠研究中出現的背景，但它也部分反映了行為科學家對社會性相當貧乏的觀點，非常普遍。

這裡的問題有一部分是因為在過去的幾十年裡，微觀經濟學對人類行為領域有更廣泛的束縛。經濟學家對社會生活的看法似乎就像二手車營業員那樣受到限制：你要買車，我有一輛非常爛的老爺車，想要以最高價格脫手，因為你太笨，不知道它真正的價值。二手車買賣的問題是，就像現代世界大多數的交易一樣，要牽涉到陌生人。我們可能這輩子都不會再見到那位二手車銷售員，但我們的社交世界卻並非如此，它主要牽涉的是彼此熟識的人之間的交流，並且由於種種原因，他們彼此之間有深重的義務，其中大部分是置身關係網的結果。二手車銷售員的問題之所以成為問題，正是因為它在很長的時間內只發生了一次。更常規的購買和交易幾乎每天都在發生，並且涉及我們所熟識的人——至少在eBay之前的歲月是如此。

在許多方面，早在幾年前就已有知名的大規模研究證明了這一點，許多人類學者和經濟學者在研究世界各地小規模的民族誌社會中，以及經濟學實驗的常見對象（即美國經濟學學生）身上，進行了經典的經濟學遊戲。在數學方面，有一個玩這種遊戲的最佳方法，但它假設參與者都是將來再也不會見面的陌生人（即你和那個二手車銷售員）。學生們盡職地提出了最佳解決方案，但在民族誌社會中的參與者則沒有，他們不是接受太低的價

格，就是堅持要高得多的價位。當然，問題在於學生面對的是陌生人，而民族誌社會中的人則面對的是與他們建立了良好關係的人。例如，他們之中有許多人玩遊戲的背景是，接受某人的禮物會衍生出義務，不得不在未來償還。出於顯而易見的原因，他們非常不願意以太低的價格這樣做。換句話說，生活在現實世界中的人嵌入了會引發義務、會有長期後果的社會網絡。

這應該會提醒我們，雖然許多社會交易必然是成對發生（我把我的割草機借給你，你來幫忙採收我的蘋果），這些二元組幾乎總是牽涉已有關係存在的人，而且這些關係嵌入範圍大得多的社區內。這些社區關係施加了義務，並牽涉到警務機制（奶奶會聽到你不守規矩的行為）對個別成員施以紀律，使他們侵犯社區的社會風俗時，代價高昂。

有鑑於這一切，我們得出的結論是，我們得要看三種不同層次的社會性：社交性情（你對一般人的態度——你天生的社交風格）、二元關係（以伴侶為主）和社交網絡（你在社區中深入的程度）。所以最後我們共得到6種可以在任一或三個截然不同的社會領域中發揮作用的神經化學物質。艾利‧皮爾斯、安娜‧馬欽和拉菲爾‧伍達斯基在英國各地的各種科學節慶和博物館花了許多時間說服人們「為科學吐口水」，為我們提供唾液樣本用於DNA分析，並且填寫有關他們社交生活的問卷。這是我做過最大、最昂貴的研究。共有上千人參與，並提供他們的DNA檢測6種社會神經化學物質受體的35種基因。光是盛裝他們唾液的管子就花了我們2萬多英鎊。

結果非常清楚。迄今為止，人們浪漫關係性質（尤其是他們濫交的程度）最佳的指標是催產素受體基因。然而如果我們計入腦內啡受體基因這個變數，就會發現在某些案例中，這種指標

的關係強度確實減弱了，換句話說，至少有一些催產素效應可能是來自於腦內啡，而非催產素。另一方面，迄今為止腦內啡受體基因最強烈的影響是在於社會傾向的測量，包括如依附型態（attachment style，你在人際關係中多熱情或多冷淡）、對他人的同理心這類的心理學參數，對伴侶關係也有重大的影響。多巴胺最強的影響在人際網絡層面（諸如你有多少密友，你參與地方社區的程度這類的測量指數），來自腦內啡系統的貢獻較少。其他三種神經化學物質（睪丸酮、血管加壓素和血清素）在任何層級中都沒有顯著的影響。亦即腦內啡－多巴胺系統似乎是我們與社交世界互動的核心，催產素則僅與浪漫關係有關。

友誼與疼痛

忍受疼痛是由腦內啡系統支持，而腦內啡又與創造和維持友誼相關，這讓我想知道痛閾（pain thresholds，刺激引起疼痛反應的最低值）較高的人（大腦腦內啡受體的密度較大）是否會有較多的朋友。這兩者之間的關聯是否這麼直接？卡特琳娜‧強森（Katerina Johnson）決定測試這個想法。我們採用了惡名昭彰的靠牆蹲（Roman Chair）姿勢來測試人們對疼痛的耐受程度。這個姿勢是背靠牆下蹲，大腿與牆壁成直角，雙腳平放在地板上，就像坐在椅子上一樣。因為你身體的整個重量只由大腿肌肉支撐，所以很快就會極度疼痛。大部分的人都只能保持這個姿勢約1分鐘；很少有人能撐過2分鐘。卡特琳娜發現能保持這個姿勢較久的人（因此痛閾較高，可能因為他們有更多的腦內啡受體）確實在同情團隊（或社交網絡的15人那一層）中有更多朋友。

在做撫摸的PET研究之前，羅瑞‧諾曼瑪已經進行了一系

列研究，探索腦內啡在其他社會情境下所扮演的角色。他在研究中總會包括一個問卷（主要只是為了讓志願者在等待第二次掃描時有事可做），那就是衡量你社交風格的心理學標準依附量表（Attachment Scale）——你與人互動的方式有多熱情或多冷淡。它有幾個子量表，但基本上如果你在這個量表上得分高，就有義大利式那種感情流露的社交風格——熱情的擁抱和飛吻，如果你得分低，就有「別碰我，我是英國人」那樣的英式風格。結果他發現熱情洋溢的人大腦中腦內啡受體的密度非常高，尤其是在前額葉皮質——大腦中對管理你的友誼特別重要的部位。相反的，依附量表得分較低的人，腦中腦內啡受體的密度要低得多，就彷彿他們用來填充由身體接觸所觸發的腦內啡空位較少，因此喪失興趣，或不想像較熱情的人那樣與人聯繫。

這與自閉症患者的情況有些類似。正如我們在第6章中看到的，自閉症患者缺乏社會關係中所牽涉的核心認知技巧，因此他們通常很少或沒有朋友。然而，有些人覺得身體接觸非常不愉快，甚至使人焦慮，他們彷彿位於依附量表極端冷淡的一端，腦內啡受體（尤其是在額葉）的密度超低。自閉症可能與腦內啡系統有關的看法最先是由傑克・潘克沙普所提出，當時自閉症專家對這種看法並不熱衷，但腦內啡和自閉症有關的證據似乎確實在增加。

露西・佩利西耶（Lucie Pellisier）和同僚最近提出自閉症似乎確實是因腦內啡系統反應不良的主張，正如潘克沙普的看法。有些經培育為沒有腦內啡受體的老鼠在年幼時，雖與母親分開，也不會發出聲音（通常幼鼠與母鼠分開時會這樣做）；等牠們成年後，對雌鼠的聲音也沒有反應（通常雄鼠總會對雌鼠的聲音有反應），對社交互動的興趣也降低。牠們還展現許多自閉症個體

的附屬特徵：攻擊性增加、焦慮較嚴重、運動笨拙、容易癲癇、空間學習障礙、疼痛承受度降低，和腸道活動障礙。雖然太強調人類和老鼠行為之間的相似很危險，但這看起來非常像人類的自閉症行為。最近大腦造影研究顯示，在受到社交刺激時，自閉症患者在前額葉皮質的眶額、腹側和背側部位、伏隔核和島葉的活動都顯著減少（正如我們在第3章所看到的，這所有的部位在處理社交關係時通常都很活躍），他們的杏仁核也有過度活躍的反應（顯示對社交威脅的高度反應）。潘克沙普可能獲得了最後的勝利。

時間如何創造情感的親密

梳理毛髮鞏固了靈長類的社交關係，這個事實也帶領我們看到關於這方面可能第二重要的部分，那就是動物必須投資大量的時間相互梳理，才能產生足夠強大的腦內啡效果，以便建立足以滿足他們需要的親密友誼。在我們的耶誕卡調查和對女性網絡的調查中，我們要求每位受訪者都說出他們上一次見到他們列為朋友的人的時間，並且在非常簡單的1到10表列中，列出他們在情感上與對方的親密程度，其中1代表非常中性（不重要），10代表你非常愛對方——而沒有負面的分數（畢竟，如果你不喜歡某人，又為什麼要把他們列為朋友？）。這個情感親密度量表非常簡單，而且很容易使用。更重要的是，它與社會心理學家和社會學家多年來發明的所有更複雜的關係品質評量表有很大的關聯。結果我們的兩個量表息息相關：你在情感上感覺與某人越親近，就越常見到他們。我們的資料顯示，這對家人和朋友都適用。

這告訴我們的是，我們與某人在情感上的親近程度和我們在

他們身上投入的時間成正比。我們將在第8章更詳細探討這點的一些結果，目前我們只要注意，正如我們在第4章（見頁89、圖4）中發現的，友誼非常依賴時間。或許關於這點重要性的最佳證據來自研究友誼心理學的權威傑佛瑞‧霍爾（Jeffrey Hall）。他以一群大學生為取樣，觀察他們建立友誼，以及投資在友誼上的時間。他發現在初次見面之後，大約需要45小時相處，才能由泛泛之交變成普通朋友。在9週的時間裡平均相處只有30小時（相當於每天只有15分鐘）的人仍然是泛泛之交。要由普通朋友變成重要朋友，要在3個月的時間裡再相處50小時，而要晉級為最好朋友的人，則還要再共處100小時。實際上，要達到最親密友誼的程度，需要每天為這個朋友花將近2小時的時間，日復一日，經歷相當長的時間。友誼絕不廉價。

如果你不相信時間是友誼的基礎，而且問題在於時間非常短缺的說法，那麼或許墜入愛河會讓你失去兩段友誼的事實能夠說服你。正如你現在應該了解的，我們通常在社交圈的內圈中有5個密友。在對於這個核心圈的一個研究中，我們碰巧納入了一個詢問受訪者當時是否正在談戀愛的問題。就像這個分層的其他樣本，這層的平均人數正好是5人。但結果我們卻發現，正處於活躍浪漫關係中的人平均只有4個密友。不妨這樣想：你永遠不會與處在內層核心朋友圈的人陷入愛河，甚至也很少會和15-層中的某個人戀愛——尤其因為他們中有一半都是你的親密家人。你的新戀情幾乎總是來自於社交網絡的外層，或來自你的社交圈外。這表示你在現有的5-層中添加了一個額外的人，增加為6人。而把這個人數減少到4，意味著你必須犧牲2段親密的友誼。當然，這不足為奇，因為浪漫關係通常都非常耗時，你對這個幸運兒投入的大量精力和注意力，遠比你對那個圈子裡的任何

人都多。

那麼，有趣的問題是，既然這個核心內圈通常由2個親密的家庭成員和2個朋友（再加上額外的1人），那麼你犧牲了誰？在這裡你要權衡，因為家人為你提供了唯一真正可靠的長期支持——他們為你赴湯蹈火，在所不辭，但是當你被拋棄、流淚回家時，他們卻總是幫不上忙。他們通常會說些鼓勵你的話：「別擔心，天涯何處無芳草。」或者更糟糕的是：「算了，我們本來就不喜歡他……」在那個特殊的時刻，你並不真正想聽這些。你想要的是一個毫無保留的擁抱，唯一能夠給予你的人是你的朋友。因此在這兩個關鍵的範疇中犧牲2個人，各有利弊。事實是，在這些情況下，我們在兩個範疇中各犧牲一位，而不是在同一個範疇裡的兩個人，這是對微妙人類行為的讚頌：我們盡最大的努力為我們的賭注避險。

*

時間以非常簡單的方式決定了我們由一段關係中所得到的腦內啡流量。這在靈長類身上顯而易見，因為大部分的這種時間都花在梳理同伴或被同伴梳理上，而且在被梳理時的每一分鐘都會產生額外的腦內啡。我們人類由撫摸和輕拍，以及我們和朋友在一起時其他形式的身體接觸獲得腦內啡。其實這一切都是自然而然，我們根本沒有注意，甚至大多數時候都沒有意識到我們正在這樣做。實際上我們常常這麼做——比我們想像的多得多。然而我們還參與其他許多社會行為，後來證明對於觸發腦內啡系非常有效，包括歡笑，唱歌和跳舞，講故事和餐宴。這些活動如何讓我們管理我們的友誼，就是下一章的主題。

鞏固友誼的聯結

　　大約15年前，我體驗了一次音樂的頓悟。我參加了由認知考古學家史蒂芬・米森（Steven Mithen）和作曲家、指揮家、音樂學者尼克・班南（Nick Bannan）主辦的研討會，討論音樂的演變。一天晚上晚餐後，他們安排了一場特別講座，由當時在南非弱勢社區工作的西班牙音樂家佩德羅・艾斯比－桑奇斯（Pedro Espi-Sanchis）主講。現在沒有人記得他到底說了些什麼，但當天晚上在場的所有人都清楚記得他為了說明他的主要觀點而進行的示範。他讓我們大家全都到演講廳前面的空間，給我們每個人一小段水管工所用的塑膠管子，管子已剪成不同的長度，他請我們依任何我們喜歡的節奏吹管子的上端，同時繞圈行走。當然，不同長度的管子會有不同的音調，所以我們大約20個人就可以吹出像貨真價實管弦樂隊所吹出的聲音。他向我們保證，只要持續這樣做5分鐘，我們就會發現大家會同步吹奏，創作出真正的複調音樂。就在我們繞圈行走時，他編排了我們的動作，每隔幾分鐘就要求我們在動作裡添加一些新的舉動，比如用右腳踩踏，左右輕微搖擺，或把速度加快一點。他說得很正確，不知怎麼的，我們自動自發，彷彿魔術一樣，演化出一種自然的節奏，協調我們的塑膠管吹奏，產生融為一體的聲音景觀。而這一切都並非出於刻意，實在了不起。

但這次經驗真正教人激動的時刻，卻是他沒有告訴我們，而且他自己可能也只有模糊體會到的一刻。那一刻大約花了10分鐘才出現，但它確實出現了——一種合而為一的感覺，我們每一個人都融入了群體，成為更大整體的一部分。它把我們這群半陌生人聯繫在一起，其他任何事物都無法辦到，而且幾乎是瞬間完成的。我們全都忘不了這個經驗，它讓我明白在我們演化的過程中，音樂必然在人類社群的演化上扮演了重要的角色——並不是出於某種深奧的音樂理由，而是因為它在我們內心深處觸發了對社群聯結和友誼至關重要的身心體驗。

正是聯結這個課題，是我們如何建立廣大的友誼網絡，並透過這些網絡來建立我們的大社群的關鍵。正如我們所見，靈長類用幫彼此梳理毛髮來聯結群體，但梳理毛髮的問題在於非常耗時，而動物卻沒有無限的時間可用來這麼做。即使在猴子和猿類中最善於交際的種類，一天也只能把20%的時間用在社交梳理上，而那也把社交群體規模的上限設為大約50個，這是因為如我們在第7章所見的，每一段友誼都需要投入最低度的時間，而且牠們一次只能梳理一個對象。如果我們可以同時梳理幾個對象，這可能就不是問題，但我們不能。身體接觸創造了一種親密感，這使得三個個體幾乎不可能同時互相梳理。如果你不相信，不妨試試坐在電影院的後排座位上，同時擁抱另外兩個人。我保證用不了多久，其中一個就會生氣，因為你在另一個人身上花了太多的注意力，他很可能會怒氣沖沖地離開。

在較後來的人類演化過程中，當我們需要增加社會群體的規模時，就不得不找出某種方法按照比例擴大我們的梳理修飾圈。但對於我們的祖先（或甚至是我們），增加梳理彼此的時間就像其他任何猴子和猿類一樣不切實際，唯一實際的選擇是更有效地

利用我們有的時間，而要這樣做，唯一的方法就是同時和幾個人一起互相梳理。我們似乎發現了幾種可以觸發腦內啡系統的方法，運用容許我們隔著一些距離進行梳理的行為，讓我們實際上相當於同時梳理幾個人。這些行為可能依序包括歡笑、唱歌和跳舞、餐宴、說故事和宗教儀式。

歡笑──第一種藥

我頭一次明白歡笑在社交聯結中扮演的核心角色，是在我應邀參加由倫敦著名會計師事務所舉辦的管理研討會之時。由於主辦單位提供水果和可頌麵包的早餐，所以我們全都一大清早就現身報到，大家規規矩矩吃了麵包、喝了咖啡，大部分人都三三兩兩尷尬地站著，手足無措，不知道該和誰交談。接著到了九點，大家被趕進一個房間坐下，全都滿懷期待地等著，但什麼也沒有發生。大家開始坐立不安，偷偷地環顧其他人。各種人都有，有的穿著隨便，有的則西裝筆挺，有些年紀較長的男人穿著條紋西裝，彷彿剛走出就在街角的政府部門，意外地轉錯了彎。所有的人都一頭霧水。接著房間前面突然有人站起來高聲說他們相信某件事，我不記得是什麼，但是件無傷大雅的事，比如天空是藍色的，他說完了之後立即坐下。一片寂靜。一分鐘後，另一個人又做了同樣的事──他認為世界是圓的，或者同樣傻的事情。房間裡大家的困惑可想而知。那位看似政府部門的人似乎如坐針氈。接著第三個人又站起來，宣布他相信另一件事。整個情況非常奇怪，所有的人都盯著自己的腳。接著房間後面有個機智的人大喊：「我相信這裡的每一個人都對到底是怎麼回事感到很困惑。」就我所知，他可能像先前其他人一樣，是事先安排好的配角，可

是房裡間的人卻笑成一片。從那一刻起，我們就融為一個群體，接下來一整天都過得很順利，因為我們都覺得彼此彷彿已經認識多年了。這是打破僵局的完美做法，比平常的正式介紹，說出我們是誰、為什麼來這裡，可是事後卻沒有人記得要好得多。我們不需要知道我們是誰，甚至不需要知道我們為誰工作；我們只需要知道我們互相**歸屬**。

笑是人類普遍有的現象。每個部落和文化都會笑，而且他們都為幾乎相同的事物而笑——其他人的尷尬、比如因香蕉皮而滑倒之類的小意外，當然，還有笑話。或者只是因為別人在笑而笑。笑是不自覺的，發自內心，也非常具有傳染性，如果和你談話的那群人中有人笑了，即使你沒有聽到這個笑話，也不可能不笑。已故的神經學者羅伯特·普洛文（Robert Provine）是研究歡笑的專家，在鼓吹科學界對這種行為的研究上不遺餘力。多年前他曾指出，我們在一群人中時會比自己單獨時更容易發笑。我們用一系列實驗證實了這一點，在實驗中，我們請受測者單獨或3、4人一組觀看單人脫口秀的影片。受測者與一組人在一起時，發笑的可能性是自己單獨觀看同一影片時的4倍，這種現象很奇特。就我所知，自然界中最接近有這種現象的是南美洲吼猴（howler monkey）在黎明時的喧鬧合唱。一隻先開始，其他猴子逐漸加入，簡直就像慢動作的集體大笑。

笑必須在張開嘴巴、嘴唇覆蓋牙齒的情況下，用肺部快速抽氣，這是非常有特色的面部表情，稱為圓張嘴（round open mouth或ROM）的臉。其實ROM的臉和我們喘息般的笑聲是來自舊世界猴子和猿遊戲時的面孔和發聲，牠們用這兩者邀請某個同伴來玩耍，並為牠們正在玩耍作解釋——就等於是說：「無論我接下來做什麼（例如張嘴咬你），都不要當真！別因為慌張而回咬一

口！」然而，類人猿（great apes，包括大猩猩、黑猩猩、紅猩猩等）似乎以更像人類的方式使用笑聲，而且至少有人說牠們似乎有幽默感。不同之處在於，就像舊世界猴子喘息般的笑一樣，牠們是各自笑，而我們則會一起笑。

猿和人的笑的差別在於我們稍微改變了發聲的形式。猴子和猿的笑聲是簡單的呼氣－吸氣序列：呵－哈……呵－哈……呵－哈……我們人類則加以調整，使它變成了一連串的呼氣動作，中間沒有吸氣：呵……呵……呵……結果在我們笑的時候，肺部迅速排空，因此我們爆笑之後喘不過氣來，會導致「快要笑死」的感覺。這種情況不會發生在猴子和猿身上，牠們的笑比較文雅，更像人類禮貌的笑。像我們這樣排空肺部會給橫膈膜和胸壁的肌肉帶來巨大的壓力，不過不用擔心肺部排出空氣時劇烈的抽送動作，因為在這之間，抽送作用和缺氧就會觸發腦內啡系統。

不由自主的笑和自主的（或禮貌的）笑之間有個重要的區別。前者被稱為「杜鄉的笑」（Duchenne laughter），是以首先描述這種笑的十九世紀偉大的法國神經生理學家紀堯姆・杜鄉（Guillaume Duchenne）為名。自主的笑通常稱為「非杜鄉的笑」，這種笑是在有人開相當不好笑的玩笑，可是你不想因為不笑而冒犯他們——尤其如果他們是你的老闆時，勉強擠出或禮貌的笑。這種笑可能不足以觸發腦內啡系統。杜鄉的笑或不由自主的笑的特徵在於，笑的人外眼角出現魚尾紋，這就是你笑時會眨眼的原因。負責的肌肉不受意志控制，我們無法刻意讓它發生。它只有在我們不由自主地笑時才會發生，在非杜鄉的笑時，它們不會出現。因此如果你想知道某人是否真的覺得你的笑話很有趣，就看看他有沒有笑出魚尾紋。

我們做了6個以上不同的實驗，測試受測者在觀看一段短片之前和之後的疼痛忍受度。其中一半的受測者觀看單人脫口秀，另一半觀看比較無聊的紀錄片或教學影片。在一次實驗中，蕾貝卡・貝倫（Rebecca Baron）甚至把實驗帶到愛丁堡藝術節，並對觀看現場脫口秀和現場戲劇的人做測試。在每一次的實驗中，觀看喜劇並大笑的人疼痛忍受度都增加，意味著它啟動了腦內啡系統。觀看中性影片而沒有笑的人疼痛的忍受度呈負面變化，他們看完影片後的疼痛忍受度降低了，就彷彿皮膚想起了先前的疼痛。隨後，珊卓拉・麥尼南（Sandra Manninen）和羅瑞・努曼瑪（Lauri Nummenmaa）做了PET腦部造影研究，檢查笑聲是否確實觸發了腦內啡系統。確實，笑會讓大腦充滿腦內啡。

如果笑引發的腦內啡讓你更加放鬆自在，那麼我們可能會預期一起笑的人彼此之間的感情更加緊密，因此更願意透露私密的訊息，對彼此也更加慷慨。我們做了一系列的實驗測試這點。艾倫・葛雷（Alan Gray）讓人們觀看喜劇影片（使他們大笑），然後測試他們是否更願意向陌生人透露個人資料。雖然受測者本身並不認為他們在看喜劇大笑之後會比較願意披露私密的資訊，但獨立評估者卻認為他們確實如此。造成這種情況的原因可能是：開懷大笑釋放的腦內啡讓你感覺更放鬆，並且感到你與一起笑的人更親密，因此你會更願意放鬆自己。安娜・佛蘭古（Anna Frangou）、艾莉・皮爾斯（Ellie Pearce）和菲利克斯・格蘭傑（Felix Grainger）在另一系列實驗中證明，人們在看完喜劇影片發笑後，比看完非喜劇影片而且並沒有發笑相比，更願意給彼此金錢（但並不給陌生人），而且他們覺得互相之間的關係更加緊密。

一起來跳舞

雖然現在唱歌和跳舞經常分開，但在傳統社會中，唱歌和跳舞總是同時進行。那是因為在傳統社會中，經常是男性跳舞，而女性則以鼓掌和唱歌的形式提供音樂。歌、舞兩者幾乎可以確定比語言早很長一段時間，因為我們唱歌並不需要文字。我們可以用完美的音樂形式哼唱和吟唱，例如爵士模仿樂器的擬聲演唱（scat singing），和蓋爾口技音樂（puirt à beul）等多種歌唱形式，所唱的都很明顯是無意義的廢話，而非實際的文字。為了探索歌舞作為社會聯結機制的角色，我們用了現在已成標準的格式進行一連串平行實驗：先測試痛閾，然後讓受測者做15分鐘的活動（唱歌或跳舞），再重新測試痛閾。我們也加入了一些有關聯結的簡單紙筆評分量表。我們使用的聯結指數稱為「自我涵蓋他人（Inclusion-of-Other-in-Self，或IOS）指數」，以7對圓圈組成，由完全分離到幾乎完全重疊；由你選擇最能反映你對另一個人或團體感覺的那個圓圈。它最初是用來描述浪漫關係（你覺得自己對對方沉醉的程度），但它非常適用於對象是一群人（你覺得自己沉浸在這個群體中的程度）。舞蹈計畫主要是由布朗文・塔爾（Bronwyn Tarr，她本身是舞者和舞蹈老師，也是我們研究團隊的納米比亞羅德學者）進行。歌唱計畫則是由我的兩位博士後研究生，艾利・皮爾斯和賈克・羅內完成。

唱歌和跳舞的一個主要特徵，就是每個人的動作高度同步。先前幾年我們對划船隊員進行數項實驗時，就已經發現行為同步的重要性。我們實驗的對象是牛津大學的男子划船隊員──每年復活節，牛津和劍橋大學在倫敦泰晤士河上舉行年度8人單槳划船比賽，這可能是舉世最著名的划船比賽，培育了來自世界各地

的未來奧運划船選手（其中許多人去牛津或劍橋，就是為了爭取入選隊員的機會）。最初建議做這項研究的是我們當時的研究生羅賓‧艾斯蒙德－佛雷（Robin Ejsmond-Frey），他問我們能不能測試一個想法，就是划船的同步動作是否會促使腦內啡的釋放增加，因而提高痛閾。他提議，最合適的測試對象是大學划船隊的隊員。我記得我告訴他：這絕不可能──在舉世最著名的划船比賽前一個月，想要教練允許某個不知道由哪裡冒出來的學生接近這兩艘賽船的船員，這個念頭根本是……天方夜譚。無論如何，我可不想接到憤怒的教練打來的電話，因為我竟斗膽敢把這愚蠢的念頭灌輸給學生，還讓學生向他們提出這種要求。羅賓盯著我靜靜地說不會有問題：他是牛津划船俱樂部的主席，他們會聽他的話。而且確實如此。其實他不僅是那一年的划船俱樂部主席，而且還是個「雙藍」（double Blue），表示他在前兩年的划船比賽中都為牛津隊效力。）

在羅賓自己每天兩次筋疲力竭的訓練之外，他還記錄了隊員每天早上自行在划船機上練習前後的痛閾，然後在一週後，他們把划船機連結成一艘虛擬賽船，船員一起練習之前和之後再度記錄隊員的痛閾。再一週後，再度重複這一切。在這兩個系列的測試中，單獨在划船機上划船時，一如預期，體力活動使痛閾提高，顯示壓力施加在肌肉上，啟動了腦內啡分泌。但同步划虛擬賽船卻使這個數字提高了一倍，儘管划船隊員並沒有付出更多努力（可以由划船機上的儀表看出）。同步動作提升了腦內啡的效果，雖然我們仍然不知道原因。

在舞蹈實驗中，我們是使用「無聲迪斯可」（silent disco，指戴著耳機跳舞，只有自己聽到音樂）的形式，這樣我們就可以了解當人們以小組形式（通常是4個人組成正方形，面對彼此）一

起跳舞時，同步有多麼重要。在「無聲迪斯可」中，每一個人都聽到耳機播放的音樂，以及他們接下來應該做哪些簡單舞蹈動作的說明。這樣做使我們有時可讓人們做完全相同的舞蹈動作，有時可以用相同的音樂做不同步的不同動作。我們在牛津和巴西的實驗室中分別做了一些這樣的實驗。舞蹈的動作越有活力，團隊成員越同步，痛閾的變化就越大，成員感覺與群體間的聯繫也越緊密。在巴西的研究中，我們請受測者說出他們對一起跳舞的人（大多數是他們認識，但並非朋友的人）和當天不在場好友所感受的聯結關係。他們只有感覺到對與他們共舞的人聯結關係更深，而對缺席好友的聯結關係則完全沒有影響。換句話說，這種效果似乎非常限定在實際與你一起活動的人。

之後，布朗文又做了實驗，以便了解這種效果是否真的是由腦內啡所引起，她讓一半的受測者服用一劑納曲酮（naltrexone，與納洛酮作用相似），結果發現他們並沒有腦內啡增加的情況。服用納曲酮的受測者不但表現出痛閾降低的現象，而且在某種程度上也減少了聯繫，顯示腦內啡確實是活性成分。

此時顯而易見的問題是，跳舞是否會增加你「梳理」群體的規模，讓你接觸更多的人，**因而**擴大社群規模。柯爾‧羅勃森（Cole Robertson）和布朗文‧塔爾在夜店做了觀察研究。他們發現在自由舞（free dancing）時，雖然可以在一首曲子中與大約8個人同舞，但卻有個限制：在任何時候，和你同組一起跳舞的人數不能超過4個。我們認為這可能是因為同舞的人（其中許多是陌生人）必須要注意同組的舞伴，協調彼此的動作，以作為明確的社交標誌。其中，眼神接觸是重要的一環，就像互相梳理一樣，你不能同時與數個人接觸眼神。然而，跳舞確實能讓你比談話更迅速在夥伴之間切換，因此你能與更多人「交談」。在對話

中，你必須融入現有的對話主題，而在跳舞時，你只需要在場，並且動作合拍。你可以一起跳舞的人數上限是8人，這個事實或許可以解釋為什麼許多「集合舞」（set dances）很明確是為4對男女（即8人）設計的，這樣的例子包括許多英國和蘇格蘭的鄉村舞蹈，以及美國的方塊舞（重點在「方塊」一詞中，因為這種舞通常包括形成一個方塊的4對男女）。

我們對唱歌的研究幾乎是出於偶然。許多人，至少醫界的一些人，一直對於歌唱對身心的益處很有興趣。一個偶然的機會讓我們接觸到工人教育協會（Workers' Educational Association, WEA），這個協會對推廣歌唱課程非常熱心，一方面是為了歌唱本身，也是為了以歌唱促進人們的健康。WEA為我們推出4個每週上課的新手歌唱課程系列，以及作為控制組的3個嗜好課程系列，兩組課程都進行7個月。參與的團員痛閾提高，而且和嗜好班相比，與班上的聯繫感也相對增加。他們不只與班上的同學建立了更多新的個人友誼，而且也覺得與整個團隊的聯繫更加緊密。這點可由他們自己對他們與群體的關係，以及由更密切的群體社交網絡結構上看得很清楚。事實上，這樣的效果瞬間發生，因此我們把它命名為「破冰者效應」（Icebreaker Effect）。歌唱班和嗜好班的成員身心健康也有顯著的改善，對人生的滿足提升；這樣的效果似乎是受到與整個團體的聯繫感驅動，而與在團內建立的個人友誼無關。

我們在其他地方也進行其他的歌唱計畫〔一個是與音樂學者羅蘭・史都華（Lauren Stewart）和她的學生丹尼爾・溫斯坦（Daneil Weinstein）在倫敦的計畫，另一個是與安娜・羅特柯許（Anna Rotkirch）和馬克斯・范・杜吉恩（Max van Duijn）在荷蘭萊頓（Leiden）的計畫〕，結果非常相似，因此這些效應很明

顯非常穩定。在萊頓的研究中，我們發現與對手團隊同步唱歌會提高與對手的聯結感，而與他們競爭唱歌則會降低聯結感。由溫斯坦主持的倫敦研究則讓我們測試唱歌的效果與歌唱團體的規模大小是否有關。我們以大約230名歌手組成的倫敦大型業餘合唱團「流行合唱團」（Popchoir）為對象，讓他們分為20人左右的小組練唱，然後到年底時再集合在一起組成大型合唱團上台表演。在200人的大型合唱團中唱歌產生的聯繫感比在小合唱團中唱歌更強。也就是說，團體規模大會有額外的益處，這點似乎是歌唱獨有。在其他任何建立聯繫的行為中，我們從未發現類似的情況。

我的猜想是，唱歌和跳舞最早約在50萬年前隨著古代人類出現〔海德堡人（the Heidelberg folk，已滅絕）及其歐洲後裔尼安德塔人〕，這使他們把社區的規模由他們先輩的75人左右增加到120人，這似乎是這些早期人類的典型社群人數。在這個階段，歌唱很可能還沒有文字，只是哼唱或合唱。這種想法的一個原因是，儘管說話能力的結構標記（相對於語言）在古代人類身上已首次出現，但在我們所屬的物種——智人大約於20萬年前出現之前，卻不太可能演化出完全現代的語言（如我們現在可以辨識的語言）。說話的機制（呼吸控制、發音）與笑聲、歌唱（無需言語）相同，一如說話，這些機制在古代人類身上都已出現。然而，我們所熟悉的語言所需要的讀心能力，卻直到30萬年後我們所屬的物種來到時才出現。如果尼安德塔人有語言，它也沒有我們的那麼複雜，拙作《人類的演化》中，對這方面有更多的說明。

史蒂芬・布朗（Steven Brown）、馬克・史通金（Mark Stoneking）和他們在台灣的合作學者在台灣進行的一項想像力豐富的研究，證明製作音樂（尤其是唱歌）可能確實比語言更古老。這個島上

有9種原住民，分別住在不同的地區，各有自己的方言和歌曲傳統。他們把這些資料與這些人口的遺傳學資料結合，發現三個變數之間有顯著的關聯。但關聯最強的是在音樂和基因之間，顯示了音樂差異比語言差異有更深的歷史淵源。

我忍不住要對唱歌和聯結再做最後一點說明。毛利人傳統的戰舞哈卡（haka）舞最初是用來嘲諷和恐嚇對手，但現在紐西蘭黑衫軍（All Blacks）橄欖球國家隊只要參加國際比賽，都會在開始之前跳這種戰舞。全隊齊聲自信地吟唱，採用緊張的身體姿勢（包括誇張的面部表情），並同步表演包括大量踩踏的有力舞蹈動作。它具有所有良好儀式的特徵，其中的每一個部分都會觸發腦內啡系統。這景象令人印象深刻，但這種舞的關鍵在於在腦內啡量升高的影響下，整個團隊以高度警覺的狀態開始比賽，他們保持平靜的感受，有更高的痛閾，使他們在比賽中能夠承受更多粗暴的動作和疲憊。我忍不住想知道這種非凡的戰舞表演是否能說明為什麼這支來自打出一流國際橄欖球賽事的小國球隊，竟能在國際橄欖球壇中叱咤風雲達一個世紀。

友誼、餐宴和社區精神

我們花了很多時間，一次一個、研究不同的聯結行為。但還有一個社交紐帶尚未談到：餐宴，這是人類社會生活中非常主要的特點，我相信腦內啡一定會以某種方式牽涉其中。一位合作的芬蘭神經學者的說法讓我對這點更有信心，他向我保證，酒精絕對會啟動腦內啡系統，這就是為什麼治療酒癮的診所經常會在治療方案中使用納洛酮等腦內啡阻滯劑。後來，貝瑞·凱弗恩也主張，進食應該也有同樣的效果（貝瑞對於腦內啡在靈長類互

相梳理時所扮演的角色所做的實驗，啟發我走上研究之路，最後寫成本書。）：攝食和消化所產生的熱量，加上大餐後的飽脹感，幾乎一定會觸發腦內啡系統。隨後，傑特羅·杜拉瑞（Jetro Tuulari）和羅利·努曼瑪（Lauri Nummenmaa）做了PET掃描研究，顯示進餐確實會觸發大腦中腦內啡的釋放，而且無論食物實際上讓人愉悅的程度如何，都會如此。

在我看來，越來越明顯的是，進食和飲酒有強烈的社交本質，在正式宴會中也有許多儀式要飲酒，因此它必然會成為啟動腦內啡系統以聯結我們社群的一部分。畢竟，邀請鄰近社區參加的大型餐宴是舉世人類學研究的主要內容。但是我們該怎麼著手研究這點？我無法想像大學的倫理委員會熱情接納讓大學生暢飲他們已經喝得太多酒精的提案。但是後來，在科學與現實世界相碰撞的那種偶然時刻，著名的活動組織「真愛爾運動」（CAMRA，Campaign for Real Ale，以推廣英國傳統啤酒和老式酒吧為宗旨的組織）和我聯繫，問我是否願意在即將展開的推廣活動中助他們一臂之力。

CAMRA計劃對英國的酒吧使用情況進行大規模的全國電話調查，以遏阻酒吧關閉潮。在討論了種種可能之後，他們同意贊助另一項單獨的研究，在做全國調查的同時，也在酒吧裡進行這項研究。我對幾種標準的社會量度（social measures）相互之間如何作用很感興趣，當然，這也包括它和人們上酒吧的頻率如何相關。不久之後，「大午餐計畫」〔Big Lunch Project，著名的伊甸園計畫（Eden Project）的衍生產品〕和我接觸，希望對社交進餐做類似的研究。大午餐的誕生是因為我們發現自己不再知道社區裡的鄰居是誰，而且情況越來越嚴重。我們活在陌生人之間，部分原因是我們的朋友和家人不再像以前那樣圍繞我們、聚居在村

子裡，現在他們分散在全國各地，有時甚至分布在整片大陸上。這種情況的後果是，我們與實際住在我們周遭的人的關係不再那麼密切，因此我們對他們不再有原先那麼友好的行為。我們不再那麼禮貌、友善，那麼願意與他們共處。「大午餐計畫」的目的是為了說服大家每年夏季找出一天來、放下工作，在他們所住的街道上與鄰居共進午餐，更進一步了解對方。過去幾年來，大約有600萬人（占英國總人口的10%）做了這樣的安排，選一天讓他們所住的街道禁止車輛通行，擺出餐桌，坐下來與鄰居共進午餐。這是個絕妙的主意。「大午餐」的主辦者希望發動宣傳，鼓勵人們在下一年夏天再次舉辦這樣的活動。他們打算進行全英國的調查，以了解人們一般多常在社交場合進食，這是這個計畫的一部分。我說服他們在調查中納入我們在CAMRA研究中使用的相同問題，只是把你多常去酒吧的問題改為你多常和其他人一起吃午餐和晚餐。

因此，針對這兩個項目，我們進行了2次大型調查，每次調查的對象大約為2千人。調查經過精心設計，以反映英國人口的年齡和性別結構，及他們分布在不列顛群島的方式。並且由主要的民調機構專業進行。除了關於每個人特別感興趣的社會活動頻率之外，這兩項調查都對於完全相同的問題提供了資料。

這兩項研究顯示的是，你擁有的密友數量與你對當地社區的投入程度、你對居住地區的人信任的程度、你對自己人生價值的感覺，以及你覺得自己有多快樂息息相關。和這些變數相關的大多數關係都是雙向的：提升社區的參與感，就會提升你的人生價值感；但同樣的，提高你的人生價值感，也會提升你對社區的參與程度。然而這些結果會受我們是否與其他人同餐共飲略有不同的影響。社交聚餐往往對我們所擁有密友的數量和我們的人生滿

意度有最直接的影響，然後由此再影響到其他部分，而同桌共飲最直接影響到我們對社區的投入感和我們對社區成員的信任，然後透過這些再影響到其他部分。然而，最後的結果卻大同小異：與他人一起參與這些活動，會鞏固我們在更廣大社區中的成員資格，並提升我們的總體幸福感和對人生的滿意程度──接著再透過這些，再按第1章所述的原因，影響到我們的健康。

在CAMRA的研究中，我們也能夠親自向實際在酒吧喝酒的人詢問相同類型的問題，並為他們做呼吸測驗，檢查他們的清醒程度（我該鄭重聲明的是，我們抽樣的人中，只有幾個人近乎超過非常低的英國酒駕標準上限，所以他們都可說非常清醒）。不用說，許多受訪者深感困惑，也有許多人得經過遊說，才接受我們為完成調查者所提供的微薄報酬。然而，這項近距離研究確實讓我們能夠探索友誼的額外層面，其中之一是：身為酒吧的常客，抑或只是偶爾造訪有沒有不同。在我們所有的衡量標準中（擁有更多密友、對人生更加滿意、快樂、覺得人生值得以及信任當地社區的成員），在「本地」喝酒的常客得分都比偶爾造訪酒吧的客人高，而偶爾造訪酒吧的客人又比不喝酒的人（即可能和朋友或伴侶經常去酒吧，但沒有喝酒）得分高。

有趣的是，我們對酒精的耐受性是我們與非洲類人猿（大猩猩和黑猩猩）同有的特性，而且只與非洲類人猿相同。它的起源可以追溯到酶中的一些突變，這些突變使我們能夠解毒酒精，並將它轉化為可用的醣類──這可能是為了讓我們共同的祖先食用森林地面上腐爛的水果而造成的一種適應。腐爛的水果含有可達4%的酒精，與啤酒的濃度大致相同〔關於這個精彩的故事，可以參考我與金姆‧霍金斯（Kim Hockings）共同編輯的《酒精與人類：漫長的社會事件》（*Alcohol and Humans: A Long and Social*

Affair）一書〕。

　　換句話說，餐宴提供了重要的聯結機制。它在兩個不同的層次上發揮效用：與親密的家人和朋友的便餐小酌加強了密切的聯繫，而偶爾多人參加的大型正式宴會則在更廣泛的社群中建立了聯繫。兩者各以不同的方式有其重要性。前者加強了緊密的聯盟，為我們提供可以依賴的可靠肩膀，保護我們免受生活在大社區中的壓力，這就是為什麼需要定期與密友同餐共飲的原因。後者則讓我們融入更廣泛的社群中，這些聯結較弱，因此只需要偶爾提醒，以達到標準。

　　在「大午餐計畫」的研究中，我們請人們回想他們上次與親朋好友共餐的情況，告訴我們除了吃喝之外還有什麼發生。有4項結果成為預測他們對這個場合滿意度的共同因素：用餐人數（越多越好）、歡笑、回憶過去和飲酒。歡笑和回憶兩者都導致受訪者與其他人的聯結感提高，遠勝於兩者都沒有發生的情況。

＊

　　為了在規模更大的社群中生活，我們發現了一系列新的行為和文化程序，它們觸發了支持靈長類社會同樣的神經藥理學和認知機制。然而我們並沒有拋棄靈長類互相梳理的舊機制，這點仍然非常明顯。我們用這些以觸摸為主的古老而且更親密的靈長類做法，建立我們最親密的關係——需要更緊密聯繫的關係，也許還增加了一些歡笑、歌、舞等更深沉的生物現象。餐宴和說故事（下一章將詳細介紹）等這些新奇的文化程序，都是用來建立維繫我們社區外層的較弱聯結。這些都是建立於較弱的關係，所以我們只需要偶爾做就夠了。

| 9 |

友誼的語言

　　無論友誼有多少是關於人際關係的「原始感覺」或情感體驗，我們依然花費大量社交時間在對話上。在這方面，語言顯然扮演核心的角色，而就語言這個詞的真義而言，它是人類所獨有。學者對於由蜜蜂到黑猩猩等動物的語言能力已經有了很多研究，但是現實是，無論海豚和猿猴的「語言」多麼巧妙，牠們的語言形式與我們人類所能做的相比，就顯得微不足道。牠們的表現充其量只和3歲的人類幼兒差不多——這正是你對位於擁有心智能力邊緣的物種所期望的。然而，動物的交流和人類的對話之間有個很大的差別，由蜜蜂的「右邊第三片花叢有花蜜」，到猴子的「小心，一隻老鷹即將向我們俯衝過來」，動物只限於對事實發表意見。我們的對話則主要是關於我們所生存的社會世界，這是沒有物質形式的精神世界，因為它只存在於人們的腦海裡。不論動物之間的交流多麼密切，牠們從來沒有像我們這樣，經常進行關於這個世界的活潑群體對話。

　　話說回來，我們的對話受到語言如此強烈的支配，因此我們經常忘記在語言雷達之下實際進行了多少的溝通。我們怎麼說某件事通常與我們所說的內容一樣重要。如此說來，語言究竟添加了什麼？為什麼我們會擁有這種非凡的能力？為什麼不像猴子摸索和嘗試那樣，依賴觸摸進行所有的溝通？本章和接下來的三章

把重點由我們社交世界與生俱來的那一面，轉移到我們如何利用非凡的溝通能力建立和運用我們的關係。

語言的奇蹟

像人類語言這種現代語言的關鍵在於我們心智化的能力。談話不是喊叫比賽，好吧，有時也許是，但即使是和爭執無關的喊叫，它們所建立的關係往往也是讓人相當不滿意的交流，因為喊叫（無論是多麼和氣的喊叫）通常不容許雙方互相嚙合。正常對話牽涉了大量的複雜交流，說話者試圖讓聽者明白他想說什麼，而聽者也必須非常努力嘗試理解說話者的想法。此外，維持對話的脈絡在認知上比大多數人想像的要繁重得多，因為你必須知道在談話中什麼可能會吸引其他人，並了解你的發言如何促進談話，而不會因為一句不當的評論而使談話中斷。儘管當你停下來思考時這可能很明顯，但我們對此知之甚少：沒有人研究過對話行為的這個層面。

成功的對話需要我們運用非常高度的心智技巧，因為實際上，我們需要嘗試深入彼此的心智。如果我沒有做到這一點，並開始偏離到全新話題時，就會打斷談話的流動，使其他人——尤其是試圖解釋複雜事物的人覺得沮喪，或者更糟的是，感到惱怒。如果你離題太多次，就可能會發現人們避開你：與你交談太困難，而且無法令人滿足。成功的對話是會「流動」的——你來我往，自然而然地交互發言、彼此相接，一步接一步地建構故事。心智能力使我們能夠識別何時可以發言，以及哪些內容可以順利融入話題的發展。此外還得再加上一個事實，即社交對話通常會牽涉到對其他人的行為、意圖或心態的討論，你得隨即提高

心智化的要求。

　　最重要的是，如果沒有非常高度的認知技巧，我們就不會有如今的語言。若有較多適度的心智能力，我們當然可以擁有某種語言，但它會缺乏我們用五級或偶爾六級意向性陳述的複雜和微妙的表達。根據大腦大小來看，我們估計現在已經滅絕的歐洲尼安德塔人，和在現代人類出現之前主導了我們50萬年演化歷史的其他古代人類恐怕只有四級意向性。一級意向性的差異就會對他們講述故事的複雜程度，以及他們對話時可以容納的人數產生巨大影響。

　　在這裡我不多談這點，僅強調我們在對話中使用語言方式的豐富程度完全取決於我們的心智能力，而這些在認知上代價高昂，需要演化出執行功能比尼安德塔人和類似人類的大腦功能都大得多的大腦。對話是艱鉅的認知工作，並非不費吹灰之力就能做的，然而你會很驚訝地發現考古學家或演化人類學家，甚或心理學家並沒有注意到這相當基本的一點。這可能是因為身為成年人的我們在做這件事時不假思索——因為我們在由蹣跚學步的孩童到擁有各種能力的成人發展過程中，發展出如此熟練的技巧。要達到真正成人語言熟練程度需要漫長的時間，證明它牽涉大量的技巧學習，尤其男孩更是如此。它耗費了人生最初20年的大半時間。

　　奈特・歐許（Nate Oesch）和我由實驗中得知，分解包含許多子句的複雜句子的能力和個人的心智能力密切相關。心智能力有限（低於成年人正常範圍）的人不能完全了解有許多從屬子句的句子。這在日常生活中的重要性可以透過說故事來說明。如果沒有同時處理多種心智狀態的能力，就不可能說故事。我們小組的研究員詹姆斯・卡尼在一項研究中就強調了這點。關鍵問題在

於我們對一個故事的欣賞程度，是由寫故事的心理層次決定的。詹姆斯寫了一些分別位於兩個不同心理層次上的短篇故事，一個不高於第三級意向（包括讀者的心態），另一個則達到第五級。然後根據受測者對這些故事的欣賞和參與度進行評估，我們也用了標準情境任務確定受測者的心智化能力（見第6章）。他發現，自然表現在第三級心理狀態的人較喜歡第三級心理狀態的故事，而自然表現在第五級或以上的人，則較喜歡第五級版本的故事。

提高溝通的複雜性對於能夠處理較大的群體至關重要。在所有的靈長類中，聲音和手勢的複雜性兩者都會隨著該物種特徵的社會群體規模而增加。陶德・佛瑞伯格（Todd Freeberg）對野生卡羅萊納山雀（Carolina chickadees，一種與歐洲山雀有關的北美小鳥）一系列精彩的研究首先證明了這點：即使在同一物種中，生活在較大群體者的發聲也會變得更加複雜——你「說話」的個體對象數量越多，你的語言就必須更豐富，以確保溝通是明確針對它要針對的個體，並由對方接收。安娜和山姆・羅勃茲（Anna and Sam Roberts）對烏干達野生黑猩猩手勢溝通複雜性所做的田野研究，也提出了類似的主張。正如塔瑪斯・大衛－貝瑞特（Tamas Dàvid-Barrett）用一個電腦模型所顯示的，溝通和團體規模很可能會經歷棘輪效應（ratchet effect），兩者相補，雙方都容許對方小幅增加，直到它們通過臨界點，之後一切都會飛速增加。

由於有規模更大的群體要聯結，因此正式語言在人類世系中可能因為下面兩種原因中之一而演化。一種可能性是容許有關網絡狀態的訊息傳遞，也就是說，要追蹤的人這麼多，我們可能很難知道每一個人的資訊，尤其如果他們分布在不常見面的不同

小群體中。在我們碰巧見面時，你可以告訴我吉姆和佩妮最近在做什麼，這樣我就可以透過代理人（你）更新關於他們關係的訊息，在我見到他們時，就不會犯下大錯，例如在他們鬧離婚之際問他們是否生活美滿。這就是語言演化的八卦理論基礎，在拙作《哈啦與抓虱的語言》（*Grooming, Gossip and the Evolution of Language*，1996出版）中有概述。第二種同樣重要的可能性是：人類用語言來講故事。故事和傳說把我們聯繫在一起，成為一個社群。它們告訴我們，我們是誰，以及我們為什麼對彼此有義務。傳說和其他故事構成了聯結更廣泛社群的重要基礎：我們之所以互相歸屬，是因為我們都聽過相同的傳說，覺得相同的事有趣，擁有相同的道德價值觀，在我們部族的起源故事中有相同的歷史。正如我們會在第10章中看到的，這些都有助於把我們維繫在單一一個促進合作的社群中。

正如我們在許多研究中發現的，無論哪一個原因先出現，我們的對話顯然都由社交世界主宰。在我們最早的一項研究中，尼爾·鄧肯（Neil Duncan）、安娜·馬利歐特（Anna Marriott）和我由咖啡廳和其他場所的自然對話取樣，每隔15秒就把這些對話的一般話題歸入10大類（人際關係、個人經歷、文化／藝術／音樂、宗教／道德／倫理、政治、工作等）。我們發現不論男女，社會話題都占2/3左右的談話時間。兩性之間實際上只有兩個明顯的差異：在全男性群體中，男性談論個人經歷比在兩性混合的群體中要少得多，有女性在場時，他們談論其他人和技術話題較多。相較之下，女性在全女性和混合性別群體中，所談話題的差異小得多，她們比較會保持一致的話題模式。多年後，我和伊朗語言學家馬迪·達瑪丹（Mahdi Dahmardeh）合作，對伊朗的波斯語母語人士進行了類似的研究，因為我們記錄了這些對話，所

以可以衡量出談論每個話題的確切字數。社交話題再次占據主導地位，在女性的對話中，約83%的談話時間是用在社交話題，男性則為70%。與英國的樣本一樣，在全女性和混合性別的群體之間，女性的話題比男性在同樣的情況一致得多。

亞利桑納大學的馬提亞斯・梅爾（Matthias Mehl）、西敏・瓦齊瑞（Simine Vazire）等人以我們的實驗為基礎，做了技術更複雜的實驗版本，他們說服了79名學生穿戴自動錄音設備，每小時記錄他們談話的8次，每次30秒。這些學生們戴了4天錄音設備，讓研究人員能夠確定穿戴者是否在對話，以及對話是隨意的（閒聊），還是更專注認真。他們發現較少獨處、對話時間較多花在有意義談話（而非「閒聊」）的人，有更高的幸福感。馬提亞斯後來也證明，這些結果在成年人身上也一樣。他和助手還對上醫院就診的病患、一家成人身心健康診所的義工和一群離婚的人做了抽樣調查。儘管他們花在閒聊上的時間長短與他們對人生的滿足程度無關，但花在有意義談話上的時間確實可以預測他們對人生的滿意度。

我們用了幾個實驗研究追蹤這些觀察研究，這些實驗研究用對故事內容的記憶深入了解語言才能的設計，其想法是，如果設計語言的目的是傳遞事實知識，那麼我們應該最容易記住事實細節；相反的，如果它的設計是以社交功能為考量，那麼我們應該更容易記住故事的社會內容，尤其是心理層面的內容。共有兩個系列的實驗探索這個想法，一個是由亞歷克斯・梅索迪（Alex Mesoudi，現為埃克塞特大學教授）負責，另一個由吉娜・瑞德海（Gina Redhead）負責。兩項研究都顯示，與純粹的事實敘述相比，我們更容易記住故事的社會內容，尤其是與演員心理狀態相關的內容。換句話說，我更可能記住你為什麼打算做某事，而

非光是簡單地記住你做到了。如果我知道你為什麼做它，我就可以重建你做了什麼，但我當然無法僅由知道你做了什麼來重建你的動機。

再一次，這純粹是在於了解說話者的心理狀態，以及是什麼激發了他的行為。事實上，這個過程似乎是記憶過程的基礎。心理學家的研究顯示，當刑事審判中的證人在回憶當時發生的事時，他們並非重新播放發生情況的影片；相反的，他們記得一般原則，例如可能的動機，並且重建事件，以符合他們對潛在動機的了解，這說明了為什麼目擊者即使看到相同的事件，也經常會有分歧的說法。

在對自然對話內容的觀察研究中，我們發現批評性的評論（負面的閒話）相對較少（不超過對話時間的5%）。原因可能是我們在餐廳等相當公共的場所對談話進行採樣之故，人們可能比較願意把對他人的批評留在較私密的場合，以免被別人聽到。然而，負面八卦顯然具有社會效益，它降低了我們社會群體成員剝削我們的風險，即使對他人的抱怨不常有，卻依舊有助於減少不良行為的發生頻率。紐約州北部賓漢頓（Binghamton）大學的凱文‧尼芬（Kevin Kniffin）和大衛‧史隆‧威爾森（David Sloan Wilson）聽了划船隊員的對話，發現隊員對出力不如其他隊員者的抱怨經常可以產生預期效果，讓偷懶的人出力。

同樣的，阿姆斯特丹大學的畢安卡‧畢爾斯瑪（Bianca Beersma）和戈本‧范克里夫（Gerban van Kleef）在實驗研究中發現，如果事先告訴一個團體中的成員，大家會傳播誰對團隊有貢獻，誰又沒有貢獻的消息，在團隊合作時，成員出力的可能性就會高得多。小道消息似乎確實能控制團隊成員，社會神經科學的先驅麗莎‧費德曼‧巴瑞特（Lisa Feldman Barrett）把中

性面孔的照片配上對此人負面、中性或正面的流言。當同樣的照片後來與中性刺激一同出現時,受測者較可能注意的是與負面八卦(「朝同學扔椅子」)配對的面孔,而非與中性傳言(「在路上走時越過一個男人」)或正面陳述(「幫助老太太提東西」)相關的面孔。比起忽視一個好人來,受欺騙或受攻擊是昂貴得多的錯誤,所以如果有人名聲不佳,我們就較有可能會注意。我們會記住他們是誰,做為將來的參考。

不論多常批評別人,我們大部分的談話似乎都是關於我們自己的社會訊息交換(我們的好惡),關於我們的人際關係和第三方人際關係的討論,對未來社會事件的安排,以及對過去事件的回憶。在小規模的傳統社會中也是如此·,儘管他們經常用社會八卦監督人們的行為。畢生都在非洲南部波札那研究!Kung布希曼人的猶他大學人類學者波莉·魏斯納(Polly Wiessner)對!Kung在夜晚圍著營火的對話,和他們白天的談話做了採樣,發現兩者有鮮明的對比。他們白天的對話通常與事實和經濟有關,並且經常牽涉對其他人行為的抱怨,而晚上當他們圍著營火時的談話,則主要是講故事和傳說。在白天,34%的對話和抱怨有關,只有6%是故事;而在晚上,85%是講故事和神話,而只有7%是抱怨。

重要的不是說什麼,而是說的方式

然而總體而言,我們使用的字詞只是等式的一小部分,尤其是在關於社交世界的訊息傳播方面。當我們說話時,會由環繞在我們話語周圍的非語言線索中獲得數量驚人的訊息。其中有些是臉部的線索(做鬼臉、微笑),有些是聲音(音調的起伏、語氣

的高低），有些是姿勢（聳肩、手勢）。你說話的方式可以完全改變你所說的意思，這就是「那真是**太好**了！」（意思是：一百萬個感謝）和「**那**真是太好了！」（意思是：你為什麼對我如此惡劣？）之間的語氣差別）。

1970年代，伊朗出生的美國社會語言學家艾伯特・麥拉賓（Albert Mehrabian）以一些簡單精準的實驗為基礎，宣稱我們所說的訊息中，實際上約有93%是由非語言線索所傳達（38%來自語調，55%來自來自臉部的線索），僅有7%是來自文字實際的含義。這個說法引起了相當大的注意。後來有許多心理學者質疑他的說法，隨後也有實驗反駁他的觀點，然而這些實驗也有它們的問題，其中一個問題是研究人員用演員來模擬不同情緒的話語內容，而且他們幾乎總是只使用一個單字或短語。這些刺激與真實對話的關係，就像米老鼠卡通片與現實人生的關係一樣。我們對話時，通常是兩個或更多人冗長的對談，這提供了更複雜的語境和語言的資訊。此外，這些實驗通常牽涉到的刺激是，語言內容表達一種情緒（「我很傷心」），但非語言線索卻表達相反的意思（「我很高興」）。對於這些「演員」實際上可以把這種相當複雜的表演水準做到什麼程度，我持懷疑的態度。這樣混雜的訊息對受測者造成的混亂，使我也質疑這類實驗的設計。

不過，最近的兩個實驗提供了一些理由，讓我們認為麥拉賓可能是對的。格雷戈里・布萊恩特（Gregory Bryant）負責安排了一項大規模研究，讓全球各地24種不同文化的人，有些是部落，有些則是已西化的文化，聆聽兩個美國白人一起笑的錄音片段，然後只要決定這兩人是朋友還是互不相識的陌生人。整體而言，受測者的表現（55-65%正確）比隨機選擇（一半一半）稍好一些。有趣的是，如果笑的兩個人都是女性，受測者識別出她們是

朋友的成績（正確率為75-85%）就好得多。在另一個實驗中，艾倫・柯文（Alan Cowen）及同僚詢問美國人和印度人的樣本，要他們決定演員以許多不同的語言說出情感的字詞或短語是表達什麼樣的情感。他們發現兩種文化同樣擅長識別一組14種的基本情緒。再一次，雖然他們的成績比純猜測要好，卻離完美還很遠。

儘管這兩個實驗都很高明，但還有很多需要改進之處，無論是在它們的設計方面，還是它們仍然未涉及對話的事實上。為了要在較現實的環境中深入探討這個問題，我在一項研究中與劍橋藝術家艾瑪・史密斯（Emma Smith）及音樂學者伊恩・克羅斯（Ian Cross）合作，我們讓聽眾聆聽一組8段由YouTube剪輯的真實生活自然對話。這8段對話中，每一段都是選來代表一種不同的關係（4種負面和4種正面關係）。一半的受測者聆聽的是英文對話，另一半聆聽的是西班牙文對話。受測者除了聽原本的對話外，也聽了經過過濾的同一段對話，過濾的方式是掩蓋實際的單字（但保留了語氣和音調），或者更極端的，把聲音訊號轉變為純音調（僅限音調）。它們是由智利學生胡安－帕布羅・羅布利多・德坎多（Juan-Pablo Robledo del Canto）設計的高明軟體所製作。在每一種情況下，我們都要求受測者用我們發給他們表單辨識所列的8種關係。為了提升複雜度，我們做了2次實驗，一次是針對在英國以英文為母語的人，另一次則是針對在西班牙，以西班牙文為母語的人〔西班牙版本由才華洋溢的馬德里主力研究人員伊格納西奧・塔馬利特（Ignacio Tamarit）負責〕。

和麥拉賓的原始實驗（僅要求受測者辨識關係是正面或負面）一樣，我們的受測者表現幾乎和他的受測者一樣好：對於言語內容遭掩蓋的錄音片段，他們的正確度達到完整錄音片段的75-90%。即使要求他們辨識是所聽8段關係中的哪一段，他們對

掩蓋內容片段的正確度依舊是完整片段的45-55%，比隨機猜測的正確度（大約12%）高4倍。更重要的是，不論是英文或西班牙文為母語的人，對辨識說對方語言者的關係，也和說他們自己語言者一樣準確，儘管大多數人都表示他們並不懂對方的語言。我們確實由聽某人說某事，以及人們在對話中如何互動，而獲得了很多關於他們關係本質的訊息。簡而言之，嘟嚷抱怨的效果幾乎和言語一樣好。

當你微笑時，世界就與你一起微笑

　　如果對話和人際關係缺乏某個行為，將會無比沉悶，那麼這個行為必然是微笑。俗話說，微笑是世界共通的語言。微笑表示興趣，允許對話繼續下去；表示鼓勵，讓你知道你們的互動受到歡迎；表達歉意、同情，以及其他十幾種情感。大多數人認為微笑和大笑是同一回事，微笑只是尚未完全表達出來的笑聲，但其實大笑和微笑有個很重要的區別。如我們先前所提的，歡笑來自於猿猴在玩耍時的臉（嘴巴張開，但不露出牙齒），而微笑來自於猴子順從的臉。猴子「露出牙齒的臉」（齜牙裂嘴）代表屈從妥協，和歡笑時的圓張嘴（ROM）臉孔相比，微笑就像齜牙裂嘴一樣，把牙齒緊緊咬合在一起，嘴唇分開，顯示牙齒。儘管這兩者都和友誼有關，但其中一種是建立關係，另一種則是表示順從。這就是當我們緊張或尷尬，或者當我們被介紹給不認識或地位比我們高的人時，會一直微笑的原因。換言之，雖然歡笑和微笑在人類身上有點混為一談，但它們的起源非常不同，也象徵實際上南轅北轍的動機。就像大笑一樣，微笑有兩種：不由自主的「杜鄉式的微笑」，表示安撫勸慰（延伸為包括同意之意）和自主

的非杜鄉微笑，表示禮貌的默認。杜鄉式的微笑鼓勵進一步的互動，而非杜鄉式的微笑則表示不確定和緊張。

馬克・梅胡（Marc Mehu，當時是我的研究生，現在是奧地利韋伯斯特維也納大學的助理教授）做了一系列觀察和實驗研究，他發現在兩人互動時，杜鄉式的微笑更常與慷慨分享相關。確實，微笑較可能被評為代表慷慨和外向，尤其是在男性的臉上。然而，這些效果的確表現出強烈的兩性異形（sexual dimorphism，同一物種雌雄兩性的差別）現象：微笑的臉孔是女性，而觀者是男性時，最可能會把微笑的臉孔視為慷慨的表現。他還發現在夜店等自由形成的社會環境中，處在年齡混合人群中的年輕男性比較年長的男性更常表現出非杜鄉式（勉強）的微笑，而較年長的女性則比年輕女性更常做出勉強的微笑。

羅伯特・普羅文對自然情況下的笑做了廣泛的觀察研究，得出類似的結果。他注意到女性對男性所說的話比對女性所說的更容易發笑；而男性對任何性別所說的話，都不如女性那樣容易微笑。他把女性的行為解釋為一種安撫，對男性尤其是如此，但對其他女性也一樣。微笑是臣服的行為，可能會鼓勵我們對別人不那麼挑剔或多疑。勞倫斯・瑞德（Lawrence Reed）發現，如果照片中的人綻開杜鄉式的微笑，人們較會相信對照片中人行為的陳述，但如果照片中的人露出非杜鄉式的微笑或勉強的微笑（就像你為了阻止自己露出杜鄉式微笑而裝出來的微笑），那麼人們最不相信對照片中人的陳述。

順便說一下題外話。觀察人們這些年來，我注意到不僅女性比男性更常微笑，而且她們微笑起來似乎比男性更自然。男性的微笑看似比女性勉強，我懷疑這與兩性頰骨結構的差異有關，尤其是頦隆凸（mental protuberance，下頦左右兩半結合在一起之

處）的大小。男性的頰隆凸較大，而且下頦通常較方，角度更銳利，使他們的下頦凸出更多。男性下頦的形狀似乎使微笑肌肉更難拉開嘴唇。下回你看到人們交談時不妨觀察一下，看看你是否同意這種說法。

我們為什麼要講故事

如果我們可以藉著咕噥嘟囔表達大部分需要做的事，那麼為什麼還要費心去發明語言？答案是語言容許我們指定時間和地點，說明在別處或過去發生的事件，或將來可能發生的事件。我可以告訴你上週你出去打獵時，吉姆做了什麼或沒做什麼，或者他下一週打算要做什麼。更有趣的是，我可以告訴你想像世界中發生的事。換句話說，我們可以講述虛構的故事。

古往今來，每一種文化都愛聽故事，尤其如果是由擅長說故事的人所講述。這些故事總是關於人和他們的行為，即使那些「人」有時有動物的形體〔如碧翠絲·波特（Beatrix Potter）的彼得兔〕。甚至連遊記也有主角。同樣的道理，我們也都愛聽愛談別人活動的八卦。然而，講故事似乎總是演化的異數。為什麼在田野間或狩獵中有現實生活的工作要做，或者，在你可以教我各種有用的技術資訊之時，我們卻願意花幾個小時圍著營火聆聽故事和民間傳說？然而，不論是成人還是兒童，都很樂於一遍又一遍聆聽同樣的老故事。我們會把原本可以用來投資在更有用事物上的金錢，花在重複看同一齣戲劇或電影，或者讀同樣的書，而且就和我們第一次看或讀時一樣熱情。

為什麼我們會喜歡喜劇似乎很明顯，喜劇讓我們歡笑，會觸發腦內啡系統，使我們開心。但為什麼我們會一次又一次回來看

折磨心靈的催淚悲劇？除非悲劇也會觸發腦內啡系統，否則沒有任何道理。這樣做的一個原因可能是大腦體驗心理痛苦的位置與體驗身體疼痛的位置相同，這可能會促使情緒化的講故事觸發腦內啡系統。洛杉磯加州大學的娜歐米・艾森柏格領導的小組用了一系列大腦影像研究，證明心理痛苦和生理痛苦是由我們大腦的同一部位所感受。我們能否證明觀看悲劇會觸發腦內啡系統，並藉此讓自己覺得與其他觀眾有更多的關聯？

牛津大學莫德林學院（Magdalen College）卡列瓦（Calleva）研究中心所做的戲劇心理學研究，讓我們有機會研究這一點。這計畫非比尋常，因為是由兩位莎士比亞專家羅莉・馬奎爾（Laurie Maguire）和蘇菲・鄧肯（Sophie Duncan）、兩位古典希臘戲劇專家菲利克斯・布德曼（Felix Buddelman）和艾佛特・范・艾米德・布亞斯（Evert van Emde Boas），以及獨一無二橫跨英國文學和神經科學的學者班・提斯岱爾（Ben Teasdale），還有我本人一起合作。這是探究悲劇是否會觸發腦內啡系統，使我們感覺更親密這個假設最完美的背景。

我們花了很多時間詳細討論如何做這個研究，最後班提出了完美的答案：班尼迪克・康柏拜區（Benedict Cumberbatch）和湯姆・哈迪（Tom Hardy，可能是這世代最好的演技派演員）主演的電視電影《倒帶人生》（Stuart: A Life Backwards）。這部影片是根據住在劍橋的作家亞歷山大・馬斯特斯（Alexander Masters）所著的書改編的，而書又是來自真實故事，敘述了亞歷山大與窮困潦倒的遊民史都華・蕭特（Stuart Clive Shorter）日益增長的友誼。故事圍繞著史都華的生活以及他怎麼會落到如今這個地步的問題：他身有殘疾，幼時遭到虐待，最後流落街頭、吸毒、進出監獄。隨著影片的推展，可以明顯看出一切會以非常糟糕的方式

結束——而且確實如此，史都華無法面對再次入獄的可能，臥軌自殺。這是個真正令人心碎的故事，深深影響了所有看過的人，尤其是不得不在短短幾週的時間內觀看它多次的研究人員。

一如往常，我們的受測者在看影片之前和之後先做了痛閾測定，也針對與他們一起觀看影片的陌生人群體完成了我們的親密關係指數。對照組看的是非常沉悶的電視紀錄片，當然在這兩方面都沒有顯示任何反應。但起初看史都華影片的群組所測的結果讓我們感到困惑，因為看了影片雖然在正確的方向上對他們產生了影響，但卻沒有像我們預期的那樣強。困惑了幾週後，我發現我們的受測者非常清楚地分成兩組——完全不受影片感動，痛閾和親密指數變化很少或沒有變化的人；和受到感動，痛閾升高，並且覺得與同場一起看影片的觀眾更加親密的人。

這讓我們疑惑是否人們對故事的類型有所偏好，有些人喜歡某種故事，其他人則喜歡另一種。我們在後續實驗中測試了這一點，比較了人們對兩種不同電影類型的反應，一個是動畫片《天外奇蹟》（Up，描述一對夫婦由邂逅到晚年死別的人生故事）中教人心酸的片段，另一個則是007動作片中一段驚心動魄的片段。雖然大多數人兩者都喜歡，但很明顯有的人比較喜歡某一類型，一如史都華影片的結果所暗示。我們有些人喜歡浪漫喜劇，有些人喜歡悲劇，也有的人喜歡動作片。這或許是以迂迴的方式顯示，藉著放聲痛哭以消除緊張的方式僅適用於我們中的一些人，並非放諸四海皆準的藥方。我猜想應該有很強烈的性別差異。不只是男孩不哭，而是他們不會也不能哭。

德國佛萊堡（Freiburg）大學的米莉安・雷納格（Miriam Rennung）和安雅・葛里茲（Anja Göritz）獨立完成類似的實驗，證實了我們的結果。她們讓受測者4個人一組看影片，這4個人

可能一起看同一個螢幕上的影片，或者4個人分別在單獨的螢幕上，戴耳機觀看相同或不同的影片。她們比較了與一群人同時看影片（觀看同一部影片，但戴耳機，因此你聽不到其他人的反應）和大家一起看影片（一群人看同一部影片）的情感經驗，並比較了4種不同的影片：高激發（high arousal）／負面情緒效價（negative emotional valence）對高激發／正面情緒效價對低激發／負面情緒效價對低激發／正面情緒效價。她們發現，一個群體一起體驗強烈的負面激發，比儘管處於群體環境但卻單獨體驗同樣程度的負面激發，會導致較高程度的團隊凝聚力。每個人都捲入同一種情緒有其意義。

共享情緒體驗似乎是非常強烈的聯結機制，這說明了一些奇特和看似不相關的現象。一個是在小規模傳統社會的青春期儀式，總是會為正要啟蒙進入成年期的男孩群體帶來痛苦（它們總與割禮相關）和恐懼，通常是在夜裡、人們一般不會進入的森林深處這種駭人環境。這種共同經驗所引發的情感在男孩之間建立了關係，一直持續到成年及之後。他們永遠會相互支持，尤其是在他們處於戰士階級，必須保護社群免受襲擊時（當然，也包括他們自己去襲擊時）。一起經歷過戰火的士兵也會體驗到同樣的聯繫，大部分軍事訓練方法正是為了這個原因，才會包括痛苦、疲憊和恐懼。據說消防隊員，甚至野生動物嚮導，往往會發現自己受到他們由燃燒的建築物或狂暴水牛蹄下所救出女性的（有時是惱人的）關注。

對話的界限

雖然彼此交談的能力對於建立友誼攸關緊要，但我們用語言

可做的事卻有驚人的限制。除了表達情感時，語言似乎是特別差的媒介之外，它真正的局限在於我們與大量個人交流的能力。問題並不是說我們不能與非常多的人交談；而是我們不能和這麼多人對話。這20年來，我們已經對對話群體的自然規模做了6次以上的研究。其中有些是在咖啡館進行，有些在酒館和酒吧，有些在公園和公共場所，有些在白天，有些在晚上。大多數研究都是在英國完成的，但有一項在美國，另一項在伊朗完成。任何地方的結果都一樣：4個人以上的對話往往持續不了多久。

一起對話的最多人數限制為4人有非常強大的效果。如果第5個人加入對話，原本的對話群體就會在短短半分鐘之內分成兩組單獨的對話。我們在一項研究中對參與對話社交群體的規模進行了抽樣調查──也就是對在酒吧裡圍坐同一張桌子群組的人數，以及真正參與每一個單獨對話的人數。這些資料顯示，每一次社交群體達到4的倍數時，就會分成另一個對話群組。如果以4人為上限，很可能是單一的對話；5人以上，將是2組對話，8人以上將是3組，超過12人，將是4組。當然，這並不表示在群組分裂時，你會保持在同一對話中。當人們由一個對話切換到另一個對話，或者在他們對主要的話題感到厭煩時，會與其他人開始進行新的對話。對話是非常具有動態的。

有時人們懷疑對話群組的規模大小是否真有限制。我記得有位評者批評我的論文，他很有自信地斷言會話群組的大小以4人為限制是不可能的，因為他經常同時和10幾個人交談。我大約可以猜到這位「匿名」評者是誰，很想回應說，如果有他在場，很可能是真的，因為據我的經驗，與他談話就像聆聽他洪亮聲音的演講，我們其他人根本一個字也插不進去，……但我努力壓抑這樣說的誘惑。真正的重點是，要防止超過4個人的「對話」分裂

成幾個較小群組的對話，唯一的方法就是把它變成有社交潛規則的演講，迫使我們其他人保持恭敬的沉默，不可打斷說話的人。如果去除那個規則，或者撤除這個活動的主席，很快就會出現混亂，例如，如果有人提出質問，對說話者大喊大叫，不肯坐下。如果在大型委員會會議或正式演講中，主席離開片刻，聽眾最多1分鐘之內就會分成一連串的小組對話，每組對話只有2、3或4個人。下一次你去聽演講或參加類似活動時，不妨注意一下。

部分的問題在於，如果要平均分配發言的時間，那麼每一個額外加入對話的人都會減少其他人發言的時間。10個人的對話意味著如果平均分配發言時間，那麼每10個人，每人只能說1分鐘，因此在接下來的9分鐘內必須沮喪地聆聽其他人發言，直到再度輪到你發言之時。這是由於非常嚴格的心理規則，在任何時候只允許一個人發言，太多人同時發言就會導致混亂。總之這就是為什麼我們在會議中要設主席的原因，如果沒有人規範發言順序，就會亂成一團，誰也聽不到其他人在說什麼。這可能是我們必須學習的社會規則——我們總是告訴成群的孩子一次只能有一個人發言。因此人們不是得退居次位，坐下來當聽眾（我們的初期研究顯示在混合性別的群體中，退居次位聆聽者多半是女性，這可能是因為她們聲音較小，較難掩蓋其他雜音），就是分裂成小組，形成他們自己的對話（因而創造性別分離的對話，請見第13章）。

然而，或許對對話規模最重要的限制，是我們有限的心智化能力。要保持對話流暢，我們得監控每一個成員，並記住他們各自貢獻對話的願望，以便判斷我們該在什麼時候說話，什麼時候又該讓別人說話，以及該說什麼才合適。在這種情況下，我們抑制優勢行動的能力變得十分重要：只有在我們能夠抑制自己壟斷

整個談話的欲望時,細膩的輪流發言才能生效。

潔美・克雷姆斯(Jaimie Krems,原本是我們的研究生,現在是奧克拉荷馬州大講師)所做的研究非常清楚地說明了心智化對對話群組規模限制的重要。她觀察一間美國大學校園裡的對話群組,計算了參與對話的人數,然後頗有識見(或者該說有點厚顏?)地上前問他們在談論誰或什麼事物。結果發現,如果他們談的是不在場者的心智狀態,那麼參與談話的人數永遠不會超過3個;如果他們談論的是在場談話者的心智狀態,或者一些實際的問題,例如去哪裡吃午飯,或者他們剛聽完的課,那麼最多可達4人。我們似乎會隨著我們想要談論的內容,調整我們在對話中必須處理的心理狀態數量。

讓我們驚訝的是,笑也會產生類似的親密感。紀勞米・德茲卡其(Guillaume Dezecache)在巴黎國立大學(École Nationale)讀博士期間曾與我們共度一年,他在牛津和法國酒館裡做了對話、歡笑群組的抽樣調查。不論有多少人處於圍坐在桌旁的社交群體中,實際交談的人數上限為4人,而在對話中一起歡笑的人數上限為3人。當然,仔細想來,這並不足為奇,因為我們以笑話的形式運用語言來引發笑聲,但它確實為我們觀察到的一個奇怪現象提出了一種解釋:如果我們談話的對象笑了,我們也會忍不住笑,但是如果房間另一頭的談話團體突然爆發出喧鬧的笑聲,我們就會感到非常惱火,這種感覺就像是他們入侵了我們私人的社交空間。笑作為社交工具和聯繫機制,對於彼此實際互動的小團體來說是非常有針對性的。

在我們對現實生活對話的研究之外,傑米・史提勒(Jamie Stiller)和潔美・克雷姆斯也對莎士比亞的戲劇和現代電影做了詳盡的分析,用一起出現在同一場景中的角色數量衡量對話群

組的規模。他們發現有非常嚴格的限制，最多4個角色一起出現，而且不論是在十六世紀莎翁的戲劇和二十世紀好萊塢的電影都一樣。潔美甚至看了兩種截然不同的電影類型：女性題材電影〔例如《傲慢與偏見》，《大老婆俱樂部》（The First Wives Club），《紅粉聯盟》（A League of Their Own）〕和所謂的超連結電影〔hyperlink films，包括《衝擊效應》（Crash）和《火線交錯》（Babel）〕，超連結電影刻意嘗試突破日常互動的束縛，讓在世界不同地方的人，或者同一地方但不同時代的人可以互動。不論場景大小都沒有區別。戲劇家似乎受到這樣一個事實的限制：觀眾只能接受最多4個人一起對話，成功的劇作家非常注意這一點。

潔美還像針對真正的對話那樣，分析了莎士比亞戲劇中場景人物的心理狀態。她發現當劇中人物在討論其他不在場角色的心智狀態時，通常最多只有3個人在場，而如果他們討論在場人物的心智狀態，或發生在台下某事的事實，則可以多達4人，一如她在自然、真實的對話中所發現的一樣。在現實生活的對話中，我們顯然不會去思考這點，但卻自然而然地這麼做。善於觀察人類行為的莎士比亞注意到了這點，並以同樣的方式建構他們的故事，以免讓觀眾承受過度的負擔。

對話群組規模的這些自然限制往往是傳統晚宴規模，甚至餐桌大小的原因。4個人很完美，因為他們可以組成單一的對話。6或8個人也可以，因為可以增加意見的多樣性，而且一張餐桌可以容納2或3組分別的談話——桌子仍然夠小，可以讓人們想要時，由一組談話切換到另一組談話。但如果人數更多，就意味著桌子必須很大，因此橫越桌面的對話就變得不可能（你聽不到對面的人在說什麼），最後只能和左右兩邊的人談話，而且很容易

被卡在左右兩邊的談話之間,最後沒有人可以交談。下次參加一桌可坐10至12人的婚禮或正式晚宴時,不妨注意一下。當然,這類活動會安排較大的桌子,而且不會因此遭到怪罪的原因,是因為他們原本就不希望你把全部的時間都花在和別人深入的談話上——你應該靜靜地聆聽演講。

黑暗的魔法

埋藏在這一切關於人類對話行為研究之下的,是一個有趣的問題——在夜幕低垂之後做這些事情,似乎非常特別。在半明半滅的火光之下說故事有神奇之處:它似乎為故事增添了優勢,提高了期待感和刺激感,讓它們更精彩,更有意義。其實我們所有的社交活動在晚上進行時總是更令人興奮。派對、餐會、晚宴、戲劇、講故事、合唱,跳舞,甚至賓果遊戲,在半黑暗中似乎都變得更神奇。

我們在社交領域中所做的其他一切,幾乎也都是如此。在我們的大午餐研究中,女性比較喜歡在午餐時認識新朋友,但在晚餐時與老朋友或家人見面,而男性則喜歡這兩者都在晚餐時進行。晚間演出的戲劇比日場更有魔力。晚間在酒館與朋友喝一杯也比午餐時這樣做更愉快。兩人在晚間的燭光晚餐比光天化日之下的燭光午餐有更親密的特質。晚上舉行的社交活動對我們似乎具有特殊的意義。黑夜似乎有真正神奇之處。如果我們在白天進行這些社交活動,或者在黑夜時做模型製作或填字遊戲等非社交活動,都得不到同樣的興奮之感。

塔拉耶·艾達沃德檢視我們高中電話資料集全天的電話模式,發現深夜(午夜之後)的電話比白天的電話更可能是針對特

定的人物。雖然有相當多的個別差異，但這些深夜電話有多達一半（尤其是午夜之後的電話）只針對2個特定對象。由於我們也要求參與這項研究的志願者填寫冗長的問卷，說明他們與每一個打電話對象的關係，因此我們知道這些深夜電話是打給有強烈情感依戀的對象，整體來說，這些對象也是他們最常打電話的對象。

顯然，深夜電話的受話者是朋友而非家人。此時男孩打給朋友的電話比深夜打給家人的電話時間長11倍，而女孩深夜打電話給朋友的通話時間，比白天打給家人的通話時間長3倍。對女孩而言，深夜電話的對象比較可能是男孩，而非親近的女性朋友。這些打給男孩的電話不僅次數更頻繁，而且時間更長，深夜打給男孩電話的平均通話時間約為700秒，而打給女性朋友的電話平均只有400秒。早上的情況則正好相反，打給女性朋友的電話通話時間是打給男孩的2倍，平均分別為200秒和100秒──或許是在前一夜給男孩打了很長的電話之後，要討論的事太多了？不需要天才，也能了解這是怎麼回事。然而，給男孩的訊息卻很清楚：如果她深夜打電話給你，必然是對你很感興趣……如果她沒有打電話給你，那麼你或許該另找對象了。

為什麼黑暗會造成這麼大的不同？奇怪的是，從來沒有人評論過這種奇怪的行為，也沒有人想要問為什麼會如此。我的猜測是，它起源於我們的祖先，根據考古紀錄，當人類約在50萬年前首次學會用火時，這樣做讓我們多了4個小時左右的「天光」，儘管這種天光把我們限制在營地的空間裡。雖然我們不能旅行或打獵，但依舊可以運用這段時間飲食和社交。事實上，我們以這種方式獲得的時間似乎正是我們仍然用於社交的時間──每天大約3個半小時。我在《人類的演化》一書中解釋了這一切是如何

運作的，此處不再贅言。現在的重點只是注意：夜晚似乎以非常特殊的方式增強了我們的社交互動，而其來歷可能非常古老。

*

儘管我們的友誼仰賴由腦內啡和多巴胺系統支持的半意識原始感覺，對話和語言依然扮演重要的角色。我們彼此是互相交談，而不僅僅是彼此向對方說話。那麼我們談論的內容是什麼？這把我們帶到了拼圖的最後一塊，友誼的七大支柱，這就是下一章的主題。

| 10 |

同質性與友誼的七大支柱

　　這裡要提到可能會讓你感到驚訝的兩個事實。你與朋友共有基因的可能性，是你與當地社區的隨機選擇的任何人共有基因可能性的2倍。班傑明‧多明格（Benjamin Domingue）及同僚比較5千對青少年學校朋友的基因，與他們班上其他人的基因，發現了這個結果。同樣的，詹姆斯‧佛勒和尼克‧克里斯塔基斯用美國國家青少年健康縱貫研究（US National Longitudinal Study of Adolescent）的資料發現，朋友更可能共享相同的DRD2多巴胺受體基因（讓你維持友誼的兩種神經化學物質之一），而較不可能共享相同的CYP2A6基因（一種調節負責尼古丁氧化的酶，這種酶在其他情況下雖然可能有用，但對維持友誼沒有真正的用處）。他們也在佛雷明罕心臟研究資訊集中證實了這兩個發現。第二個令人驚訝的事實是，當卡洛琳‧帕金森和合作研究人員掃描觀看同一部電影的同班大學生的大腦時，發現彼此說對方是朋友的人，比與他們不認為是朋友的同學對同一片段影片有更類似的神經反應。在情緒處理（杏仁核）、學習、把訊息整合到記憶中（伏隔核、尾狀核），和心智化的某些層面（頂葉區）的大腦部位更是如此。換句話說，你不僅較可能與朋友分享基因，而且也更可能和朋友有同樣的思路。並不是因為做朋友讓你們有相似的想法，而是因為你們有相同的想法，而被吸引在一起。

這兩個觀察結果與我們的預期相反,因此我們應該停下來思考一下。這是怎麼回事?我連自己的朋友都不能選擇嗎?實際上,是的,你的確選擇了你的朋友,只是你選擇的是在這些情況下反應和你極其相似的人。這種物以類聚的傾向稱為「同質性」,是我們友誼中的主要特徵。你用來評估某人友誼潛力的標準就是我所稱的「友誼七大支柱」。這是一套七個文化層面,就像印在你額頭上的超市條碼,只是你是用說的。其中有些是關於你實際說話的方式(你的方言),有些是關於你感興趣的事物,有些是關於你對人生和社會的整體態度。在本質上,它們就是文化上的你。它們定義你這個人,並把你置於特定的社會環境,特定的社會階層。換言之,它們建立了你作為朋友,以及作為更廣泛社群成員的身分。

友誼的七大支柱

發現這七大支柱純屬偶然。我和一群電腦學家合作一個計畫,計畫的核心問題是我們能否不用手機基地台,而用電話本身作為中途站,讓你透過一個個手機轉接你在哈利法克斯的阿姨,讓你和她通話。在數位科技世界中,這稱為普及技術(pervasive technology)。聽起來很清楚,原則上要安排也很簡單,但有個問題,其實有好幾個問題。一個是它會迅速耗盡你的電池,儘管技術人員向我們保證這個小困難很快就可以用新的電池技術解決。更嚴重的問題是我為什麼要允許你(或至少你的手機)取用我的手機。如果你有意圖,這能讓你下載我手機上所有的內容,把我的手機用於邪惡的目的,把我最「有趣」的照片發送給我的親友,甚至更糟糕的,發給報紙,讓我惹上各種麻煩。這聽起來非

常不妥。

我們認為，解決這個問題的方法很簡單：我們信任某些人，因為他們是我們的朋友，我們可以運用這個事實。你越信任某人，就越有可能同意讓他們用你的手機作為中途站。在大多數情況下，這種信任是基於過去的了解。你由幼稚園起就認識吉姆，你很清楚自己可以信任他的程度。但有時你也可以對陌生人做出即時的判斷，或許你不會把畢生的積蓄借給陌生人，或把銀行帳戶的密碼告訴他，但絕對可以決定是否和陌生人在酒吧裡喝一杯，或者在路邊幫他一個小忙。那麼我們是如何做出這樣的判斷？要是能知道，就是普及技術問題完美的解答。

我們想知道，如果你的好惡記錄在你的手機上，你的手機就可以決定它是否喜歡另一部手機，願意冒險允許其連接。〔最後，我們在法國南部尼斯附近通信系統工程師學校與研究中心（Institut Eurécom）的合作人員開發了 Safebook 安全軟體，實現了這一點。〕我的博士後研究生奧利佛・柯瑞負責這個計畫，他做了調查，請一堆人列出一長串你可能會與其他人分享的事物——信仰、態度、嗜好、興趣，並請他們列出與他們社交圈中的特定人選（每一層社交網絡中選出一位家庭成員和各一位男女兩性的朋友）分享哪些事物，並問他們如果這個人有迫切的需要時，他們有多大的可能借錢或者捐腎給他，作為衡量利他主義的標準。

我們分析這些資料，很快就發現這些問題組成許多以相同方式回答的群組。再檢視這些群組的問題類型，發現它們包括以下內容：

- 相同的語言（或方言）
- 在同一個地方成長

- 具有相同的教育和職業經歷（眾所周知，醫界人士往往聚在一起，律師也是）
- 有相同的嗜好和興趣
- 擁有相同的世界觀（道德觀、宗教觀和政治觀的混合體）
- 具有同樣的幽默感

後來我們又在與賈克‧羅內的研究中，加上了第七點：

- 具有相同的音樂品味

在這些特點中，你與某人共同之處越多，你準備在他們身上投入的時間就越多，對他們的感情就越親近，他們在你的社交網絡層中與你就越接近，在他們需要時，你會更願意幫助他們，他們也更可能幫助你。物以類聚確實不假。你往往會受到與你有更多共同點的人吸引，也往往會喜歡和你最相似的人。事實上，你社交網絡的每一層都相當於特定數量的共享「支柱」──最裡面的5人那一層有六至七支共享支柱，最外面的150人那層只有一或二支。你們實際上共享哪些支柱似乎並不重要。正如經濟學家所說，這些支柱是可以取代的，也就是說，任何一個支柱都和另一個一樣好，沒有偏好的等級高下。共享三個支柱的朋友就是三支柱朋友，不管你們共有的是哪三個支柱。

這個表中竟然有幽默感出現，讓我們很驚訝。與道德觀或政治信念等其他更重要的支柱相比，它似乎微不足道。奧利佛‧柯瑞嘗試進一步探討這個問題，他由100個歷來最好的笑話選集裡選出一組18個笑話，再由其中選出人們意見最不相同的笑話，並讓受測者評估每個笑話的有趣程度。他們的評估結果提供了非

常特定的幽默檔案。接著在約一週後，他又給他們一組據稱來自他人的幽默檔案，並詢問他們認為自己能否與這些人相處，以及如果他們相遇，他們是否認為自己會喜歡和他們交朋友。這些受測者不知道的是，他們這回看到的幽默檔案其實就是他們自己的檔案，只是經過修改，變成與他們的檔案有10%、33%、67%或90%相同。這些幽默特性和他們自己的越接近，他們就越認為對方會成為好朋友。我們喜歡和自己有同樣幽默感的人，也較可能幫助幽默感較像自己的人。

我的看法是，結交新朋友的過程會依循相當固定的模式。認識新朋友之初，你會在他們身上投入大量時間（把他們推入最內層的幾個圈子之一），以使評估他們在七個支柱上的位置。這需要花時間，然而等到你明白他們的位置，就可以把花在他們身上的時間減少到與你們共同支柱數量相當的程度。結果，他們就悄悄地滑過各層面，回到適合該數量的層面中安頓下來。換句話說，友誼是天生而非製造的，你只需要找到它們。你可能需要多次嘗試才能找到適當的人做你最好的朋友，或甚至名列你最好的前五位朋友，但只要你持續搜尋，最後總會找到他們。

其實同質性遠遠超出了這些文化記號和興趣。我們不僅喜歡和我們想法相近的人，也比較會喜歡同性別、同種族、同年齡，甚至同個性的人。在我們的研究中，大多數人約150人的社交網絡通常約70%都是由與他們同性別的人組成。男人偏愛男性友人，女人偏愛女性友人，其他許多研究已經注意到這種模式。臉書的拉斯·貝克斯卓（Lars Backstrom）和同僚在對臉書一項大型資料集的分析中發現，女性有68%的私訊是傳送給另一位女性，而男性在這方面則比較沒有這樣的區別。大衛·賴尼亞都（David Laniado）和同僚根據西班牙交友網站Tuenti（於2006至

2016年營運，被稱為「西班牙的臉書」）近500萬用戶的資料，也提出了相當類似的發現。他們分析每一個人的貼文，發現一半的女性最好和次好的朋友都是女性，只有12%最好和次好的朋友都是男性（如果她們是隨機選擇這些朋友，那麼每種情況下應該都是1/4）。再一次，男性沒有女性那麼挑剔，1/3男性的最好和次好的兩位朋友都是男性，1/4則是兩位女性。就女性而言，朋友是女性的可能性由最常聯繫的朋友的72%，下降到第1千位朋友（對於有列出這麼多朋友者）的40%。而男性則表現出相反的模式，只是朋友是男性可能性的下降幅度沒有那麼急劇。事實上，女性的朋友是女性的可能性約在第110位朋友時才降到50%（隨機）以下，而男性朋友是男性的可能性直到第300位朋友左右才降到50%以下。

造成這種情況的一個原因可能是女性與其他女性的共同興趣多於她們與男性的共同興趣，反之亦然，這使得談話較容易維持流暢，比較不會停頓下來讓人們想話題。另一種解釋可能是，混合性別的談話太容易成為婚配市場，尤其會讓女性在寧可放鬆的時候覺得她們有必要展示自己。還有一個可能是男女性的自然對話風格截然不同，因此混合性別的對話壓力太大。在這種情況下，男性往往會主導談話，而女性由於聲音較小，會發現越來越難插嘴。雖然在有些難以出口的浪漫利益（例如尋找伴侶）時，女性會願意付出這樣的代價，但是如果情況並非如此，她們可能寧可完全避免支付這種成本。

歸屬感的訊號

在思考這一切的意義時，我突然明白友誼的七大支柱實際

上就是識別我們共同小社群的線索，在這個小社群中，我們度過成長的歲月，並學習如何成為社群的成員。知道如何識別社群成員，可以縮短你與某人共度半生以了解他的漫長過程。我知道你是我社群的一員，因為我在你開口說話的那一刻就認出你的方言。你認得我所知道的街道和酒吧，你知道我們一起喝啤酒時所說的笑話，你和我的宗教信仰一樣。其中任何一個因素都是對共同歷史的現成粗略指南，而且任何一個都讓你成為我信任的人——因為我知道你的想法。它們指出我們在同一個地方成長，接受相同的習俗、對人生和更廣闊的世界抱著相同的態度。我不必向你解釋我的笑話，因為你馬上就能了解，我甚至連笑點都不必說完，因為你知道同樣的笑話，或甚至知道笑話的來龍去脈。這種對我們成長社群的回憶似乎說明了許多人依戀「家鄉」——他們長大的地方的原因，甚至在他們離開幾十年後仍然戀戀不捨。

在人類歷史一直到過去幾千年之前所經歷的那種小規模社會中，小社群應該就是大約150人的狩獵－採集者社區。在這種社會中，社區成員直接或透過婚姻建立了彼此的關係，社區實際上是一個大家庭。因此，七大支柱其實就是確定了一個大家庭群體，對家庭的忠誠將成為社會聯結的強大力量，鞏固我們對家庭成員始終具有的責任感。「支柱」的功能就像位於村子中心的圖騰柱，我們都可以把帽子掛在上面，作為歸屬的標誌。我們一心一意為這個社區及它的福祉奉獻，因為我們是社區的成員。

事實上，我們可以由人們說的第一句話看出關於他的大量訊息。我們可以辨識他們來自哪裡，確定他們屬於哪個社會階層，至少在英國是如此。社會語言學家認為，在1970年代，你可以僅憑某人以英文為母語的口音和使用的詞彙，就辨識出他們的出生

地，差距不會超過35公里的範圍，這些方言的差異非常細膩。在狩獵－採集者社會，這幾乎就是一個1500人部落所占據的地區。在英國其他地區的人來看，利物浦人都一樣，但利物浦以市中心的中央為界，分為南北兩部分，口音非常不同，而且長期以來相互厭惡。如果你是利物浦人，只要一聽對方說話，就立刻知道他來自城市的哪一邊（在利物浦成立的披頭四樂團，成員都來自比較高檔的南區）。

　　對方言的敏感似乎在我們年紀很小的時候就自然而然地出現，而且早在我們對這些事情有社會化的機會之前。凱瑟琳・金斯勒（Katherine Kinzler）和伊麗莎白・史培克（Elizabeth Spelke，這30年來數一數二的發展心理學家）對說英語美國家庭的6個月大嬰兒做了一系列研究，播放女性用英語（嬰兒習慣聽到的語言）、西班牙語或倒放相同的英語片段，對嬰兒說話，觀察嬰兒聆聽的反應。等到接下來並排展示這些女性的照片時，嬰兒會花較長的時間觀看用他們熟悉語言說話的女性。在另一項針對7歲兒童的研究中，普利茅斯大學（University of Plymouth）的卡洛琳・佛洛契亞（Caroline Floccia）和法國蘭斯大學（University of Rheims）的合作者對5歲和7歲的兒童播放了錄音片段。這些片段的內容是人們用3種截然不同的口音閱讀同一段英文文字：英格蘭西南部以英語為母語者（普利茅斯兒童當地的口音），和說英語時有自然口音的愛爾蘭本地人和法國人。他們要求兒童在聽到外國口音時要指出來。儘管5歲的孩子似乎並不能清楚辨別不同的口音，但7歲的孩子在辨別外國口音方面，明顯優於辨識非外國的地方口音。針對蘭斯地區5歲法國兒童的平行實驗也得到類似的結果，這些兒童能夠比識別地方口音更清楚地辨識外國口音。顯然我們很早就了解表達語言時的這些

細微差別，並把注意力集中在它們身上。

在做出這些判斷時，語言或方言占這麼重要的地位或許不足為奇。如果你我語言不通，你就聽不懂我的笑話，我們的對話難免生硬拘謹。其他六大支柱也很重要。就像你如果年紀大一點才學一種新語言，就永遠無法說得像母語一樣（你就是無法完全正確掌握某些單字的重音，或者你沒辦法用恰當的字彙），如果你不是在某種文化中成長，你就永遠無法完全沉浸在那種文化中。只有在童年時坐在象徵的營火旁，聆聽成人的故事，聽他們解釋這個特定社群是如何形成的，你才能徹底了解這個文化。我一直認為自己非常幸運能在東非長大，在我甚至還沒有完全掌握英文之前，就已經沉浸在當地的斯瓦希里（Swahili）和印地安文化中。這讓我得以領悟和理解這些文化，如果我到那裡時已是成年人，絕不可能以相同的方式認識當地文化。

幾年前，我的博士班研究生丹尼爾・奈托〔Daniel Nettle，現在是紐卡索大學（New castle University）的心理學教授〕開發了一個電腦模型，研究方言作為控制不勞而獲者機制的角色。在以社會契約為本質的社會（所有的人類社會都是）中，由這樣的契約中獲益，卻逃避支付任何成本的不勞而獲者削弱了人們對社區其他成員的信任，而且迅速導致社會崩潰。當這種情況發生時，就會導致社區分裂，於是我們退回到我們真正信任的一小群人中。開發這個電腦模型的動機，就是想知道方言是否可以為你的社區成員提供快速的指南，讓你知道你是否可以信任某人。

我們可以把方言想像為貼在你額頭上的超市條碼。每個人都會檢視他們所遇見的人的條碼，但只有在他們雙方的條碼相合時，彼此才同意建立關係。久而久之，不勞而獲的人可能會模仿當地方言，假裝是好公民，但卻一直在剝削與他們互動的人。如

果任由這些占便宜的人為所欲為，他們就會很快地淹沒其他人，讓遵守社會契約的合作者在短短十幾世代內滅絕。有趣的是，如果每一世代的人都規律地改變方言，就會阻止不勞而獲的人，因為他們無法快速追蹤變化，結果他們永遠無法接掌所有的人口。在這種特殊情況下，每一世代都必須改變大約50%的條碼（或方言），才能領先不勞而獲者一步。否則就意味著不勞而獲者會不受控制。

這或許可以解釋為什麼方言變化得如此之快，一個十年又一個十年，一個世代又一個世代。人們說話並不完全像他們的父母。新的詞語流行，舊的詞語淘汰；出現了說同一件事的新方式；舊字彙的發音起了變化——上一輩的人總是抱怨當今年輕人說話的懶惰方式。仔細想來，不免令人奇怪。如果方言旨在辨識你社區中的成員，你應該期望它們代代相傳，保持穩定。然而長久下來，隨著人口的增長，就會使得越來越多的人使用相同的方言，最後整個世界都會說同一種語言，聽起來大同小異。你將無法再識別你那100至200人的小型家族社群，唯一可以確定你小型社群的方法，是讓方言隨著時間流轉而變化，因為每一世代都會發展自己的說話風格，以及他們喜歡的用字遣詞。實際上，你是在辨識你所屬社群的同伴，而非整個社群的同伴。

因此，語言和方言會衍生出無數的後代，在幾個世代之後，聽起來會截然不同，最後演變為新的語言。現代英語由盎格魯－撒克遜語〔它本身是荷蘭弗里斯蘭（Friesian）方言的變體〕演變而來，最後產生了6種官方英語。除了英語本身（包括美式英語），還包括低地蘇格蘭語、加勒比海土語（Caribbean Patois）、非裔城市口語（BUV，Black Urban Vernacular，美國主要城市的非裔所說的口語）、克里歐語（Krio，或Sierra Leone Creole）和

巴布亞皮欽語（Tok Pisin 或 Talk Pidjin*，新幾內亞的英語）。

與陌生人交朋友

　　遇到不認識的陌生人是人生常事，也是我們結交新朋友的方式。但是我們並不真的想浪費時間去查看陌生人在友誼七大支柱上的每一個居於什麼位置。如果我們每認識一個人都這麼做，時間就不夠用了。在理想的情況下，我們需要某個簡單的標準來決定是否值得對這個陌生人投入更多的時間和精力，更進一步了解他們。那麼在決定某人是否值得我們投入時間，更詳細地了解他們時，使用的最佳標準是什麼？賈克・羅內以研究如何根據七大支柱判斷陌生人來探索。一般人比預期更常選擇的特性是種族、宗教、政治觀點、道德觀點，以及最重要的音樂品味。音樂會列在這裡，令人意外。似乎如果一個陌生人和你有相同的音樂品味，你就更可能認為他們有可能成為你的朋友。

　　賈克對此很好奇，他想知道在選擇朋友時，稀有性是否會產生影響。受測者被告知，他們與某個虛構的陌生人共有的一個特徵，與一同參加實驗的 1632 名參加者、或 14 名參加者，或只有 4 名參加者共有 —— 之所以選擇這些數字，是代表兩個最內層（5- 和 15-），以及最外層（1500- 層）的社交層，但又不至於太明顯地顯示我們想到的這些數字。當我們要求他們評估自己會不會喜歡這些陌生人時，他們較喜歡和他們共同具有罕見特色的陌生

---

* pidgin 這個字是十八世紀中國人對 business 這個英文字的訛誤 —— 英國貿易商在中國大陸交易時使用的語言。它被講英語的行政官員、傳教士和商人帶到新幾內亞，用來與當地部落溝通。

人，而最不喜歡具有常見特色的陌生人。再一次，能夠識別某人來自與你一樣的同一個小社群，似乎比其他一切都重要。

種族間接地出現在人們偏好的特徵表列中，值得一談。在我們祖傳的過去，這點指出了一個小地方社群的共同起源。身為一個種族社群的成員，你們分享了一整套文化和行為特徵，這些特徵促進了社交互動的過程，並提供了值得信賴的線索（即你有多大的可能會遵守社群關於行為舉止的非正式協議）。在世界大部分地區，這樣的社群很可能具有明確的種族起源。即使歷史深度不是特別大，小社群中的許多人也會因婚姻或血統而有關係。狩獵－採集者社群似乎確實是如此定義，換言之，七大支柱真的是一個親屬關係小社群成員資格的線索。在我們祖傳的過去（這種特徵演化的環境），這些支柱會辨識出同一種族的成員。但是就像演化生物學中的許多影響一樣，線索和現實之間有重大差異。這些線索可以繼續擴展，使我們能夠單獨或集體使用它們辨識我們所屬的社群，然而如今它們未必是指特別密切相關的人。在這種情況下，宗教顯然是非常有力的標記。

在歷史上和世界各地，大多數的社會都對看或聽起來和他們不一樣的人抱持懷疑態度。這種想法在人心根深柢固，因此在大多數語言中，使用你所用的語言的部落的名稱僅表示「人們」（people），把我們（as 'proper people'，身為「適當的人」）和其他我們偶爾會碰到的所有人類區分開來（我們很可能把他們和所有其他動物歸在一起）。畢竟English這個字只是Angle的一種變體，而Angle是羅馬人於西元五世紀撤退後，入侵不列顛的日耳曼部落之一的名稱，這個部落創造了這種語言，並主宰了英國的政治和社會版圖。同樣的，被稱為班圖人（the Bantu，非洲最大、分布最廣的超級部落，約占非洲大陸人口的一半，這也

是他們所講語言的總稱）的語言群體來自Ba-這個字根（意思是「人」）和ntu（意思是「人類」），字面上的意思是人類，在班圖語系的600多種語言中，都有這個字的同版本，作為「人」這個字。例如Māori這個字意思是「普通人」——我們，和在那裡的他們——pākehā對立。

外貌通常可以提供粗略的線索，讓你知道某人是否屬於你的民族文化群體。他們的外貌、髮型、衣服和首飾全都表明了他們來自哪個社群，甚至在西方文化中也仍然如此。在十九世紀，人們習慣（來自更早期的非正式態度，實際上可以追溯到聖經時代）純粹根據外表來區分幾個主要種族——來自歐洲的高加索人（白人），來自非洲的黑人（Negroes，此字源自西班牙文的「黑」），來自東亞和美洲的蒙古人，以及後來來自澳洲及其附近島嶼的澳洲原住民（Australoids）。

問題在於，膚色實際上並非用來選擇有共同文化或血統者的理想標準。膚色只是反映了你的祖先在低緯度（熱帶）或高海拔棲息地生活的時間，深膚色（來自皮膚表層中密集的黑色素細胞）保護下方的皮膚和器官免受有害宇宙射線的傷害，因此在陽光曝曬最強的熱帶和高海拔地區占絕大多數；淺膚色反映了生活在高緯度地區（包括赤道以北和以南）的歷史，那裡的陽光較弱，深色皮膚無法合成足夠的維生素D，而維生素D是讓腸道吸收鈣質（有益骨骼）、鎂和磷酸鹽的必要成分。鈣攝取量低會導致佝僂病（骨骼軟化，通常與彎曲的腿和發育遲緩有關）。不論是不是人類，生著弓形腿總是不利於逃避獵食者。高緯度地區的深膚色者往往更容易缺乏維生素D，侵入這些棲息地的人口很快就失去了黑色素細胞的基因——因此皮膚更白，頭髮更白，更直[*]。

由於現代人類是在非洲演化而來，因此我們的祖先都是深色

皮膚，或者至少是古銅色。演化為淺膚色是一系列適應性的一部分，讓人們能夠由非洲遷徙到歐洲和亞洲的高緯度地區，並取代了已經在那裡幾十萬年的淺膚色古代人類〔歐洲的尼安德塔人和亞洲的丹尼索瓦人（the Denisovan）〕。現代的歐洲人和亞洲人實際上是我們各自家鄉的新移民：現代人僅在7萬年前離開非洲，殖民南亞，大約2萬年後到達澳洲。他們一直到約4萬年前才進入歐洲（尼安德塔人的家園）。那時，尼安德塔人已經占領了歐洲遠至烏拉山脈（the Urals）大約30萬年，在我們抵達後短短幾千年內就滅絕了，可能和我們這些新鄰居脫不了關係。

十九世紀種族分類的問題在於，非洲人在生物學（或語言學）上並不是同質的群體：事實上，現代撒哈拉以南的非洲人由4個不同的遺傳（和語言）群組組成，所有的歐洲人、亞洲人和美洲印第安人以及澳洲原住民也都屬於其中一個群組。如果你真的想要按照十九世紀的分法，把人類依膚色和外表分為4種人種，當然可以，但其中之一必須包括歐洲人、亞洲人、美洲印第安人、澳洲人和班圖人（迄今為止非洲部族中皮膚最黑者）以及他們的同盟部落——或許相當於世界人口的3/4。

出於同樣的原因，如果你想要，也可以有一個稱作歐洲人的種族子類別（與高加索人**不同**），一個由共同語系（印歐語系）以及共同的遺傳系譜結合在一起的群體。雖然它將包括大多數（**但並非全部**）的現代歐洲人，但也會包括大多數（但不是全部）伊朗人、阿富汗人和由現代巴基斯坦東部到遠及孟加拉的印度大平原北部的人民。它不包括匈牙利人、愛沙尼亞人或芬蘭人，因為他們的語言是史上蒙古入侵者的後裔（儘管公平地說，他們只

---

* 產生深色皮膚的黑色素細胞基因也會影響頭髮顏色，以及頭髮緊密捲曲的傾向。

有一部分的基因是蒙古人），也不包括斯堪地納維亞北部的拉普人（the Lapps，源自西伯利亞蒙古人），更絕對不會包括來自西班牙和法國南部的巴斯克人（the Basques）。

巴斯克人是約6千年前印歐人來到歐洲之前所殘留的歐洲原住民，他們的語言（和基因）和遠至東西伯利亞南部邊界（可能還包括一些北美洲印第安人）之內的一切人類都不相關。自從3萬8千年前尼安德塔人滅絕以來，巴斯克人一直是居住在歐洲的唯一人種，到約6千年前，巴斯克人的祖先被由俄羅斯大草原席捲歐洲的印歐入侵者趕了出來。這些巴斯克人是唯一倖存下來的人口，因為他們的祖先撤退到偏遠的庇里牛斯山要塞，而且因為那個地方不值得爭奪，因而讓他們得以居留在那裡。歐洲其他地方缺少他們的基因，表示其他的巴斯克人不是遭到驅逐，就是大規模滅絕，而且後者更有可能。

還有其他在印歐人地理範圍內生活的群體，例如印度北部的賤民〔或達利特人（Dalits）〕，他們是印歐人到來之前原始居民的後裔。達利特人的情況比巴斯克人的祖先好得多，至少他們存活下來了，只是代價是受限於印歐入侵者穩固統治社會的邊緣，而這些印歐入侵者的社會子群也成了現代印度社會四大官方種姓。有人聲稱這些種姓純粹是起源於文化，但最近對北印度人的基因研究證明，人們所擁有的歐洲（或者說得嚴格一點，印歐）基因的比例，與他們在印度種姓制度的等級相關。最高等的婆羅門種姓不僅位於社會的頂峰，而且基因的歐洲比例也最高，而最低階的賤民歐洲基因比例則最低，而且這是共同居住4千多年之後的結果。甚至連姓氏也足以識別你屬於哪個種姓，某些姓氏僅限於特定種姓的成員，有時甚至是特定的子種姓階級。種姓制度保持相對純淨的原因，是因為非常長的時間裡，非常嚴格地

限制內婚（endogamy，只能在同一種姓內婚配），儘管在制度的邊緣有某種程度的跨種姓通婚。一般來說，你出生的種姓就是你和你的孩子和孫輩死亡時的種姓。我們當時的學生席爾·賈葛尼（Sheel Jagani）對印度紅娘網站做了分析，我們倆都非常驚訝地發現甚至到現在，種姓在印度婚配選擇上依舊是重要的標準（而且即使在英國，仍然受印度僑民重視）。

不列顛群島的歷史非常清楚地說明了這些影響是多麼普遍。例如，在整個英格蘭南部，女性的粒線體DNA（僅經由母系遺傳）主要來自古代凱爾特人（或羅馬－不列顛，Romano-British，指西元43年至410年羅馬帝國占領大不列顛島時），但男性的Y染色體（僅由父系繼承）卻表現出明顯的東西向漸變群（cline），盎格魯－撒克遜基因在東部（西元410年羅馬人離開後，盎格魯和撒克遜人由歐陸入侵的入口）占主要地位，而西部則以凱爾特人的基因為主。入侵的盎格魯撒克遜人似乎強迫實施了徹底的種族隔離，排除了當地的凱爾特男性，同時占有他們的女人。撒克遜入侵者制定的法律鞏固了種族隔離，他們在幾個世紀中，視不列顛當地的居民在法律上沒有任何權利，他們在經濟和法律上處於弱勢（就像二十世紀下半期南非種族隔離制度下的黑人）。一直到300年後，阿弗雷德大帝（King Alfred the Great）頒布了新法，賦予所有居民平等的權利，這種形式的壓迫才獲緩解——毫無疑問，部分原因在於當時通婚與文化和語言的優勢相結合，因此難以區分種族。然而，文化的積習難改。這個時期一個奇怪的遺物是用威爾斯（Welsh）一詞稱呼這個漸變群西端，位於當代威爾斯的人：它源自撒克遜字wealas，意思是「外國人」或「奴隸」，這兩個概念或多或少是同義詞，因為只要被貼上外國人標籤的人，都可抓來做奴隸。

當然，諷刺的是，在五個世紀後，諾曼人於1066年征服英格蘭時，盎格魯撒克遜人也遭受了同樣的命運。諾曼人按部就班地殺害或驅逐了舊有的撒克遜貴族和高級神職人員，以諾曼人取而代之，接管了他們的莊園和土地，並將其餘的撒克遜農民視為農奴，任由新的主人買賣（農奴制是一種制度化的奴隸制，由諾曼人從歐洲大陸引入英國。在歐陸，奧地利和俄羅斯帝國一直採用農奴制，直到十九世紀）。1千年後，這些諾曼家族的後代依舊居英國社會高層的大多數，我們可以由他們的法國姓氏看出。許多人仍然擁有最初由征服者威廉賜給他們的土地。在工業革命前的英國貴族都沒有撒克遜人或甚至北歐人的名字。在有關肉類的英文詞彙中仍然看得到這樣的痕跡，我們使用古老的日耳曼撒克遜名稱稱呼田間的牲畜（sheep、cow、pig），但把牠們送上餐桌時，卻用諾曼法語名稱（mutton、beef、prok，分別等於法文的mouton、boeuf、porc）稱呼。撒克遜農奴在他們土生土長的盎格魯撒克遜田地裡飼養和宰殺這些牲畜，但送上諾曼主人的餐桌時卻用法語。

重要的是要了解，即使在現代的後工業社會，對種族出身的偏好並不一定意味著我們目前所理解的「種族主義」（即基於膚色而有差異）。你要找的應該是具有相同**文化**背景的人，因為這可能建立友誼和社群聯繫。膚色與你相似的人較有可能與你來自同一個社群（至少在不那麼遙遠的過去是如此），因此他們可能分享你的文化。正如伊麗莎白‧史培克針對兒童所做的研究證明的，在實驗中，當種族和語言等文化特徵互相對立時，在友誼偏好中，文化相似較種族或族裔血統優先。

種族起源相似的人如果來自不同的社群，似乎同樣有可能受到排斥和虐待。1603年英格蘭和蘇格蘭王室聯合之後，英格蘭議

會被要求把英格蘭公民身分授予蘇格蘭人。然而議會卻以波蘭在過去兩個世紀裡湧入大量惹麻煩的蘇格蘭商人和小販經驗為例，認定「我們會被他們淹沒」，而拒絕這麼做。一個半世紀後，倫敦《膨奇》（Punch）雜誌刊登了許多辱罵蘇格蘭人的文章，譴責1707年英格蘭與蘇格蘭議會聯合之後，蘇格蘭人湧入英格蘭首都的行徑，諷刺他們粗魯無文，和賴著長住不肯走的傾向。蘇格蘭人抱怨說，此後根本什麼都沒有改變，但其實英格蘭到處都是蘇格蘭人，他們經過數個世代已完全同化，要是他們的姓沒有蘇格蘭蓋爾語的字首Mac−，你根本不會知道他們的出身。

名字代表了什麼？

由於姓氏是繼承而來的，因此它們通常是共同祖先的絕佳指南──不過，就像所有這些線索一樣，它們並不完美，因為人們可以像採納新語言的方式來採用名字。此外，有些名字只是指職業──比如Butcher（屠夫）、Baker（麵包師傅）、Smith（鐵匠）、Fisher（漁夫）、Reeve（行政官員）、Cooper（桶匠）、Dyer（染工）、Farmer（農夫）、Thatcher（建造茅屋屋頂的工匠）、Mason（石匠）、Wright（或Carpenter，木匠）以及許多其他英文名字，更不用說在許多其他語言中類似的名字。這些往往是非常常見的名字，在全國各地都有非常獨立的起源。你很可能與你所屬當地社區的麵包師傅有血緣關係（畢竟，家族確實會壟斷特定行業），但你不太可能與來自國土另一端的麵包師傅有血緣關係。相較之下，有些名字非常罕見，可能因為它們是地名，也可能因為它們是不起眼的地方姓氏。

幾年前，加拿大演化心理學家瑪格特·威爾遜（Margot

Wilson）對此進行了獨創的研究。她以陌生人的身分發送電子郵件給隨機選擇的人，詢問受信的對象是否願意幫助一個特定的計畫，但其實她有興趣的只是收件人是否答應協助，以及這是否和發信人的姓名與收件人的姓名相似程度有關。她用美國人口普查中列出的十個最稀有和十個最常見的名字和姓氏來虛構發信人，因此，這些「發信人」中，有的名字很少見，但姓氏很常見，有的名字很常見，但姓氏很少見，而另一些人則是姓和名都很常見或都很少見。如果收件人與發信者都是同一個罕見的姓氏，則收件人較可能答應協助，如果姓和名都很罕見，則更有可能會答應。在後者的情況下，他們常會提到兩人姓名一模一樣的巧合，並想知道他們是否有親戚關係。

我承認在遇到與我的兩個姓氏相同的人時，就是以同樣的方式回應的。即使在蘇格蘭，鄧巴也是極其罕見的姓氏，只要我一聽或看到它，耳朵就會豎起：如果我們同屬這個姓氏，幾乎可以肯定有血緣關係，而且相距可能不到25代，因為一直要到馬奇伯爵（Earl of March，March意為蘇格蘭邊界）和鄧巴伯爵（Dunbar是他們城堡的所在地）因背叛而在1434年第二次也是最後一次被蘇格蘭王室沒收土地之後，這個姓氏才變得（比較）普遍。相較之下，我的另一個姓氏MacDonald（或更正確的McDonald）則是由我的曾祖母那裡繼承三代而來，這是迄今為止蘇格蘭人最常見的姓，因此我幾乎不會注意到有沒有人提到它。

出於這個原因，移民用當地人的姓氏，就是為了融入新社會常見的策略。我們在十九世紀早期的英國人口普查報告中看到了這一點，當時擁有如Seamus（James）和Padraig（Patrick）等明顯蓋爾人名字的愛爾蘭移民父母，都為他們的孩子改用相對應的英文名字。我們看到十九世紀下半葉赴美國的義大利和德國移

民採用英文名字，也看到十九世紀中葉赴巴塔哥尼亞的威爾斯移民後裔採用西班牙文名字，在阿根廷南部墳墓的墓碑上，胡安·托馬斯（Juan Thomas）或伊格納西奧·瓊斯（Ignacio Jones）這樣的名字並不罕見。這似乎是個重要的策略，讓你的孩子融入社群，讓他們能夠結交朋友並找到伴侶，而不致像陌生人或移民一樣顯眼。

然而，在有強大的入侵者群體的地方，我們經常會看到相反的模式：採用**他們的**名字。在諾曼人征服英格蘭後，屈服的盎格魯撒克遜人迅速採用了法文名字（威廉 William、亨利 Henry、愛麗絲 Alice、瑪蒂爾達 Mathilda、愛黛拉 Adela），在一個世紀內，幾乎所有舊有的撒克遜名字就完全消失了。如今你多常會遇到艾塞伯特（Ethelbert）、艾芙吉芙（Ælfgifu）或艾瑟雷德（Æthelred）這樣的撒克遜名字？融入強大的新精英階級既是生存之道，也是獲得經濟成功的通行證。

移民融入新社區的挑戰非常大，不是因為種族，而是出於文化的原因。移民社群的社交網絡清楚地說明了多民族友誼的文化障礙。起初，移民讓自己置身當地社區的邊緣，因為他們別無選擇。他們的社交網絡幾乎總是較小，因為他們可接觸的社群很小：他們是局外人。而且由於他們的網絡較小，因此網絡的結構看起來非常不同。正如我們在第4章看到的，他們的友誼網絡並非有一些親密朋友，然後越來越不親密的朋友數量逐漸增加。他們的社交網絡結構是擁有較多較親密的朋友（尤其在中間層），但卻很少普通朋友，這可能與他們本土社區的態度無關：在你自己的社群建立友誼就是比較容易，因為你與來自你自己文化的人有更多的共同點，對如何生存和發展也有類似的憂慮，這一切都有助於交換有用的訊息，讓你知道要去哪裡或如何完成某事。更

重要的是，用你自己的語言或方言對話就是容易得多。當然，主流社區對來自任何地方的陌生人抱持懷疑態度只會加劇這一點。問題是，隨著越來越多的移民加入社群，向外尋求友誼的動力就越少。貧民窟和社會孤立乃成為自我應驗的預言。移民的子孫得要經過幾個世代才得以立足主流社區（並且無意堅持自己的文化傳統），也才能完全融入更廣泛的社會。畢竟，現在英國有誰知道他們的祖先是羅馬－凱爾特人、盎格魯－撒克遜人、維京人還是諾曼人？或甚至是1685年廢止南特敕令（Edict of Nantes）、宣布新教為非法之後，湧入倫敦數以萬計的法國新教胡格諾派的後裔？

所以這裡的教訓是：我們對朋友的選擇主要在於試圖找到志同道合的人，在輕鬆作伴時能讓我們感到自在，不必每一次都向他們解釋笑話，而且毋需費心就能了解他們的行為，與他們的對話輕鬆自然，不必挖空心思。簡而言之，他們是我們可以信任的人，因為我們認為我們明白他們的想法。我們用提供捷徑的線索來識別看似志同道合的人，雖然通常都有效，但並非總是如此。

新形成社群中的友誼

我們對這種社區群體性，以及在陌生人之間建立友誼的速度都很感興趣，因此想要探索到底是如何發生的。我們嘗試了許多不同的方法，但總是很難找到陌生人群聚在一起形成的社群。我們曾想要研究新兵入伍後融入軍隊的方式，但一直沒有得到任何軍方的答覆。最後，兩個計畫忽然在我們面前出現。其中一個和一所神聖古老荷蘭大學的兄弟會有關。這是由荷蘭研究生麥克斯・范杜金（Max van Duijn）和芬蘭的安娜・羅特克許

（Anna Rotkirch）兩個完全獨立的現有合作計畫發展而來。麥克斯在大學時代就是這個兄弟會的成員，他很想知道每年加入的新夥伴如何建立關聯。另一個計畫則是透過瑪麗・坎普尼琪（Mary Kempnich）而來，她是我研究小組中特別勤奮熱忱的研究生，非常想了解被迫住在一起的陌生人彼此如何發展社交網絡。她建議在牛津大學中找一所新生在上大學之前幾乎互不認識的學院。

荷蘭萊頓大學的兄弟會所是由學生經營的住房和社交協會，共有約1700名成員，歷史傳統悠久。在麥克斯的兄弟會所，每年有300至400名新成員加入，在加入過程中，會鼓勵他們組成同性友誼群組。他們經常一起用餐，週末則在兄弟會酒吧參加歌唱比賽和高度儀式化的比賽，並設計自己的制服、歌曲和傳統，這些全都有助於營造同志情誼和聯繫感。友誼群組是自然形成的，因為這些群組也許可以奏效（因此群組聚在一起），也許不能（在這種情況下，成員轉到其他群組，原有的群組就會解散）。在這種競爭激烈的環境中，經過3年定期、熱烈的社交活動後，這些友誼團體的成員通常關係會十分密切，即使在他們離開大學後很久，這個團體的關係仍然存在，許多成員每隔幾年依舊繼續見面，直到晚年。他們的情誼牢固到成為彼此孩子的教父教母，多年後甚至參加其他成員的葬禮。

我們在一個群體形成的第一年，追蹤了它整個過程，在這段期間，群體成員完成了幾波有關他們活動和彼此關係的問卷調查，並在這一年結束時參加了一天的測驗。我們想知道是什麼因素促成了這些群體的成功，以及他們是否表現出任何形式的同質性——尤其是性格和心智化能力等內在心理層面上的同質性。心理學家傳統上用所謂的五因素模型（Five Factor Model）來描述人格，這五個相互因素是：經驗開放

性（Openness）、責任感（Conscientiousness）、外向／內向性（Extraversion/Introversion）、親和性（Agreeableness）、神經質（Neuroticism）。責任感指的是勤奮可靠的人，開放性是充滿好奇心，對新體驗持開放態度的人，神經質是指容易焦慮和敏感的人，而親和性是指友善和富有同情心的人。

在我們追蹤的這個群體中，朋友圈的平均規模為14人，非常接近社會腦圈中的15-層。我們用了兩個衡量團隊成功的標準：他們在這一年中開發的團隊標記和作法（例如特別的團隊歌曲、制服或課外活動）的數量，以及一個衡量他們彼此之間聯繫感的簡單自我評量標準。這些指數似乎用了群體聯繫的不同層面，但兩者在男性群體中的責任感人格向度和女性群體中的神經質向度上，都有強烈的關聯。換言之，小組成員在某些人格向度上越相似，友誼群組就越成功，成員之間感受到的聯繫也就越密切。兩性之間的差異尤其顯著，因為這再度證明兩性之間的友誼可能具有非常不同的動態。

在一年結束之際，我們請每個友誼組的4名成員唱一些大家都熟悉的兄弟會歌曲，並且與另一組的4名成員一起，採取競爭（面對面排成兩行）或合作（全部排成一圈站立）的方式唱歌，也許是與來自他們自己的友誼群組，或是與來自另一個友誼群組的成員。他們完成唱歌的任務後，再做我們標準的靠牆蹲痛閾測試，並評估了兩個4人組的聯繫感。結果發現競爭性唱歌時的痛閾比合作式唱歌時更高，尤其是當兩組人來自不同的友誼群組時。在這兩種情況下，唱歌的成員與他們自己4人組成員的聯繫比另一組4人組成員的聯繫更緊密，但如果他們與另一4人組是合作而非競爭，他們就會覺得與那個4人組更親近。

瑪麗・坎普尼琪的研究集中在某個牛津學院約100名新生群

體上。牛津（和劍橋）的學院與荷蘭大學兄弟會的不同之處在於，它們不是學生辦的，規模要小得多（通常大約為400名大學生），並且包括研究生（通常大約200名）和教師（通常大約50名），老師負責以非常個人化的方式教導學院中的大學生。它們的相似之處在於他們會一起用餐（不過通常是在較正式的環境裡）和進行以學院為基礎的社交、文化和體育活動，並且由於他們更像家庭，因此會使成員終生對大學及所屬群體的成員產生依戀之情。他們的不同之處在於友誼的形成比較隨意而開放，但其中有一些會成為終生的關係。

瑪麗發現，這些學生雖然在入學時完全是陌生人，但友誼卻迅速發展。尤其耐人尋味的是，到第三個月末，性別同質性已經非常強烈：女生明顯和更多女生交朋友，男生則明顯和更多男生交朋友。到半年時，這種性別效應雖已減弱，但仍然非常強烈，並且繼續如此。整體而言，她發現最初促成友誼的主要因素是性別、種族和外向性和親和性的性格向度。長期看來，性別和學位學科（即在這個優越學術社區的共同興趣）的同質性增加，但種族和個性仍然像最初時一樣重要。

有個非常著名的社會心理學研究證明了建立聯繫關係的能力實際上是基於任意標準，這個研究稱為強盜洞穴實驗〔Robbers Cave Experiment，有時稱為蒼蠅王（Lord of the Flies）實驗〕。1954年，穆扎弗・謝里夫（Muzafer）和卡洛琳・謝里夫（Carolyn Sherif）帶著22名互不相識的11歲和12歲男孩到奧克拉荷馬州的強盜洞穴州立公園（Robbers Cave State Park）參加夏令營。在這個研究的第1週，男孩被平分成2個小組，分別住在相距幾哩之遙的小屋裡，不知道彼此的存在。等到2個小組的孩子都建立聯繫之後，再讓2個小組聚在一起，進行一系列競爭比賽。在這

個競爭的階段，各組的男孩對對方群組的成員產生了明顯的負面態度和行為。到第3週，2個小組重聚在一起，混合進行一系列合作遊戲。在最後這個階段，前一週的敵意大部分消失了，取而代之的是跨群體的友誼。多年後，魯夫提‧戴亞伯（Lutfy Diab）對混合穆斯林和基督徒的10歲和11歲黎巴嫩男孩群體重做這個實驗[*]，結果非常相似。這提醒我們在容許建立其他跨領域忠誠度的環境下，即使宗教的強大力量也可以被暫時克服——無論這些忠誠度是多麼隨意造成的。

在那之後，這些研究引起了批評，理由是強迫兒童加入彼此敵對的群體是不道德的。從表面上看似乎確實如此，但那忽略了一個事實：我們在班級、學校、社團和教會中，在運動、拼寫和數學比賽以及其他各種活動相互競爭時，一直都在這麼做。我想到我自己在1950年代大約相同年齡時的經歷，當時我們男生在沒有外界鼓勵（其實大人會阻攔我們這樣做）的情況下自行分成人數大致相等的兩派（新教徒與天主教徒），雙方經常打群架，偶爾會有人受傷。我不知道我們之間是否有人真的明白這兩個基督教派之間在神學或儀式上的差異，更不用說理解（甚或關心）它們，或者了解它們的政治由來，但我們當然知道我們的家人屬於哪一方，而且興致勃勃地參加每週的戰鬥。然而在打鬥之後，我們卻非常和諧地一起坐下來，愉快地組成跨宗教團體，進行休閒活動。這似乎反映了男孩天生的群體性，無論其他成員是誰，都能組成群體或社團，我們會在第13章中討論這一點。

---

[*] 這項研究從未發表，但大衛‧貝瑞比（David Berreby）在《我們和他們》（*Us and Them*, 2006. Hutchinson 出版社）中提到過。

*

　回顧這些研究，我們不僅可以看到同質性在建構我們關係時的重要性，也了解如唱歌、共餐和培養群體專屬文化傳統（如特殊的制服和歌曲）等活動在朋友社群中創造歸屬感的重要性。不論如何，它們建立了信任的心理基礎。而正如我們將在下一章中看到的，信任鞏固了我們的友誼和社群。

信任與友誼

　　我們在第4章提到的艾利斯特‧蘇特克利夫一直都對信任在管理社會關係中的角色很感興趣。2001年9月11日中午，我和他約好見面，打算花整個下午的時間討論如何設計我在第4章提到的社交網絡模型。可是會議才進行到一半，一位同事卻驚慌失措地衝進我的辦公室，問我們有沒有聽說兩架飛機撞上了紐約的世貿雙塔大樓？我們當然不知道這個消息，因此一臉茫然地望著他，困惑地搖頭。他又衝了出去，嘴裡咕噥著我們聽不清楚的話。我們互相對視，聳了聳肩，繼續回頭談信任問題。我們每一次搭機、過馬路、走進購物中心、向某人打招呼或為某人買飲料時，都是秉持對他人的信任——相信相關人員會誠實、禮貌地行事，不會在背後捅我們一刀——不論是就比喻或字面上的意思都是如此。在911當天這個特殊的時刻，有2977人忙著處理他們的日常事務，相信一切都會如常運行，很不幸，他們沒有料想到竟然會有19名恐怖分子劫持飛機，並撞上他們所在的大樓。

　　如果不信任我們的同胞，就不可能建立友誼，社會本身就不可能存在。911事件的發生只是提醒我們，我們置身兩難的境地。沒有信任，就無法建立友誼；但如果我們無條件地信任每一個人，到頭來就會被人占便宜，貪婪的人會利用我們的信任來達到他們自己的目的。然而，如果拒絕信任我們所遇到的人，就意

味著我們必須付出大量精力來測試每一個人，以確保自己不會成為騙子的受害者。本章的主題就是我們要如何解決這個困境。

信任與欺騙

艾利斯特和我在9月11日下午得出的結果，是第二個社會的代理人基電腦模型（agent-based computer model of society），它的中心就是信任。我們把信任視為一種心理量（psychological quantity），是由兩個人之間每一次成功的互動一步一步建立起來，但也可能在每一次其中一人對另一人不好時一步步喪失，或者如果他們之一表現得特別糟糕，就會突然大量喪失。我們認為一段關係所需要的信任程度可能與這段關係所在的社會層成正比。在較外層150-層的關係只需要適度的信任，但在15-層的關係則需要更多的信任，而在5-層中的關係需要更高程度的信任。一段關係對破壞信任的抗力就是信任程度的函數：越是信任的關係，就必須越大或越頻繁的破壞，才會使它的穩定動搖。我會因為一個泛泛之交微小的失信而和他斷絕朋友關係（但如果你道歉或做一些彌補，我也會同樣迅速恢復與你的友誼），可是只有在多次重複或者非常嚴重的失信之後，才會斷絕親密的友誼。只是這種情況發生時，解除朋友關係很可能是絕對的，難以挽回。我們以這種方法，試圖按照人際關係在現實生活中實際運作的方式建構電腦世界模型，兼具它們的細膩和複雜。這個模型的電腦程式再次由能幹的黛安‧王負責。

結果證明，如果背叛在關係中對信任的影響不對稱（只有信任者的信任程度降低，而背叛者的信任程度不受影響），那麼背叛的頻率高達互動的10%，對個人的平均朋友數量幾乎沒有影

響；如果背叛的頻率大於10%，對朋友總數的影響小，但會減少強力和中等關係的朋友數量。背叛頻率越高，影響越大。最後，背叛的頻率會高到就連最牢固5-層朋友圈的友誼也根本不可能發展，因為可能會建立的友誼每一次接近要建立關係所需的信任程度時，就會在它成形之前因背叛而遭破壞。在某些情況下，背叛或破壞信任的後果可能是對稱的，雙方的信任都會崩潰。在這種情況下，背叛的影響會比不對稱時的影響更大，只需5%的背叛率，就足以減少親密關係的數量。

其實人際關係就像蛇梯棋遊戲（snakes and laddcrs，印度的擲骰子棋賽遊戲，擲骰子決定棋子在方格棋盤上前進的格數，途中若抵達梯子或蛇的格子就上升或下降，先抵達終點者獲勝）。隨著我們與某人的正面體驗增加，就會隨著時間的進行而建立信任，但接著他們做了使我們惱怒的事，關係就像在蛇梯棋盤上遇到蛇一樣下滑，在信任的樁柱上下降了一兩行。由此可知，背叛對人際關係是嚴重的問題，因為如果背叛的頻率太高，就會阻礙我們建立親密的關係。我們就是不願意對任何人給予那麼多信任，而只願接受較薄弱的關係，降低受欺騙的風險，或者至少在受到欺騙時，會受到較少的傷害。

那麼，究竟欺騙或背叛實際上多常發生？很難說。因為什麼應該或不該算作欺騙並不很清楚，所以這方面沒有太多資料。然而，有一種資料來源對關係會有直接的影響（與經濟學家所鍾愛的經濟交易相反），那就是撒謊。以1千名美國成年人為樣本的調查發現，一般人自稱每年平均會撒約550個謊，相當於每天約撒1.5個謊！但並不是人人都如此。僅有1%的受訪者撒了近1/4的謊言，換言之，1%的習慣性說謊者每天約撒40個謊，儘管大多數可能是相當小的謊言。這至少表示習慣性說謊者相當稀少，

大多數人大部分時間都說實話。在其他研究中，92%的受訪者承認他們曾向戀人撒謊，60%的女性和34%的男性表示他們曾為了求歡而撒謊。當然，這可能歷時多年僅有一次，所以平均頻率可能很低。儘管如此，說謊的誘惑很明顯還是存在。即使在實驗室進行的實驗性遊戲中，如果遊戲設計說謊可以獲得好處，那麼受測者說謊的可能性就可能會高2、3倍。雖然大部分人似乎都還算誠實，但也有少數人不由自主，甚至可能變成真正相信自己謊言的習慣性說謊者。

　　研究說謊讓我加入了另一項合作，合作對象是墨西哥國立自治大學（National Autonomous University）的兩位物理學家。「卡斯基的彈射」（Kaski Katapult）再度發揮作用，基莫・卡斯基把吉拉多・伊尼格斯（Gerardo Iñiguez）和他的主管拉斐爾・貝瑞歐（Rafael Barrio）介紹給我。1970年代後期，基莫和拉斐爾兩人都是牛津大學的研究生，而且40多年來一直都是朋友，在學術方面也互相合作。在科學和學生生活的熱情中所建立的友誼顯然可以持續一輩子。長期以來一直讓拉斐爾感到困擾的一件事是欺騙或說謊的問題。如果你屢次受騙而被利用，就不會再信任你遇到的每一個人，而限制自己只和你最信任的少數人交往。村莊不再是互相交換善意行為和彼此支持的單一大社區，而是分為互不信任、互不交談的派系，他們不會去同一個聚會，當然更不會特意協助對方。拉斐爾認為，由於說謊對社區團結造成的破壞，因此欺騙不該是常見的現象，演化會在我們的關係中積極排除它。然而，如今我們卻得**教導**幼童誠實可靠，他們似乎不會自動自發地這樣做。由演化的觀點來看，這似乎很奇怪：如果出現這樣的問題，天擇應該就會採取行動來解決它（有關天擇在人類行為演化中所扮演的角色，請參閱拙作《關於演化：人人都該知道的

事》）。

　　拉斐爾對自私謊言和親社會謊言（prosocial lies，或可稱為「善意的謊言」）之間的區別特別感興趣。自私的謊言讓說謊者能由謊言中獲益，相較之下，善意的謊言不會讓說謊者直接受益，因為這種謊言是為了保護對方個人的福祉，或維護彼此之間的關係。例子可能包括對某人臉書貼文按讚，你明明認為它沒有那麼有趣，但你認為如果實話實說會惹惱他們。或者在知道某人已經努力打扮但沒有什麼效果時讚美他們的外表，因為你知道如果老實說，他們會很難過。或甚至不告訴他們某些事物──美化真相，因為你覺得如果他們不知道殘酷的細節，可能對他們比較好。其實我們在日常對話採用的比喻中，也經常以非常無辜的方式這麼做，例如維多利亞時代的英國人說某人已經「睡著了」，或者「走了」，以表示他已經離開人世。

　　伊尼格斯和貝瑞歐開發的數學模型探索的是人們與3人組（1組3個密友）成員之一誠實互動時，和與3人組只有間接關聯的某人互動、說善意的謊言時，以及對與他們先前沒有直接或間接關係的人撒自私的謊時，社交網絡如何發展。結果有兩個有趣的發現。首先，如果人口中只有自私的騙子和誠實的人，那麼社區很快就會分裂成由密友組成的小群體，他們只和彼此互動，而如果每個人都十分誠實，就會形成一個相互關聯的大社區。人口中自私的說謊者越多，社區就越分散，每個人都嚴陣以待，社交僅限於最親密的朋友。其次，容許這個社交世界引入善意的謊言，有助於這些分歧的癒合，並使社區在有自私騙子存在的情況下，保持相對較好的融合。有趣的是，在這些人口中，善意謊言的數量似乎並無關係：即使說善意謊言的人只占一小部分，也足以維持社區的完整。區分自私的謊言和善意的謊言似乎是正確的，它

們對關係品質，更籠統地說，對社區凝聚力的影響大不相同。善意的謊言實際上可能有助於消除潛在的誤解，否則這些誤解會在某些成員之間造成裂痕，而動搖社區。

在這個模型中，誠實的人和騙子被視作固定的類型。在模型的動態版本中，允許代理人根據經驗學習這些行為。在這種情況下，系統朝穩定的狀態演化，絕大多數人基本上是誠實的，但偶爾會說善意的謊言，只有極少數自私的謊言。誠實通常會得到回報。根深柢固的自私騙子很少見，主要是因為他們被其他人排斥，只能偶爾得逞。在只有1%的人口是連續說謊者時，似乎就是這樣的情況。有趣的是，在墨西哥模型的動態版本，成員並非固定類型，而是學習採取什麼樣的行為，整個社區分為幾小群誠實的人，而由說謊者提供了這些小群體之間的聯繫，維持了整個社區。順便要注意的是，這些模型中的社區規模與典型的狩獵－採集者和其他小規模社會的規模相似。它不一定適用於現代都市社會的規模，不過可以適用於你個人網絡的大小。

因此，雖然人們不贊成說謊，但某些形式的說謊似乎可以讓社區內的交流順利運作，對人人有益。社會就像友誼和家庭關係一樣依賴信任運轉。在我們之間建立的信任緩衝了輕微逾矩對我們的關係所造成的傷害，因為我們可以看出人為什麼會這樣做（當然，我們之所以能這樣做，是因為我們具有高水準的心智化技巧）。法律和道德準則的控制有助於為此設定基準──它們提供了一套已獲得社群同意的行為標準。

複雜的道德考量

然而，在所有的討論和模型中，以及我們在日常關係中的

行為上，總是忽略了一個層面：和對待陌生人比起來，在我們與對方關係鞏固時，就會更能容忍他們嚴重的過失。道德哲學家把這個問題稱為道德等差性（moral partiality）。如果陌生人違反了道德規則，我們總想嚴懲他們，但如果這樣做的是朋友或家人，我們就會為他們找藉口，甚至試圖保護他們。令人驚訝的是，儘管我們通常都有強烈的道德立場，但卻出人意表地對這種不一致不以為意，而且往往不會對此有任何評論，彷彿這種情況非常正常。

　　安娜‧馬欽和我對這點很感興趣，因此著手更進一步探討這種態度差異。安娜設計了一系列我們如何區分家人和朋友的實驗。她請受測對象在每個社會層次中選出2個人，其中一個是家人，另一個是朋友：如果你知道他們犯了重罪，比如販毒或強迫未成年少女賣淫，你會向當局舉報嗎？我們甚至和我先前的博士後研究生昆丁‧艾特金森（Quentin Atkinson）合作，對紐西蘭奧克蘭大學的薩摩亞本地生進行了其中一項實驗，以了解在截然不同的文化群體是否會獲得相同的結果——因為他們是母系社會，而不是我們這樣的父系社會。

　　我們想知道的是人們對親屬是否比對朋友更快做出道德上的決定，因為親屬關係是一個單純的基模（schema），會為你做出有效的決定。你所做的每一個決定都是利益的平衡。對於家人，這就是「我的兄弟有罪，但我不想讓他入獄」的問題。家庭的考量凌駕於一切之上，因為還有更多的利害關係牽扯在內。相較之下，對待普通朋友，你較可能會在決定如何應對之前，先回顧你過去與這個朋友關係的細節。吉姆多常辜負我？他有沒有把我借給他的錢還給我？這樣的考量需要時間，所以反應應該會慢得多。

但就如科學常見情況一樣，結果並不如我們預期的那麼簡單。在親密關係的最內層，我們對朋友和家人的道德決定速度似乎並沒有差異，這表示非常親密的朋友對我們就像非常親密的家人一樣重要。但正如我們所預測的，我們對家人做出決定的速度比對50-層的朋友快得多。然而，在較遠的150-層，情況比較矛盾，對朋友的決定比對遠房親戚的決定更快，尤其如果這個決定並不是要協助對方擺脫困境時。這表示這些外層親戚關係與私人關係較不相干，而是牽涉親屬關係的社會需求：我們並不真的覺得遠親比普通朋友更應該為他們的作為受到保護，但又擔心如果我們決定他們罪有應得，會在家族中造成反響。不支持你的親戚可能日後會造成我們的困擾。祖母會因為我們辜負了她的某位堂兄而不高興。然而，外層的朋友對我們來說並不那麼重要，因此我們就會不假思索地按照道德原則行事。

　　後來，我們說服了澳洲籍的博士後研究生拉菲爾‧伍達斯基用腦部掃描器做實驗，以了解是否因為這些決定是在大腦不同的部位進行，才造成處理速度的差異。腦部掃描研究必須把課題簡化，因此我們決定把重點放在讀心的能力，並用簡單的句子，例如「我認為吉姆通常都會感受到他人的情緒」，或者，對於非讀心的課題「我認為喬通常對抽象的想法不感興趣」，並請受測者以四點量表（非常不同意、不同意、同意或非常同意）來表示他們對社交網相同層級和性別的家族成員與朋友的看法。在對朋友的心智化任務做判斷時，受測者的前額葉皮質活動比對同一社交層的家庭成員做判斷時的活動較多。這個結果的有趣之處在於，最活躍的部位是前額葉皮質中與理性思考特別相關的區域。換言之，他們在為朋友做判斷時必須費力思考，而在為家庭成員做判斷時，決定比較容易自動出現——幾乎是無意識或半意識思考的

立即反應，一如我們所料。

　　當然，信任是解決這困境的方法：我們學會信任某人，然後以之作為指引，做為判斷他們未來行為的捷徑──「他不會這樣對我！」但信任需要時間來建立。在我們真的需要建立親密的個人關係時，就像我們真正依賴的5-和15-層這些親密關係一樣，必須在對方身上投入大量的時間。這讓我們能夠深入了解他們，同時有助於在我們之間建立以腦內啡為基礎的情感關聯，讓我們雙方誠實行事。但正如我們在第7和第8章中所看到的，要達到這樣的保證，需要投資大量的時間，但我們的時間非常少，這就是為什麼我們的網絡會形成一個分層的結構，由不同性質的朋友組成，其中只有極少數強度最高（5-層中的5位朋友）。

　　但尚未加入我們最親密社交圈的其他人又如何呢？我們需要一些捷徑，為位於我們社交網外層那些不常見到的人提供可靠的信任線索，尤其是為我們每天會遇見的許多陌生人提供信任的第一關指引。我們似乎依賴兩個主要的策略，一是在人們越界時的制裁，我們可能願意親自制裁我們認識的人，但對於與我們沒有密切關係的人，也希望社會能夠為我們這麼做。這讓我們有一些餘地，可以先假設：只要他們屬於我們的社會，就會遵守我們社會已經建立的規則和習俗。另一種策略是在我們與壞人互動之前認出他們，我們經常以行為和外表是否可信賴為線索。

狂飆突進

　　人人都知道，上當受騙會讓人熱血沸騰，氣憤難當，如十九世紀浪漫主義者所形容的，Sturm und Drang（storm and stress，狂飆突進）。我們不僅對受騙非常敏感，而且也會牢牢記住是誰

欺騙了我們。演化心理學家琳達・米利（Linda Mealey）把一些白人男子的照片拿給學生看，每張照片都標有關於這個人的小插圖，內容可能是這個人可以信賴（他拾金不昧）、欺騙（他貪汙被人發現）或者中性的資訊。1週後她再次展示相同的照片時，大家比較會認出被描述為騙子的男人臉孔，不論那張臉長得什麼樣。聲譽常常在我們現身之前就已流傳四方，影響他人對我們的看法，當然，我們也可以透過蜚短流長帶風向，來設計其他人怎麼看待我們不認同的人。這種行為可以既是對他人的警告，也是一種社會懲罰。無論是直接針對相關的個人或是對社群內的其他成員，社會批評都是我們這麼做的主要方式。

波莉・魏斯納（Polly Wiessner）發現，在納米比亞的昆桑獵人－採集者中，兩性發起批評的原因有顯著的差異。男性發起了95%有關土地權利和政治的討論，其中2/3涉及製造麻煩的人，而女性發起了95%關於財產的嫉妒談話，其中3/4是關於吝嗇或不分享的人，2/3則是有關不當性行為和未能履行對親人義務的人。只有年輕人會因為沒有參與公共活動而受到批評，但這可能是因為成年的違犯者會受到其他方式的懲罰，例如狩獵得來的獸肉不分給他，或減少他的婚配機會。男人避免批評女人，或許是因為這樣做可能會導致與女性配偶發生衝突，也或許是因為這可能會減少未來約砲的機會 —— 不要譏笑，因為這在他們的生活中占重要的地位。

懲罰的方式可能包括嘲弄（尤其是對於狂妄的行為，大多數狩獵－採集社會都對這種行為感到震驚）、直接批評，或者在極少數情況下，會訴諸暴力。即使如此，道德偏見依舊明顯，如果批評的對象是親近的家庭成員，或為社區做出寶貴貢獻的好獵人（他們擔心，如果優秀的獵人受到冒犯，因而離開營地去其他

地方生活，他們可能就會喪失很大的利益）。和人生中的一切一樣，決定是否忍受其他人的缺點總是在這樣做的成本和收益之間進行權衡。

在世界各地的狩獵－採集者社會中，最終極的懲罰就是放逐。在這些社會中，流放實際上就等於是千刀萬剮的死亡，因為如果沒有群體的支持就無法生存。在魏斯納的昆桑社區，排斥案例為數不多，其中之一是一名經常與班圖男性發生性關係的女性。隨意的性關係並不罕見，但由於班圖人對昆桑人歧視甚至辱罵的態度，使昆桑人冷漠對待這名女性族人。在社區內其他成員批評的壓力下，她離開了營地，後來死亡。在另一個案子裡，一名男子涉嫌亂倫，在遭到猛烈的抨擊後，他離開了族群；然而由於他是優秀的獵人，還帶著家人一起，因此能夠加入另一個社群，並繁榮興旺。第三個案例是一個遭驅逐的家庭，這家人的妻子經常喝醉，並與班圖男子行為淫亂，而且更糟的是孩子們不守規矩。最後整個社區聯合起來反對他們，這家人搬到別處居住，一直到那名婦女死後，他們才獲准回來。

伊莉諾·歐斯壯（Elinor Ostrom，史上唯一一位獲得諾貝爾經濟學獎的女性）在幾年前進行了一系列深具啟發性的實驗，她讓一群人玩一個經典的經濟學遊戲，讓參與者每一次都透過電腦聯結的分組進行遊戲。他們要奉獻金錢到共有的容器中，並在遊戲結束時平分這筆錢。由於容器中的總金額是所有參與者交出的金錢總額，因此最好的策略是每個人都交出所有的錢，這樣資金最多，個人平分的金額也會最大。但吃白食占便宜的誘惑總是在一旁盤旋：奉獻較少金錢的人可以保住他們沒交出來的錢，並由其他人的貢獻中受益。隨著每一輪遊戲進行，大家發現他們可以藉由占便宜獲益——順帶一提，這是這類公共財（public good）

實驗中常見的發現。因此參與者每一輪奉獻的金錢會越來越少。但是如果允許玩家懲罰貢獻金額低的人，要大家繳納費用，扣減奉獻低者應付的罰款，奉獻的金額就大幅提高。然而，金錢懲罰似乎並非讓占便宜者遵守規則的必要條件。在實驗的另一個變體版本中，她允許玩家在每輪結束時發表意見。如「誰是沒有奉獻錢的混蛋？」這樣的評語就足以引發內疚反應，並改善行為。對影響他人的吃白食者施予懲罰似乎舉世皆然。諾丁罕大學的行為經濟學家班乃迪克・赫曼（Benedikt Hermann）和賽門・加特（Simon Gächter）在歐洲和中東16個不同的國家進行了類似的研究，結果相當相似：個人都願意支付費用懲罰奉獻低於平均的捐獻者。

或許因為遵守社會契約對於維持面對面關係的信任，以及維護整個社區的完整都非常重要，因此我們通常都樂於看到破壞社會契約的人得到報應，感受這種德文稱作schadenfreude（幸災樂禍）的愉快感受。幾年前，譚妮雅・辛格（Tania Singer）做了一項研究，觀察人們對他人因行為不當而受到懲罰的反應。受測者玩了幾輪經濟方面的遊戲，在遊戲中，他們必須決定把多少錢交給另一個玩家，這個玩家在本錢的價值增加為3倍後，再決定回饋多少錢。受測者不知道的是，這個玩家受研究人員指示，公平地（回饋與受測者所投入差不多的金額）或不公平地（回饋的金額比受測者投入的少很多，因此受測者蒙受損失）回饋。受測者在這幾輪遊戲中，與兩種類型的回饋者都有接觸。等比賽結束後，受測者接上大腦掃描器，而公平和不公平的玩家坐在他們的兩側，讓他們觀看這兩名玩家受到疼痛電流刺激，同時掃描他們腦部的反應。

一如預期，在受測者看到公平的玩家因電流刺激而疼痛時，

和同理心相關的大腦部位特別活躍，兩性的反應皆然。令人驚訝的是，在受測者看到不公平的玩家疼痛時，大腦的快樂中樞就活躍起來，此外還有非常大的性別差異。男性似乎特別高興看到行為惡劣的人受到懲罰，但女性通常沒有這樣的反應。更有趣的是，譚妮雅證明幸災樂禍反應的強度與先前表達的報復願望相關。此後的其他研究也證明球迷在所支持的隊伍獲勝或落敗時，對對手隊伍也有類似的反應，人們對敵對政黨成員遭遇的不幸也有類似的反應。

譚妮雅對她的實驗結果提出了一種可能的解釋，即在她的實驗中，懲罰是身體上的，其他類型的懲罰可能會讓女性產生更強烈的幸災樂禍反應。這可能是因為兩性懲罰人的方式有所不同：男性傾向於採取身體形式的懲罰，而女性則傾向心理上懲罰，青春期女孩尤其把這種策略發揮得淋漓盡致。安妮・坎貝爾（Anne Campbell）對紐約女孩幫派的研究以及塔尼亞・雷諾茲（Tania Reynolds）和羅伊・鮑邁斯特（Roy Baumeister）在一系列關於女性運用八卦的實驗研究中都強調了這一點。在這兩種情況下，情敵似乎都是這種行為最重要的誘因。詆毀對手和誹謗她們的性格是報復的標準模式。這可能是因為女性的身體通常不如男性強壯，因此由女性施以身體報復可能不那麼有效。同樣可能是因為她們在社交方面比男性更有技巧，因此能夠比男性更有效地施加心理壓力。

通往信任的捷徑

當然，對背叛者的懲罰有點像亡羊補牢。在很多方面，如果在用你的錢冒險之前，能夠先區分誠實和不誠實的人會好得

多。一種辦法可能是由他們臉上或行為中看出線索。古印度和中國的傳統智慧都說「相由心生」。道教的面相術已有3千多年歷史，在西元十一世紀的北宋時期尤為發達（有興趣的人可上網搜尋相關內容）。就連對自然界觀察最敏銳的哲學家亞里斯多德，也對外表和性格之間的明顯關係很有興趣。在西方，這種論述到十九世紀初以顱相學和遺傳學者佛朗西斯・高爾頓爵士（Francis Galton，博學的他發現了指紋的奧秘，他正巧也是查爾斯・達爾文的表弟）的研究達到了頂峰。這些研究說明了有所謂的「犯罪面孔」存在。然而到了二十世紀下半葉，這整個領域卻聲名狼藉，主要是因為有些早期顱相家離譜的言論。

　　然而自1990年代以來，這個課題再度復甦，主要歸功於數位科技的進步，使我們能夠更明確地定義面部特徵，並探索面部表情的動態。例如在最近的一個研究中，卡梅爾・索佛（Carmel Sofer）和她的荷蘭同事運用數位科技把真實面孔結合起來，證明較接近所有面孔平均值的面孔被評為較值得信賴，但較不吸引人。在另一項研究中，東尼・利特（Tony Little）要求一群人評鑑自己的天性是合作者或非合作者，然後使用類似的數位技術把他們的照片組合起來，為合作者和非合作者製作合成（或平均）的面孔，然後向另一組人展示合成的面部圖片，要求他們評估照片裡的人是合作者的可能有多高。評分者僅僅憑照片中人物的面孔區分合作者和非合作者的成績比預期的好，儘管結果僅高出一點（比隨機的正確性高約12%）。在進一步的分析中，他證明把自己評為合作者的男性（但女性則否）較可能擁有較不男性化（即更加女性化）的面孔，而合作的面孔可能與較熱情的微笑相關。這些結果似乎證實了先前的發現，即微笑和面部情緒的表達與男性的低社會優勢（但在女性則是高社會優勢）有關，而占

優勢的男性笑時嘴巴張開的較不那麼大（可能如我在第9章所說的，是因為他們的下巴較方、較凸出）。較男性化的面孔通常被認為不那麼值得信賴。

親屬關係可能仍然是通往信任唯一的最佳線索，因為它因家庭社群而鞏固，尤其是在傳統的小規模社會裡。十八和十九世紀的蘇格蘭人讓我們看到了經典的例子。無論蘇格蘭人到世界的哪個角落，如果他們需要人來幫忙，都可以由故鄉社群中找人。加拿大哈德遜灣公司（Hudson's Bay Company）在財務上可能是有史以來最成功，也最長壽的跨國公司（1670年成立，350年後的現在仍在營運），他們在曼尼托巴的毛皮獵人主要來自蘇格蘭北部邊界的奧克尼群島（Orkney Isles），原因就在於人們認為在這麼艱苦的工作條件下，他們勤奮而可靠。我自己的祖父在1890年代赴印度，因為他的堂兄在坎普爾（Kanpur，當時稱孔坡Cawnpore）擔任孔坡毛紡廠（是城裡許多蘇格蘭人擁有的工廠之一）的幹部，答應幫他安排工作。由於家族社群很小，聯繫緊密，大多數人彼此都有關係。這種家族的義務，再加上在狂風橫掃的蘇格蘭東北部，坐在爐邊的曾祖母一定會指責不肯照顧親人的子孫，確保了大多數人都會按照預期的方式拉拔親人。話雖如此，我卻不得不承認，擔任孔坡毛紡廠副理的詹姆斯·麥克唐納·鄧巴（James MacDonald Dunbar）卻因為工作表現一直無法達到期望，而不得不被送回故鄉。不過話說回來，儘管他和我們有共同的中間姓氏，卻不屬於我們這一支。

我們期望由家族中獲得忠誠和承諾，部分原因是「親屬關係優惠」和漢彌爾頓的「親屬選擇理論」，還有部分原因是家族成員在社會上的關係牢不可破。芬蘭阿爾托大學的瑪瑞克·巴卡－特拉斯（Mareike Bacha-Trams）對道德困境進行了相當複雜的腦

部掃描實驗，清楚地證明了這一點。她把受測者分為2組，每一次都同時讓2名受測者躺在掃描器中觀看同一部電影，這樣她就可以即時聯結他們各自的大腦活動模式。這部電影是2009年的劇情片《姊姊的守護者》（My Sister's Keeper），受測者看了其中20分鐘的片段，父母要求妹妹安娜捐腎給因癌症瀕死的姊姊凱特，她拒絕了，凱特死了。影片中並沒有透露安娜拒絕的原因，但一半的受測者事先被告知，劇中的兩個女孩是親姊妹，另一半則被告知她們倆是被收養的姊妹。問題是在第一種情況下，人們對安娜的行為會比在第二種情況下更震驚嗎？

儘管90%的受測者都說姊妹倆的基因狀態不會讓他們的看法有任何區別（姊妹畢竟是姊妹），但他們的腦部掃描顯示的卻截然不同。獲悉片中女孩是親姊妹的2名受測者，大腦活動的關聯性在前額葉皮質、頂葉皮質和前扣帶皮質（ACC）的部分明顯比被告知兩姊妹沒有血緣關係的受測者高得多——這些全是與心智化及管理社會關係相關的部位。沒有血緣關係的收養姊妹互相幫助的動力不會比任何兩個親密的朋友更高，但血緣上的關係應該比較有力量，會讓親生妹妹自願捐腎。親生姊妹不互相幫助，這樣的事實讓受測者大惑不解，想不出安娜的行為為什麼這麼不合理。

當然，近親未必總會對彼此表現出無私的行為，儘管通常這種情況是因為他們本來就截然不同，完全不合拍。然而正如我們在第2章所看到的，家人更願意互相幫助。在危急關頭，其他人都棄你而去時，親密的家人是唯一會支持你的一群人。幾年前，伊蘭妮·麥德森（Elainie Madsen，當時是我們的研究生，現在任教於瑞典隆德大學）和理查·杜尼（Richard Tunney，當時是年輕的博士後研究生，現在是阿斯頓大學心理系主任）進行了一項

由心理學家亨利‧普洛特金（Henry Plotkin）和我設計的實驗，測試了漢彌爾頓的親屬選擇理論。這個實驗的想法是由我們的合作者喬治‧費德曼（George Fieldman）多年前在他還是研究生時想到的：受測者要盡可能維持靠牆蹲的姿勢（見第7章），並按照維持姿勢的時間長短決定現金獎勵。由於維持這個姿勢的時間越長，痛苦的程度就會以指數增加，因此簡單地衡量時間就相當於他們願意承受的痛苦程度。這實驗的關鍵特性在於，受測者每一次做實驗時（通常是在不同的日子），可能是為自己，也可能是為某位親戚或朋友而做，在實驗結束時要把他們獲得的金錢報酬送給這位親戚或朋友。我們重複做了這個實驗5次（在英國進行了3次，在南非的不同祖魯族群中進行了2次）。每一次受測者願意承受的痛苦程度與他們所代表的人的親緣關係相當。最好的朋友受到的待遇大致相當於表親（換句話說，遠不如父母、手足和祖父母），但兒童慈善機構的表現始終最差。相反的，如果受測者自己是受益者，他們就最盡力。利他主義不過爾爾。

　　仔細觀察這個實驗的資料就會發現兩個有趣的事實。首先，受測者對他們所經歷的疼痛評分與他們保持那個姿勢的持續時間相關。他們**明白**自己在做什麼，而且對某些受益人不像對其他人那樣慷慨。其次，我們問了他們與受益人的共同特性，以尋找同質效應，但他們與受助者關係的最佳預測指標是他們在人生第二個10年（青少年）期間與受助者共度的時間多寡。再一次，時間似乎是建立緊密社會聯繫的重要因素。

鯊魚和狂暴的人

　　處理吃白食占便宜和背叛者的規則談到這裡為止。但外面的

世界究竟多糟糕？難道真的是同類相殘的世界，到處都是招搖撞騙的江湖醫生和騙子，等著剝光你的衣服？雖然我們大多數人都受到文明社會所制定公共規則的保護，不至於受到這些破壞性影響中最嚴重的打擊，但我們卻並不能完全避免某些人為謀利而突破文明行為極限的可能。聰明的人這麼做還能夠保持不踰矩，但不可避免地，總有一些人會越過法律的界限。這些就是我們認為反社會的人——在極端情況下，他們甚至是精神變態和社會病態者。這些人有這麼大的破壞性，因此啟發了學術界對反社會行為起源的大量研究，讓我們得以一窺為什麼我們應該對「無條件地信任他人」這麼關切。

劍橋犯罪學家大衛‧法林頓（David Farrington）在針對約400名8歲至61歲倫敦男性進行的研究中，發現青少年時期表現出暴力行為的人，在人生接下來的每一個10年，都會繼續表現同樣的行為。他發現如果要預測日後因暴力行為而被定罪的可能性，童年時期最重要的風險因素是：高冒險、低於平均的智商（尤其是語文智商）、破碎的家庭背景、嚴厲的父母管教、過動症（如注意力不足過動症，ADHD），以及大家庭。在兒童所處的環境中，這些風險因素越多，日後他就越有可能因暴力行為而入獄。法林頓敏銳地指出，光是這些傾向並不足以使人犯罪。導致暴力行為的事件通常需要一些誘發因素，例如無聊、憤怒、酒醉、挫折，或是被男性同儕慫恿。這樣的男性可能會努力保持理性和規矩，但卻總是因無法控制憤怒或飲酒，或兩者兼而有之，而使自己的自制能力受到損害。這再度提醒人們，克制強勢行為的能力對於和平的社會是多麼重要。不過當然，對暴力行為的定罪並非偶發的不幸事件，它通常是因持續的不良行為和從未完全訴諸法庭的輕微侵權主導的生活方式所造成的結果。

在另一項關於反社會行為的經典研究中，夫妻檔學者泰瑞·莫菲特（Terrie Moffitt）和艾夫夏隆·卡斯比（Avshalom Caspi）用但尼丁研究（Dunedin Study）*的資料探索兩性反社會行為的誘發因素。他們發現男性比女性更可能表現出這種行為。然而，造成兩性這種行為的原因是兩個因素結合所致：童年受虐，以及個人單胺氧化酶（monoamine oxidase A, MAOA）基因中的一個特定對偶基因。這個基因負責分解血清素、多巴胺和去甲腎上腺素產物的酶，而這3種重要的神經內分泌都和調節社會行為有關。他們發現反社會行為以及行為規範障礙症（Conduct Disorder）的診斷可以由負面情緒的組合（以負面角度看待一切，懷疑他人的動機，……即心智化能力不佳）和自制（即克制）能力不佳來解釋，這兩個因素（都是遺傳而來）分別說明了兩種行為98%和78%的差異（反社會行為和行為規範障礙症的診斷結果）。我們在第6章中已提到它們在社會關係管理上的重要性，因此對於這兩種認知能力是主要因素應該不會覺得驚訝。

在一項後續研究中，他們掃描了但尼丁研究樣本中大約2/3成人的大腦，並且證明與童年時期有反社會行為但未持續到成年期的人，或者與從小到大從未表現出反社會行為的人相比，童年時期反社會行為持續到成年期的人大腦皮質大部分的體積較小。重要的是，許多他們大腦組織較少的部位正是與管理社會行為相關的區域，包括前額葉皮質、顳葉和顳頂葉交界處的心智化網路。尤其是與抑制行為的能力相關的額極似乎特別小。這可能反映了遺傳傾向（遺憾的是，他們尚未把這些人與他們的手足或其

---

* 對1972至1973年在紐西蘭但尼丁市出生的1千名兒童所進行的縱貫研究，由那時起，每隔幾年就會對這些兒童做後續訪問和測驗。

他親密的家庭成員做比較），或者這可能是由於童年時期因長期患病、飢餓或只是缺乏社會經驗等會抑制大腦發育的情況，而造成腦部發育受抑制的結果。

如何妥善處理反社會者的行為，長久以來一直是人類社會的問題。缺乏法院和警力的小規模社會總覺得這種人破壞性特別強，十分難纏。就和史上許多小規模社會一樣，中世紀初期冰島的諾斯人（Norse，維京人）社會內部就有暴力問題。有些被稱為「狂暴者」的人（berserks，英文的發狂to go berserk就源自此字）永遠都是麻煩。狂暴者在戰鬥時的凶猛和本事人盡皆知，通常有「變形」的能力，有時藉魔法藥水之助，可以變成像狼一樣兇猛的動物。這些人總令人恐懼，尤其因為他們似乎具有反社會人格的許多特徵——容易發怒、有暴力傾向、致命的糾纏、徹底自戀。埃吉爾薩迦（Egilssaga）家族史上同名的反英雄（anti-hero）埃吉爾·斯卡德拉格里姆松（Egil Skallagrímsson）就是很好的例子。他使用了只能描述為恐怖策略、肆無忌憚的暴力，甚至謀殺的手段，從社區的其他成員那裡榨取土地和資源。大家對這種狂暴的人都非常害怕。

如果我們分析這個冰島家族傳奇中所記載的許多謀殺案，就可以看到一些證據。根據北歐的習慣法，凶殺受害者的家人有權要求報復，可以殺死殺人者（或其家人），或向殺人者索取賠償金。在大部分情況下，受害者家屬會選擇以命抵命——除非殺人者是公認的狂徒，在這種情況下，他們總是會接受賠償金。狂暴之徒太危險，使人不敢冒險要求殺人償命，尤其如果選擇殺害他們的家人，只會招致報復，而這種報復會迅速發展為報仇，可能會持續半個世紀或更久，導致許多無辜男性死亡。《尼亞爾薩迦》（Njalssaga）一書就是這樣的故事，敘述了發生在十世紀下半葉

一個社群的事件，最後造成牽涉的23個家族超過1/3的成年男性死亡，其中有4個家族喪失了所有的男丁。

我們和隆德大學的瑞典維京時代歷史學家安娜·瓦利特（Anna Wallette）一起分析了家族傳奇記錄的系譜，查看就子孫數量（生物適應性的衡量標準）而言，狂暴的人是否會因自己的行為而獲益。我們發現，平均來看，他們的孫輩數量比暴力程度較低的人多——儘管他們自己有時會被憤怒的社群殺害。他們的聲譽和他們一生所提供的保護，尤其降低了他們的男性親屬被社區其他成員殺害的風險。矛盾的是，儘管他們的行為完全出於自私，但卻有利於近親的繁衍，因而也使他們自己獲益。這個過程在演化生物學中稱為親屬選擇（kin selection），它反映了一個事實，即生物體可以透過自己繁殖，或促進攜帶相同基因的親屬繁殖，而把基因的副本貢獻給下一代。

我們由此學到的是，如果暴力可以提供好處而且能夠避免懲罰，人們就會訴諸暴力。有些人可能天生就有這種傾向，有些人則可能在人生之初發現這種行為有效，一旦他們這樣做之後，就會繼續利用它。我們都熟悉這種令人恐懼的暴徒和惡霸，儘管他們很少交到好朋友，也永遠無法受到信任，但我們往往不得不學會與他們共處。

*

本章的重點是強調信任在我們建立關係和社會運作上所扮演的角色。我們必須相信大多數人都會誠實行事，因為我們確實沒有時間一一檢查他們。因此，我們採用信任的捷徑，減輕負擔。有時我們會弄錯。下一章我將討論這種情況的一個特例：浪漫關

係。這些關係對友誼的動態提供了寶貴的見解，正是因為它們非常強烈，因此關於它們的一切都遭到誇張。

| 12 |

友誼的浪漫關係

　　人們所建立的任何關係都沒有戀愛關係那般濃烈。各時代的詩人、哲學家、國王、王后，以及最微不足道的升斗小民，都為這件既古怪又奇妙的事感到困擾。任何人只要一墜入愛河，全身就會莫名其妙起變化，心智變得糊塗，不再能夠掌控自己的命運。只要有這些跡象，就絕對錯不了：行為舉止恍惚，一心一意想與所愛的人在一起，對其他人和其他一切幾乎完全漠不關心。確實，並不是每一個人都會受到影響，但它十分普遍，並且這種現象也跨文化（儘管偶爾會遭到否認），足以作為除了歡笑和眼淚之外，人類少數的共同特性。儘管戀愛關係很特別，但它與友誼都有相同的評估過程，對信任有相同的依賴，在被辜負時同樣的脆弱，在有更好的對象出現時，也有同樣被遺棄的風險。所以讓我們看看戀愛關係有哪些事物和友誼相關。

評估追求

　　卡爾・格拉默（Karl Grammer），當代首屈一指的人類行為學家，畢生研究人類擇偶行為。他認為最好把追求想成一個間斷評估的過程，在這個過程中有一連串的決定點，中間穿插停滯期，讓我們在這期間停下來決定是進入下一個更親密的層次，還

是在自己過度投入之前退出。我們由距離訊號開始，然後緩慢但肯定地迂迴前進到更接近、更親密的評估形式。首先是他／她的模樣？他們行動……跳舞……遊戲的表現如何？如果他們通過了最初的測試，我們就會安排更多的時間和他們相處，根據言語、氣味和味道等一個又一個的線索來評估，直到最後我們全心全意投入。在每個階段，我們都會停下來評估是否應該進入下一個層級。

　　我們做這些決定的依據是什麼？事實上，兩性有非常不同的興趣，因此他們在戀愛對象身上重視的是完全不同的線索──或者更準確地說，他們雖然對同一組線索都有興趣，但對它們的權衡輕重卻截然不同。在探索這個問題時，我們並沒有要求人們在實驗室的人工空間裡評估他們的偏好，而是用「寂寞芳心」（Lonely Hearts）的廣告，因為這些廣告清楚列出了人們在尋找戀愛伴侶時究竟在尋覓什麼。廣告主為尋覓對象付出了高昂的廣告費，因此不太可能是出於輕浮的目的。廣告往往由定義明確的兩個部分組成，一般以「尋覓」之類的詞分隔：通常首先提供廣告主自己的特色，然後是他們在伴侶身上尋求的特徵。典型的廣告形式如下：「喜愛聽音樂會和漫步鄉間的30歲活潑女性，尋覓30至45歲誠實可靠的靈魂伴侶，不喝酒不吸毒。」這些廣告很理想，因為針對特定特徵列出的字數提供了廣告主對自己特徵的權重指數。

　　包格斯洛‧波洛斯基〔Boguslaw Pawlowski，波蘭演化人類學的先進，現任弗羅茨瓦夫（Wroclaw）大學教授〕是我們研究小組的訪問學者。我們只花了一點時間就說服他：參與個人廣告進行分析的計畫會非常有趣。他的分析證明，第一，男女兩性對異性的需求都非常了解：對方在廣告中最常要求的，廣告主在廣

告中最常提供。事實上，他們對於自己在任何特定年齡市場上的相對地位非常清楚，因此能夠讓自己的要求幾乎完全配合自己相對受歡迎的程度——只除了40到50歲的男性，他們嚴重高估了自己在市場上的地位。

這些廣告還有另一件非常明顯的事實，即女性通常較少談論自己，但更常談論她們對未來伴侶的期望。男士的廣告則相反。女性廣告主的這種要求可以追溯到非常基本的生物學。在胎盤哺乳動物演化非常早期的階段，只讓一個性別承擔整個妊娠和哺乳（定義這個動物家族的兩個特徵）的負擔，意味著雄性在這個過程中只能扮演非常有限的間接角色。結果兩性在如何把生物適應性（他們留下的後代數量）提升到最大方面發生分歧——這是演化過程的推動力。因為哺乳類與鳥類的情況不同，額外的交配不會為雌性哺乳動物帶來額外的後代，牠們最好藉由確保獲得可以取得的最佳基因和養育嬰兒的最佳環境來達到最佳效果。相較之下，因為在養育後代的過程中，雄性哺乳動物幾乎無能為力，（唯獨犬科例外）所以雄性提高生物適應性的唯一方法，就是與更多的雌性交配。實際上，這是在質和量之間的協調。

這樣做的一個後果是，雄性哺乳動物產生的後代，數量變化遠大於雌性的後代，即使兩者必須產生相同的**平均**後代數量。未繁殖的雄性多於雌性，但有更多的雄性產生非常大量的後代。問題是，一旦懷孕時出了差錯，雌性的損失會比雄性大。這對尋找配偶的策略有個重要的影響：雌性哺乳動物總是比雄性更挑剔，對人類和任何其他物種似乎都是如此。女性對未來伴侶的要求是財富和地位的線索（衡量的指標是好工作，最好是專業的工作，或者銀行帳戶有穩定的存款），願意承諾的線索（「愛心」、「浪漫」、「寬容」、「一夫一妻的觀念」）和可與我們在第10章所提

友誼七大支柱中相符合的文化興趣（音樂、舞蹈、閱讀小說、旅行、嗜好，以及政治和宗教觀點）。男性比較常會提供這些條件，但卻很少要求這些條件。除了潛在伴侶的年齡（總是要求年輕）之外，男性唯一持續要求的是外表魅力的線索，而女性也總會在她們的廣告中提到這些（「嬌小玲瓏」、「有吸引力」、「活潑」、「漂亮」、「穿著時尚」）。令人驚訝的是，儘管女性經常評論男性的這些條件，但她們在徵偶廣告的理想特徵中，卻很少提到外貌吸引力的線索。

財富和身分地位在人類繁衍中占有重要角色，因為它們提供了女性在撫養子女過程中所需要的資源。在世界各地的傳統社會中，比起沒有資源的女性，能夠獲得資源的女性不但後代的存活率更高，而且因繁衍獲得的利益也更高。由十九世紀歐洲農民社會到非洲農牧民的社會中都可看到這點。即使在當代英國也是如此：兒童死亡率下降，兒童的社會和經濟機會隨著社會經濟階層的提高而增加。因為財富對於繁衍大業非常重要，所以男人努力累積財富，以便在擇偶的廣告中競標。基於這個原因，顯眼的展示是男性廣告及其行為的重要特徵。然而他們很少直接炫富，而是不經意地提到財富的線索——他們買得起物品，比如昂貴的手表、手工縫製的鞋子和剪裁精美的西裝、名車——我們甚至看到有農民在結婚條件上提到農地牽引機。

曾經有很短一段時期，手機也屬於這個範疇。1990年代初，我有很多時間都花在搭火車旅行上。我注意到男性乘客一坐下，總會把手機放在他們面前的桌子上。女性當然也有手機（只要手機一響，她們就會接聽），但她們通常會放在皮包裡，人們不會看見。那時手機價格昂貴，而且比現在稀罕得多。擁有手機既是相對財富的標誌，也顯示你的身分重要，無論人在何處，都得要

讓人找得到才行。這是我存在腦海中的偶然觀察,打算有朝一日要對這個現象進行研究。幾年後,當我為惠普(Hewlett Packard)公司做使用行動電話的研究時,機會來了。我說服了當時我的博士後研究生約翰・萊塞特(John Lycett)花幾個晚上觀察酒吧裡的人。他發現男性確實比女性更常會把手機放在面前的桌子上。此外,隨著餐桌上女性對男性的比例下降,他們不但這樣做的次數更頻繁,而且更有可能明顯地玩弄手機,或用手機打電話。換句話說,隨著對女性的隱性競爭的加劇(在場的男性對女性的比例更高),男性就會竭盡全力吸引大家注意他們的手機。他們的行為就像在雌孔雀經過時,雄孔雀開屏展尾一樣。

年齡可能是女性外表吸引力唯一最重要的代表,男性尋覓女性伴侶的年齡範圍始終如一(20多歲),而女性則傾向於尋找比她們大3至5歲的男性。年齡和身體的吸引力是女性生育能力非常直接的線索;相較之下,男性的生育能力與他們的年齡無關,但他們的財富確實會隨著年齡的增長而穩步增加(根據英國國家統計資料)。波洛斯基和我能夠證明男性對女性的興趣(反映在特定年齡組登廣告的女性人數與男性廣告中尋求的特定年齡組女性人數比例)與女性的自然生育率幾乎呈線性相關,在20多歲達到高峰,之後穩定下降。相較之下,女性對年長男性的偏愛似乎是男性隨著年齡增長緩慢累積財富與死亡風險增加之間的妥協。我們用英國的全國人口統計資料證明,女性確實想要在這兩個考慮因素之間找到最佳平衡點,她們尤其偏好30多歲、中至晚期的男性。

在聊天和統計資料中,可以看到女性著重的另一個線索是身材:較高的男性較受歡迎。高個子的男性在日常生活中也較成功。提摩泰・賈吉(Timothy Judge)和丹尼爾・凱柏(Daniel

Cable）檢視了關於工資差異的大量研究，得出的結論是，當年齡和就業類型等其他因素保持不變時，在各種工作中，身材每高一吋，每年薪水相差近800美元，尤其是男性（這個條件在女性身上的效果弱得多）。波洛斯基和我在波蘭醫學資料庫中探索這種效果對配偶吸引力的影響。高個子的男人比矮個子的男人更可能會結婚，而且在婚後會生更多孩子。我們發表這些結果後，不可避免地引起了媒體的關注，結果我接到一位地中海東岸某處的男性來電，他花了一個小時斥責我，理由是他個子雖矮，但卻能與他所想望數量的女性上床。我想請問他是否（a）已婚，（b）是否有孩子，或者（c）是否富有。但他對於我們的研究損及他的榮譽反應激烈，我擔心他可能會揮舞著大型殺傷性武器出現在我的辦公室門口，因此只能在電話這頭唯唯諾諾，說我很高興聽到他的成功。

這些波蘭資料特別有趣的一點，是它們在第二次世界大戰後立即開始記錄。大量的波蘭男性在戰爭期間喪生，戰後成年人兩性性別比例嚴重失衡，數百萬名女性面臨找不到丈夫的前景。當我們把資料每隔10年分拆時，可以明顯看出隨著每10年過去，兩性成年人比例逐漸恢復正常，對高個子男性的偏好（按照結婚的可能性來看）也由原本趨近於零逐漸變為強烈偏好。在戰後的10年裡，女性別無選擇，只能嫁給任何她們能找到的人，不論高矮或介於兩者之間；到1970年代，她們有了更多的選擇，身材矮小的男性受到歧視。不過在女性方面似乎並非如此，相較之下，高個子的女性在婚姻的可能中居於劣勢。儘管時尚界明顯偏愛身材高挑窈窕的模特兒，但男性似乎更喜歡身材嬌小的女性，而身材嬌小的女性往往繁殖力較強，能生育更多孩子。

女性似乎較注重的其他線索是冒險和運動。年輕男性尤其

愛冒險：少年冒很多風險（開快車、吸毒、參加危險運動），因此他們在青春期後期的死亡率較少女高得多。冒險代表的訊號似乎是基因的品質。他們實際上是在說：看我，我能承擔風險是因為我的基因太好了，讓我不致有任何後果。這種以死亡為賭注作為配偶品質的訊號，在動物界很常見，並以最先發現的以色列鳥類學家阿莫茲・札哈維（Amotz Zahavi）命名為札哈維障礙原則（Zahavi's Handicap Principle）。孔雀就是最熟悉的例子，牠們帶有眼斑的長尾與其說是想表達「看我多漂亮」，不如說是「看我如何自設障礙，但在掠食者出現時依舊能飛行逃避。」如果這樣的提示沒有真正的風險，讓某些雄孔雀失敗，就毫無意義。一些少年就是為此付出了代價。

也許正是因為這個原因，「壞小子」作為配偶具有特別的吸引力。蘇珊・凱利（Susan Kelly）的一項研究就強調了這點。這是一個非常簡單的虛擬情境研究，受測者得到關於某人的一組描述，請他們評估此人是否值得作為一夜情的對象或終生伴侶。她發現女性偏好勇敢、願意冒險的男性作為短期伴侶，而非利他、厭惡風險的男性。然而在選擇長期伴侶時，她們卻偏愛利他的男性。這正如我們的預期：由品質令人滿意的男性獲取基因，然後依靠安全可靠的對象來陪伴你度過漫長的育兒期。當然，棘手的一點是如何說服第二種男性甘冒戴綠帽子的風險。

這裡的重點是，女性對伴侶的決定要比男性複雜得多。雖然我不至於說：由男性的角度來看，任何條件都可以（畢竟越年輕越好）做伴侶，但很明顯，男人下決定要簡單得多，因為他們似乎活在更單層面的世界。這或許可以解釋為什麼在所有允許一夫多妻制的社會中，男性相繼娶了大約相同（年輕）年齡的女孩。相較之下，女性則試圖平衡許多不同而且往往是相互衝突的利

益，使得她們的決定更加複雜，因此免不了會不完美——她們永遠找不到完美的配偶，總是不得不湊合。

　　然而有一個因素似乎兩性都同意：那就是承諾的重要，這也是友誼的重點。在我們對個人廣告的原始研究中，兩性在他們的廣告中同樣頻繁地承諾，不過女性尋求它的可能性是男性的2倍。賈斯汀・莫吉爾斯基（Justin Mogilski）和合作學者要求受測者按照主要的個性層面對虛擬情境中短期和長期伴侶評分。他們發現兩性對誠實－謙遜的評分都高於任何其他個性層面，尤其是長期關係。誠實在這裡被列為個人的性忠實歷史，並被闡釋為可信度，因此代表承諾。

　　正如我們在第10章中看到的，友誼關係受同質性（即物以類聚）的主宰。然而人們常說，在戀愛關係中是異性相吸，究竟有沒有證據支持這一說法還不清楚。帕崔克和夏洛特・馬基（Patrick and Charlotte Markey）在針對戀愛關係至少維持了1年者的研究中發現，性格相似是受測者對現有關係滿意程度的最佳預測指標。當雙方的熱情程度相似時，對兩人關係的滿意度最高。然而也有一種說法認為，支配地位的互補（一個伴侶占主導地位，另一個則處於從屬地位）也有助於關係滿意度，這表示在關係動態的細節方面可能有重要的細微差別：當雙方都是主導的個性時，相處就不那麼良好。同樣的，凱瑟琳・沃（Kathleen Voh）和羅伊・鮑邁斯特（Roy Baumeister）比較了美國和荷蘭的朋友、約會對象和已婚夫婦，發現關係滿意度（以原諒的意願、依戀的安全性、適應配合、健全和忠誠的愛、日常互動的流暢方式衡量、沒有衝突和沒有遭拒絕的感覺來衡量）最能透過具有同樣高程度的自我控制（約束）來預測。因此，同質性對成功的戀愛關係似乎就像對成功的友誼一樣，有支撐作用。

現實生活總是一種取捨

就像找朋友一樣，尋覓戀人也像樂透，而且往往要求我們在理想上妥協。每一個人可以提供的事物各不相同，而這免不了會影響我們可以堅持自己要求的程度。你可以堅持追求達西先生和他的豪宅，但達西先生有選擇的權利，他只會由你們之中選一位做達西夫人，其餘的都會加入珍・奧斯汀的其他老處女，在村子裡的待嫁女貨架上乾等。在某個時刻最好是妥協，接受教區牧師的求婚，了結終身大事。到頭來，無論多麼少，有總比沒有好，不過我承認，在某些情況下，什麼都沒有還是比非常糟的條件好。但是你知道我的意思：你不能永遠在尋找白馬王子或真命天女。青春是不等人的。

艾蜜莉・史東（Emily Stone）和同僚調查了來自世界各地36種文化4500名男性和5300名女性的求偶偏好。他們發現，隨著性別比例偏向男性（男性多於女性，因此追求女性的競爭更激烈），男性就會降低擇偶標準，但在性別比例更偏向女性（即男性供不應求時），男性就提高他們的標準（至少對選擇長期伴侶時是如此）。更重要的是，當男性奇貨可居，就容易出現性行為隨便的情況——當女性被迫為追求男性而競爭時，她們對男性可施加的力量就較小。但當合適的女性較少，男性被迫為女性競爭時，男性就更樂於接受忠誠的關係。

儘管在婚姻市場上，財富和地位往往使男性較競爭對手更有優勢，但實際上選擇對象的決定權在女性。我們的手機資料庫就有一些令人驚訝的證據。阿爾托大學學者基莫・卡斯基統計物理小組的烏克蘭研究生瓦希・帕契可夫（Vasyl Palchykov）研究兩性如何分配撥打電話給他們最常聯絡的兩個對象。他感興趣的

是：在任何特定年齡最好的「朋友」（他們最常打電話的對象）是男性還是女性 —— 實際上也就是對朋友性別的偏好指數。這份資料顯示，在青春期早期，女性最好的朋友（她最常打電話的對象）可能是另一位女性；但是在大約18歲之後，這個對象是男性的機率越來越高，到20歲出頭達到頂峰，並保持相對穩定直到40歲，之後迅速下降，到55歲左右這個對象再次變成女性，並始終保持女性直到老年。男性則遵循對應但略微不同的模式：青春期男性偏愛的打電話對象是男性，之後男性的主要電話對象越來越偏向女性，直到30歲，之後短暫達到高峰，然後穩步下降到大致類似於女性表現出的趨勢程度。

有兩件事在這些資料中很突出。一是女性曲線達到高峰的時間比男性早7年（分別為23歲與30歲）。另一則是女性曲線保持在這個高峰的時間更長（直到45歲，而男性則為35歲）。換句話說，女性以伴侶／配偶為重心的時間大約是男性的3倍 —— 約21年，而男性最多為7年。這告訴我們關於戀愛關係的兩件事。一件是女性通常會很早就決定以哪個男性為對象，並堅持下去，不斷與他聯繫，直到即使是最遲鈍的男性也終於明白，並且屈服。看起來男性需要大約5年左右的時間才能醒悟，或至少對此作出相對的回應。這表示女性的選擇是人類的標準，就像在其他許多哺乳動物中一樣。無論男人為了吸引女人的注意和興趣而採取什麼表現方式，最後決定對象是誰的都是女性。一旦建立了關係，男性似乎比女性更快失去興趣，他們對女性伴侶的專注只持續了幾年，然後在中年時穩步下降到象徵性的程度。你可以由人們撥打電話了解相關的訊息……

戀愛的化學反應

戀愛是一種特別強烈的關係形式，因此它牽涉到某些相對特殊的機制，也就不足為奇。正如我們在第7章所提到的，科學界對催產素在配對和其他親密關係中的角色做了很多研究，而且我們的大規模基因研究證實催產素確實和這些關係相關：催產素受體的基因與浪漫關係品質指數有密切的關係，包括衡量你雜交傾向的社交性性取向指數（Sociosexual Orientation Index, SOI）。這裡有重要的性別差異，對女性的影響較大，至少對於某些催產素基因是這樣。擁有適當的催產素基因會讓你更親近和信任你的伴侶（這種態度可能會因女性的雌激素而增強），但腦內啡可以讓你維持穩定的長期親密關係，多巴胺則會創造這種關係帶來的興奮感，尤其是新建立的關係。擁有適當的催產素基因使你更可能冒險表白你的愛情，但一旦你的愛被接受，其他兩種神經化學物質才是建立這種關係的因素。

在認知層面，似乎也還有其他事物在進行。幾年前，神經科學家薩米爾‧塞基（Samir Zeki）和安卓亞斯‧巴托斯（Andreas Bartels）證明，正在熱戀的人看到他們情人的照片時，大腦某些區域的活動比他們看其他人的照片時更多。除了在與報酬相關的紋狀體（striatum）、扣帶皮質（cingulate cortex）和島葉（與性活動，以及腦內啡和多巴胺相關）等區域之外，杏仁核（與恐懼和悲傷的反應特別相關的區域）和顳葉及前額葉（與心智化和理性思考相關的區域，在後者的情況下是和情緒有關）的活動減少。在後來的研究中，他們在母親看自己寶寶的照片時發現了類似的反應，顯示母愛和戀愛可能具有相同的神經學基礎。前額葉皮質（本質上是大腦意識思考的部分）活動的抑制特別有趣，因

為這表示某件事物正在關閉對對方過度批判思考的能力。這讓人想起先前由范諾德・戈爾（Vinod Goel）和雷・杜蘭（Ray Dolan）所做的研究，這項研究顯示，當宗教信仰抑制解決邏輯推理任務的能力時，前額葉皮質的活動就會減少。

仔細想來，有宗教信仰的人，尤其是比較狂熱教派的信徒，都有和正在戀愛的人一樣的心醉神馳、世間萬物都美妙無比的行為舉止。當然，在許多這種案例中，情況正是如此：他們愛上了上帝。我在拙著《愛與背叛的科學》（*The Science of Love and Betrayal*）中做了詳細的探討，在此不再贅述。可以這麼說，墜入愛河，或者只要迷戀任何人或任何事物（包括你的愛犬），似乎都會關閉大腦理性思考的能力，而這些能力通常會讓我們在評估其他人和事時，更具批判性並持懷疑態度。當然，戀愛使我們能毫不保留徹底地把自己獻給我們所愛的對象，而不會太害羞、退縮或對他們的行為過於挑剔。總之，你的理性思維中心遭刻意關閉，讓你不會問太多問題，也不會過早放棄。

珊德拉・穆瑞（Sandra Murray）對這個問題提供了一些行為證據。在對已婚年輕夫婦的研究中，她發現如果人在關係開始時越理想化伴侶（即關閉他們對現實的檢查），他們的對這段關係滿意的時間就持續越久，而且如果他們在這方面得到越多回報，關係就越有可能持續。在現實來襲的那一刻，你開始看清伴侶真實的面貌，關係的滿意度就受到緩慢但穩定的破壞，到頭來只會走上唯一的結果。對伴侶的缺點抱著不切實際的想法似乎並非破壞關係的處方，而是成功的秘訣。當然，歸根究柢，這都是權衡取捨：在最後宣布關係破裂之前，你能忍受多少失望？但如果你想要的是關係的穩定和較少受擾亂的生活，那麼持續這種錯覺的時間越長越好。

這些抑制的效果對於關係得以展開可能很重要。有人必須願意冒著被拒絕的風險宣告他們對對方的興趣，否則一切都無法開始。我們需要某個事物讓我們跨過她會拒絕／她不會拒絕的圍籬，才能啟動建立關係的過程。女性似乎比男性更願意這樣做，只要她們找到滿足她們大部分要求的對象。當然，這些過程也適用於友誼。友誼必須建立，這意味著必須有人採取行動、跨出第一步，表達興趣。唯有在我一次一次又一次出現在你家門口，明顯表達我對與你建立友誼或浪漫關係的興趣，你才可能知道我的心意。

指責他人

在兩個人的關係展開時，如果雙方不合適，日後就可能會成為災難，因此雙方是否匹配是值得考慮的。在交配系統中，有許多解剖構造的指標普遍適用於哺乳動物。一個是犬科動物的相對大小（在雄性必須互相爭鬥以獨占雌性的雜交物種中，雄性的體型比雌性大；而在一雌一雄單配的物種中，雌雄體型大小相似）；另一個是雄性睪丸的相對大小（在雜交物種配合體型相對較大，在單配物種較小）。後者的原因很簡單：在雄性必須為了與雌性交配而爭鬥的物種中，雄性動物可以為雌性授精的精子越多，就越可能讓雌性的卵子受精。此外，雄性通常只有一段短暫的時期具有足以交配的競爭力，因此牠們需要大量的精子儲備，以確保在快速與多個雌性連續交配時不會耗盡。精子的生產成本很高，因此單配物種的雄性可以減少對精子生產的投資，過得更輕鬆。

然而還有另一個更讓人驚訝的指標，那就是食指（第2）和

無名指（第4）手指的相對長度，也稱為2D4D（D代表數字）比率。在靈長類中，長臂猿等一雌一雄制物種的這個比率接近相等，而黑猩猩等高度雜交物種的這個比率則明顯小於1（食指比無名指短得多）。演化心理學家通常認為，平均而言，女性更傾向單配偶制，男性更傾向於雜交，而且由廣義上來看，有很多證據支持這種差異。這也表現在兩性的2D4D比率上，女性的這個比率往往近似相等，而男性的比率往往小於1（食指比無名指短）。

拉菲爾·伍達斯基為了他的研究計畫收集了大量關於性行為和性態度的資料。他用的其中一份問卷是社交性性取向指數，其中有一部分是衡量你對一夫一妻或雜交的偏好。我們透過前同僚約翰·曼寧（John Manning）的協調，獲得了關於2D4D比率的資料集。正如之前所發現的，整體而言，男性較傾向於雜交，而女性則較傾向單配偶制。但我們很快就震驚地發現，在這兩個指標上，兩性其實似乎由兩個不同的亞群組成——一個較傾向雜交，一個較不傾向雜交的群體。整體而言，兩性這兩種類型的頻率接近50:50（男性以57:43偏向雜交，女性以47:53偏向單配偶制）。

這造成了一個明顯的困境。如果你隨機選擇伴侶，就有約25%的機率是你們倆都偏向單配偶制（完美！），也有25%的機率是兩人都傾向雜交（大概算是另一種完美，前提是你不在意伴侶在做什麼）。但是有50%的可能，你們中的一個傾向單配偶制，另一個卻傾向雜交，這恐怕是再糟糕不過的災難。當然，一個解決方案是在選擇伴侶時非常謹慎，這表示要有識別對方性偏好的線索。2D4D比率的差異太小，無法透過眼力識別（我們面對的是幾公釐的差異），因此不太可能做為線索。然而我們確實

有很多行為方面的線索。

　　大家早就知道2D4D比率受胎兒睪丸激素的影響，懷孕期間母體睪丸激素量越高，後代的2D4D比率就越極端（即傾向雜交）。在我們的大型遺傳學樣本中，拉菲爾花了許多時間收集參與者手部的掃描圖，測量他們的2D4D比率，以便與SOI分數和基因模式做比較。這項分析中得出的結論是，2D4D比率與其睪丸酮、腦內啡和血管加壓素基因之間存在密切的關係，尤其在女性身上特別明顯。此外，這種效應還影響了衝動性（先行動，然後再考慮後果的意願）：較男性化的女性（2D4D比率較低的女性）比較容易衝動、較浮躁，較有可能低估未來。還有一些證據認為關係與特定的多巴胺受體基因有關，這表示婚外情可能有尋求刺激的元素作祟。

　　還有另外一個問題，在目前大家對多角戀特別熱衷之際尤其值得一提：兩段浪漫關係可不可能同時存在？2D4D比率都傾向雜交的男女伴侶有沒有可能擁有更開放的關係，而不會嫉妒？史上有許多半開放式婚姻的例子，包括弗里德里希・恩格斯（Friedrich Engels，著名的馬克思合著作者）、哲學家弗里德里希・尼采、作家阿道斯・赫胥黎（Aldous Huxley）和維塔・薩克維爾-韋斯特（Vita Sackville-West），以及物理學家歐文・薛丁格（Erwin Schrödinger，以薛丁格的貓知名）——儘管這些三人行中第三方的意願究竟如何不得而知。眾所周知，摩門教創始人約瑟夫・史密斯（Joseph Smith）必須說服妻子，在她默許之前，上帝已經命令他娶第二任妻子，這為摩門教的一夫多妻制奠定了基礎，直到今天，至少在某些教派中還是維持這種制度。總而言之，人種學證據顯示，在同一文化中，一夫多妻不如一夫一妻對女性有利，部分是因為丈夫的資源和投入被分為多份，部分是因

為女性之間產生的社會和心理壓力。

　　在一個偶然的機會中，麥克斯・伯頓的人際關係調查讓我們對這個問題有一些意想不到的見解。這項調查顯示，大約9%的人承認他們在正式伴侶之外，還有婚外情或第三者。這非常接近遺傳人類非親子關係的估計值（估計的範圍在3-13%之間）。然而因這種額外關係而造成的需求並沒有導致支持小組的規模進一步縮減，一如關係雙方在情感上都疲憊不堪時應該會發生的情況。這表示正式伴侶（配偶）不再背負相同的情感份量，而遭邊緣化。情況似乎如此，承認有小三的受訪者中，只有15%把他們的正式配偶和情人都列入5-層友誼圈。其他的則表示配偶被降到較低層次。這強烈顯示，戀愛關係的情感強度使得同時擁有兩段關係幾乎不可能辦到。當然，一個人可以同時與兩個甚至更多人發生性關係，但前提是這些人在情感上沒有同樣高的要求。

來自網際網路的教訓

　　無論網際網路是否讓我們對人生感到高興或滿意，有一方面的資產負債表絕對是負的，而且幅度相當大。網際網路已成為惡人掠奪脆弱絕望受害人的獵場。愛情詐騙已經成為大生意，有些受害人被騙光了畢生的積蓄，更不用說他們的自尊以及整個經歷讓他們心理崩潰的事實。據估計，2011年光是在英國就有約23萬人被騙，財務損失高達數十億英鎊。儘管這些案例都很可悲，但了解這些騙局的運作方式，為我們提供了非常有價值的見解，讓我們明白戀愛關係如何運作，尤其是追求和建立關係的過程。

　　澳洲心理學家莫妮卡・惠蒂（Monica Whitty）是愛情騙局的權威，她向我介紹了這種令人著迷的心理現象。我和她在公眾會

議中一起參加了幾個小組，因此得以了解這些騙徒如何運作，下面就是他們的做法。

你對某個約會網站上的廣告做了回應，因為你很寂寞，而且這個人的個人資料似乎很理想。由你咬第一口餌的那一刻起，騙徒已經開始緩慢但穩定地收線。在斷續幾次電子郵件交流之後，他們一邊詢問你的資料，一邊表示自己有興趣認識像你這樣能回報他們對親密關係需求的人。他們殷勤追求你，問你過得怎麼樣，表達他們的愛意，甚至可能會送上小禮物或鮮花或每日一詩（通常是抄來的）。這些騙了非常擅長說服你談自己，但卻不會透露太多關於他們自己的訊息。如果他們發送照片，通常是俊男美女，你簡直不敢相信自己有這麼好的運氣，儘管長期以來的經驗讓你非常清楚俊男美女從沒有對你有過絲毫興趣。它很可能是由網站上下載的小牌模特兒照片。

逐漸地，你開始相信一切。然後對方開始提出一些小要求——你可不可以送昂貴的香水禮物，或者幾百英鎊來償還債務。或者匯點錢讓對方買機票來見你，不幸的是，一旦你匯了錢，他們卻永遠無法上得了飛機，不是因為他們碰上嚴重的車禍住院，就是被診斷出某種可怕的疾病，需要更多的錢才能讓他們復元，然後是最後一擊。一個巨大的投資機會出現了，或者他需要大筆醫藥費，才能支付那個可怕的診斷所必需的治療。到了這個階段，你不顧自己的直覺，心甘情願地付了款。唉，儘管你大手筆投資，但企業還是破產了，或者治療方法沒有用。但到那時，一切都來不及了。

在最近發表的一項研究中，惠蒂研究了使受害者脆弱的特徵。她發現大約2/3的受害人是女性。他們往往年屆中年，在衝動和尋求感官刺激方面分數很高，不那麼體貼但同時卻又更信任

人，並且具有上癮的人格（這可能使他們更加黏人）。令人驚訝的是，受害者往往比未受害的人受過更好的教育，經濟狀況也更好，顯示導致他們成為受害者的原因並不是缺乏教育或對世界的經驗。受騙上當的恥辱常常使他們不願意向警方報案。

這指向騙徒目標的兩個關鍵特徵。第一個特徵是，他們要的是你的錢，因此如果你不是很富裕，他們不會對你有興趣。一旦他們確定你在銀行裡沒有存款，或者你沒有自己的房子（缺乏貸款的抵押品），他們就會迅速消失。第二是，他們針對的是孤獨的人，這些人很可能是在人生暮年離異、喪偶的人，或者一心一意專注於事業，到了中年才意識自己到即將錯過人生的人。破釜沉舟的絕望情緒滲透到他們的社交世界裡，正是這一點使他們脆弱。總之，這是珍·奧斯汀的鄉下老處女困境：沒有吸引你的達西先生，鄉下牧師搬到別處去了，這時有個對象總比什麼都沒有好。

浪漫關係和友誼都是因我們刻意擱置現實而來：我們在所涉及對象的頭上放了個光環。坦白說，我們愛上的不是對方，而是我們在腦海中創造的化身。在正常的生活過程中，我們與那個對象共處的時間為我們提供了事實真相：我們了解到他們並不像我們最初想像的那麼完美，於是我們達成了合理的妥協。但由於騙徒非常謹慎，不會透露他們的真實身分，因此我們浮想聯翩，想像中的化身變得越來越誇張。最後，我們深深愛上了化身，再也無法區分化身和現實。

到這個時候，受害者變得十分寬容。如果他們最後確實與騙徒見面，發現他們看起來一點也不像他們發送的照片，騙徒就會找藉口。他們的回應通常是，他們知道如果傳送真實的照片，受害者一定會退避三舍，但他們實在太愛受害者了，不希望這種

情況發生。惠蒂告訴我，受害人神魂顛倒的情況十分嚴重，即使你和警察一起去見他們，提供他們被騙的證據，讓他們接受這個事實，並同意不再和騙徒接觸。然而幾週後，他們又會與騙徒聯繫，再次被騙。若你問他們為什麼，他們會有各種藉口，說騙子真的很好，說騙子承認自己的行為很糟糕，他們只是想要一點幫助，但不知道去哪裡求助……所以受害者原諒了他們，重新開始這段關係。簡而言之，受害者寧可相信他們渴望的是真的事物，而不是擺在他們面前的證據。友誼的運作方式大致相同，但利害相關程度通常較低，因此當我們發現自己犯了錯誤時，對情感的傷害也較小。

這並不是說我們不能在網際網路上結交朋友或戀愛。惠蒂估計，在英國，高達23%的網際網路用戶在網上認識了他們原本不認識的人，6%的已婚夫婦在網上認識了他們現在的伴侶。皮尤研究中心（Pew Research Center）2013年的調查發現，每10個美國人就有1個用過交友網站，其中大約2/3的人與他們在網上認識的人約會，其中1/4的人後來建立了長期關係。大多數在交友網站上做廣告的人都是真的，他們也在尋找伴侶或戀愛的對象。只是在網站上交友風險較大，我們必須提防那5%的鯊魚，我們的問題是在他們把我們活生生吞下去之前認出他們。

*

戀愛關係建立在對強烈親密關係的需要上，在這種關係中，性提供了膠水（它會引發大量催產素、腦內啡和多巴胺的釋放），也提供部分生物功能（生殖）。當然，其中大多數是異性戀，但即使功能不適用，這些原則也同樣適用於男同性戀和女同

性戀的浪漫關係。在這兩種情況下，這種關係的動態受到心理和
行為上性別差異的影響，我們將在下一章討論這個棘手的課題。

| 13 |

友誼的性別差異

　　下回你去參加招待會或聚會時，不妨注意一件事：找出正在交談的同性同伴，記下他們站立的姿勢。你會發現女性往往會面對面站立，而男性幾乎總是以大約120度的角度站立，因此他們彼此朝對面的某個角度看，而非直視對方的眼睛。這並不是因為男人不能忍受面對面，因為如果他們是和女人說話，經常會保持面對面的姿勢。似乎是因為他們發現凝視其他男人的眼睛讓人不安——可能是因為男人直視對方眼睛的唯一時刻就是在他們受到威脅的時候。

　　當前流行的觀念認為，性別差異是膚淺的想法，是教養和父權制度的產品。男孩成年後的反社會行為，以及女孩愛照顧扶持他人的態度都是雙親教養而來。這種說法認為只要我們刻意經營，就可以把男孩培養成女孩，讓世界變得更美好。這種想法導致了一種明顯的傾向，即專注在兩性之間的相似之處，以免面對兩性的差異。研究侵略的權威，也是頂尖的演化心理學家約翰・阿徹（John Archer）就曾幽默說道，這有點像說男女性都有兩條腿和兩隻手臂，所以身體是一樣的，但卻刻意忽略了兩性身體所有其他不同之處。就算我們不管兩性生殖系統的差異，女性也缺乏男性上肢的力量，跑得也不如男性快。但與社交風格的差異相比，這些差別就顯得微不足道了。兩性社交風格的差異追根究柢

是在於生殖生物學的顯著不同。

性別化的（社交）世界

大多數社會都鼓勵女性穿著端莊，通常是相當一致的形式：例如，包括基督教哈特教派（Hutterite）女性拘謹樸素的衣著，和中東國家的罩袍（伊斯蘭教並沒有命令或要求要這樣穿著，只要她們打扮樸素）。在某些社會中，女性從青春期開始就被限制在女性專區——史上伊斯蘭世界的閨房和內室。許多小規模的傳統社會在男孩和女孩進入青春期後，就把他們隔開，有些還堅持男女分住。你可能會以為在現代非宗教的世界中，我們已經摒棄了這種強制兩性分離的做法。表面上看似如此，但其實仍然存在，只要你知道去哪裡尋找，就可以非常明顯地看出來。

這種情況的一個背景，是看與我們交談的是誰。社交網絡具有很強的性別同質性，女性的個人社交網絡約有70%由女性組成，男性社交網絡約有70%由男性組成（大多數，但並非全部的異性社交網絡成員是我們的家人，我們無法選擇）。克蕾兒・梅塔（Clare Mehta）和喬奈爾・史卓（JoNell Strough）請一群美國青少年列出他們在家和學校的親密朋友，結果72%是同性。在一項針對美國成年人的調查中，海蒂・瑞德（Heidi Reeder）發現，年輕男性有65%的朋友是同性，而年輕女性有80%的朋友是同性。一項針對美國老年人住房計畫友誼的研究中，73%的朋友是同性。

蘇珊娜・羅斯（Suzanna Rose）在針對20來歲年輕人的研究中發現，單身女性和已婚男女都較喜歡同性朋友，因為他們提供的幫助比異性朋友更多，也更忠實。近1/2的已婚女性和1/3的已

婚男性都宣稱，除了配偶之外，他們根本沒有異性朋友。女性傾向於認為，比起同性朋友來，異性朋友提供的親密感、接受度和陪伴都較少。同性朋友在接受、建立友誼所花的努力、溝通、共同興趣，和感情方面的得分都高於異性朋友。不妙的是，異性友誼在性吸引力方面得分較高，再次提出那個古老的問題：有沒有可能在不受性干預的情況下，與異性建立友誼？重要的是，在形成異性友誼時，女性通常不會以性吸引力為動機，而男性則是。就彷彿性是女性友誼的結果，但卻是男性友誼的起因。

值得注意，而且出乎意料的是，這種性別隔離甚至出現在我們的談話中。正如我在第9章解釋的，我們對對話群組的規模很感興趣，因此一直在城市的街道、咖啡廳、購物中心、派對、酒吧和公園裡進行抽樣，記錄誰在和誰說話。檢視這些研究的資料就可明顯看出，只要談話者不超過4個人，成員是單性或異性的可能性就都一樣。但一旦對話群組的人數增加到4個人以上，就越來越有可能分裂為單性對話。甚至連我們在伊朗的談話樣本也顯示同樣的結果，所以這是一種跨文化現象。令人驚訝的是談話被性別隔離的速度非常快。等你下次參加大型招待會或聚會時，請觀察一下。一旦你知道要尋找的是什麼現象，它就會很明顯。

這種性別隔離的傾向在好朋友方面表現得更加明顯。在安娜·馬欽的戀情伴侶樣本中，表示有1位最好朋友的女性中，這位最好的朋友有85%的機率是女性，而在表示有1位最好朋友的男性中，這位最好的朋友有78%的機率是男性。塔瑪斯·大衛－貝瑞特（Tamas David-Barrett）分析了2萬張隨機選出的臉書大頭貼照片，發現照片中如果有2個年齡相仿的人，很可能是女孩的帳戶，照片中另一個人是男性（男朋友或伴侶）或另一個是女孩（大多數都是最好的女性朋友，或閨蜜）。如果照片裡的人超過3

個，幾乎一定是男生的帳戶，而且照片通常是一群男生，通常是一起參與某種活動——比如週五晚上的5人制足球賽、攀岩或划獨木舟的群體，或者只是酒吧裡的一群人。女生似乎較喜歡親密的二元關係，而男孩則偏愛隱身在團體之中。

　　兩性之間的這些差異似乎反映了男女對關係不同的看法，以及他們運用關係過程的顯著差異。我在第5章提到，在我們對年輕人的縱貫研究中，如果女孩投資更多時間與朋友談話，她們的友誼就不太可能消退，而這對男孩的友誼是否持續則沒有任何影響；影響男孩友誼存續的因素是他們是否投入更多時間一起「活動」（上酒吧、踢足球或參加其他比賽，或一起做其他的體能活動）。在伊蘭妮‧麥德森和理查‧杜尼所主持的漢彌爾頓親屬選擇理論實驗研究中，我們請受測者承受痛苦，換取對他人有利的金錢獎勵，女性對待同性最好的朋友就像姊妹一樣，而男性對待同性最好的朋友則好像他們是堂表兄弟。換句話說，女性的親密友誼比男性更親密，因此也更強烈，更像是我們通常與戀愛伴侶的那種關係。

　　雅各布‧維吉爾（Jacob Vigil）發現在年輕人交談（通電話或面對面）的時間長短上，兩性也存在類似的差異：女性平均花17.5小時與她們最好的朋友交談（其中大部分是分享親密關係），而男性僅花12小時與他們最好的朋友交談。就像我們的研究結果一樣，他發現男性較喜歡參加體能活動，而非交談。面對社會壓力，男性偏愛避開他人的同情和安慰，而是以疏遠的行為回應，以便他能獨處；而女性較可能以哭泣等促進同情和安慰的行為來回應，以便得到撫慰。兩性對危險的反應也有類似的不同：女性可能會尖叫，而男性則會保持安靜不動，就算他們出聲，可能也是咒罵。下次乘坐雲霄飛車時，不妨觀察一下。

席拉・蓋布爾（Shira Gabriel）以及溫蒂・戈德納（Wendi Gardner）請一些成年人完成大量的自我參照陳述（「我是……」），發現女性較可能提出強調親密關係的描述，而男性的陳述重心則放在相互依賴的集體層面（例如群組成員資格）。如果請受測者閱讀描述情感體驗的短文，並讓他們隨後回憶細節時，女性較可能記住故事中的關係層面，而男性更可能記住集體層面。安娜・馬欽做了兩性如何看待她們的戀人和最好朋友差異的研究，她發現儘管兩性在對待戀人方面並無差異，但女性在對待最好的朋友時比男性對待至交表現得更親密。女性對最好朋友的親密程度與教育程度、幽默感、可靠性和幸福感的相似程度有關，而男性與最好朋友的關係則與這段友誼的時間長短、雙方經濟潛力、合群性、可靠性，以及社交關係的相似度有關，這表示支撐男性關係親密度的動力與支撐女性關係親密度的動力截然不同。

　　這些友誼風格的差異對人類行為的另一個奇特層面有影響，也就是社團的形成。社團似乎是人類社會組織中一個特別重要的特徵，在許多情況下，對於誰與誰成為朋友扮演著重要的角色。它們確實經常提供環境，讓透過社團會員資格而被隨意組合在一起的人建立親密的友誼。以這個意義來看，親戚（大家庭）就是一個社團；職業、宗教、嗜好和運動社團、餐飲俱樂部、辯論社團，和你可以想到的扶輪社、圓桌會議（Round Table）、共濟會，以及部落社會的秘密社團等所有其他利益團體也是。它們都是關於一種或另一種形式的團契。其中一些是我們選擇加入，而其他的，比如大家庭或印度的種姓制度，則是我們的出身，無從選擇與誰分享社團的會員資格。然而，兩性與社團的關係卻有顯著的差異。男性似乎更喜歡置身社團，而且在社團裡的工作效率

更高。美國演化心理學家羅伯‧庫茲班（Rob Kurzban）做了一組關於群體合作的實驗，發現當成功（並獲取金錢報酬）取決於群體合作的程度時，男性比女性更容易形成協調的群體，並且合作效率更高。

　　社團經常會有一些儀式和裝備用具（例如某些服裝形式或特別的餐具），藉著創造一種排他感，以區分社群內的社會團體。這種社團似乎特別適合男性，他們似乎喜歡正式演講、歌曲、敬酒和遊行所提供的儀式感，這些儀式需要一定程度的自律、對司儀的注意，以及保持安靜的意願，尤其是在群體成員全都是男性時。在這種情況下，即使在整個事件的各階段之間可以談話，男性也樂於保持緘默。這種社交環境似乎並不合女性的口味，她們較願意形成小的對話群體。深夜的計程車司機非常熟悉這種模式：玩了一夜之後要回家的一群男生搭車時幾乎總是保持緘默，而一群女生則嘰嘰喳喳，幾組談話此起彼落。如果你不相信，下次坐計程車時不妨問問司機。這似乎反映了友誼風格的性別差異，女性的朋友專注而親密（個人關係比團體成員更重要），而男性的友誼則漫不經心，參與的是幾乎無名的團體（身為群體成員的重要性比成員個人本身更重要）。

她自己的心智

　　幾年前去世的安妮‧坎貝爾是英國頂尖的演化心理學家，〔我借用她的經典之作《她自己的心智》（*A Mind of Her Own*）作為本節標題，向她致敬〕。她對女性的心理和行為特別感興趣，並強烈主張儘管女性主義不願認可演化心理學，但其實這兩種主張非常接近，兩者互相提供支持對方所需的證據。她在美國為這

本書所做的大部分研究都與紐約的女子幫派有關，這是真實版的《西城故事》（West Side Story）。她的一個重要主張是，女性通常與男性一樣具有攻擊性，但她們的攻擊性是由不同的環境觸發，並且通常以不同的方式表達。雖然在這個特殊的情況下，對戀愛伴侶的威脅是造成兩性攻擊的終極驅動因素，但男性通常是因地位受到威脅而引發，而在年輕女性，它較可能是由於與男友的關係受到威脅而引發的。男朋友為這些女孩提供了她們想要的資源（在她們成年後的生育過程也需要的），她們會像男孩為領土或名譽而鬥毆一樣激烈地爭鬥。然而男生打架時，總是拳打腳踢；而女生則是鉤心鬥角，通常是試圖破壞對手在性方面的名譽和自信心。

　　這些民族誌的發現已經由許多實驗研究得到證實。譚妮雅・雷諾斯（Tania Reynolds）和羅伊・波梅斯特（Roy Baumeister，堪稱對人際關係感興趣的一流實驗社會心理學家）做了一系列實驗，研究女性在個人社交世界遭遇明確威脅時的反應。比如，給她們看一張漂亮女性的照片，上面標有「她剛剛加入你的社交團體」（無威脅情況）或「她一直在和你男朋友調情」（威脅情況）的敘述，連同另一組陳述，其中一半是正面的（「她捐款給慈善機構」），另一半是負面的（「她對上一個男朋友不忠」）。然後請這些女性評估她們把這些八卦傳給同社交群體中其他人的可能性。在有威脅的情況下，女性較可能散布負面資訊，而在無威脅的情況下，則較可能散播正面訊息，尤其是如果她們自己也有競爭心之時；此外，如果對手外表有吸引力或穿著挑逗暴露，她們更可能會這樣做。換句話說，如果她們認為會直接威脅到自己的浪漫關係，女性就更可能策略性地散布關於對手的社會訊息。

　　約翰・阿徹最近在對兩性行為差異的全面檢討中發現，雖

然男性較可能在侵略時使用暴力，但他們比女性更物件導向，也更以性為導向，而女性在語言能力測試中的表現總是比較好，更親社會，更具同理心，選擇配偶更謹慎。女性也更擅長抑制控制（inhibitory control）和主動控制（effortful control），尤其是在人生初期。他引用一項研究發現男女在為追求潛在收益而承擔風險方面有巨大的性別差異，53個國家男性的表現都一致高於女性。另一項針對東非哈扎（Hadza）部落狩獵－採集者的實驗研究也發現類似的性別差異，在兩種賭博遊戲中，男性傾向冒險。

　　肢體暴力與男性的關係是舉世最一致的普遍現象。這並不是說女性從不打架，或者從不用暴力手段殺人，但她們上肢力量較弱，意味著這類搏鬥的破壞性總是比男性的搏鬥要小。不論如何，正如我們在第11章所提到的，肢體暴力，或甚至只是暴力威脅，對男性的任何衝突都是有效的第一關策略，而且往往會奏效，尤其是如果你有體能或數量方面的優勢。然而，女性通常透過煽動男性代替她們出頭使用暴力，扮演間接的角色。

　　這種對比在中世紀冰島維京人的家族傳奇中有很清楚的說明。儘管除了極少數案例之外，凶殺都是男性所為，但女性往往在幕後發揮至關重要的作用。例如在《沃松格氏傳奇》（*Völsungasaga*）中，布瑞希德煽動她的丈夫葛納殺死欺騙她的前戀人，也就是他的親兄弟希格，而在《列克斯代拉氏傳奇》（*Laxdaellasaga*）中，索葛德和古迪朗彼此都受到對方親戚的輕視，也各自煽動她們的男性親族為她們報復。古迪朗甚至威脅她的丈夫波利，如果他不加入親族，殺死和他一起長大的養兄卡拉坦，就和他離婚。在北歐社會，男孩經常被送到盟友的家裡，與盟友的兒子一起長大；這讓男孩之間建立終生的聯繫，並大大擴大了他們日後可以依賴的社會支持範圍。正因為如此，兩人都非

常不願意捲入這場爭執，但最終還是被迫這樣做——愛情戰勝了友誼。

我們由傳奇（它們是家族歷史，而不是虛構的小說）中得到的印象是，男人很容易受到慫恿而採取行動，即使明知不該這樣做，而女性更工於心計而且會記仇。哲學家亞里斯多德在西元前350年就得出了類似的結論。基於對人類行為的密切觀察，他認為男性傾向於衝動行事，而女性往往冷靜而精於算計。英國復辟時期詩人威廉·康格里夫（William Congreve，1670-1729）著名的詩句就這麼說：

> 天堂沒有像由愛生恨那般的怒火，
> 地獄也沒有如女人愛情遭拒那樣的怨恨。

甚至在引發嫉妒的原因上，兩性也有所不同。演化心理學家大衛·巴斯（David Buss）的分析顯示，男性較可能因伴侶在性方面不忠而氣憤，而女性則較有可能因伴侶的情感不忠而不快。這種差異歸因於一個事實，即男性更擔心戴綠帽的風險（投資在其他男性的後代身上），而女性則更擔心男性有限的資源被不屬於他們的後代分享。其實這種嫉妒的差異可能很早就開始，反映出女性關係的情感強度和專注：女孩可能在密友開始與他人建立友誼時就會嫉妒，而男孩的態度往往更傾向眼不見心不煩，誰會在乎這種事（更多相關資料見第15章）。

我們很可能會把這些社交（即使不是性方面）嫉妒的差異歸因於女性的社交技巧明顯優於男性的事實。女人對他人心理狀態的直覺，常常讓男人感到驚訝和迷惑。女人似乎就是知道事情不太對勁，有時甚至在當事人並不在場時。她們往往無法告訴你她

們為什麼知道，或者是什麼讓她們這麼想。但她們確實知道，而且通常都是正確的。就彷彿她們有男人似乎沒有的第六感。

事實上，有相當多的實驗證據顯示，女性在正確識別面部表情方面比男性準確得多。幾年前，茱迪絲·霍爾（Judith Hall）檢視了75份解譯非語言訊號能力性別差異的研究，發現女性優於男性的一致差異。尤其有趣的是，考慮到大腦白質體積的性別差異（見第3章），同時可用視覺和聽覺管道，而非只有其中之一的管道時，女性的表現比男性好得多。她們可以用男性似乎做不到的方式混合搭配不同來源的訊息。最近她和大衛·松本（David Matsumato）用白種人和日本人面部表情的照片測試美國學生，發現即使顯示照片的時間非常短暫（僅0.2秒），瀕臨意識的邊緣，女性依舊比男性更準確。在麗莎·費德曼·巴瑞特的實驗室進行的多項研究中，有一項研究要求900多人對20種不同的社交場景報告他們的感受情緒，以及置身在場景中的人所經歷的情緒。在獨立評估者評分時，即使在控制了年齡、社會經濟地位和語言智力（女性通常在這方面得分更高）之後，女性在情緒意識和深度方面的反應也持續高於男性。

這種推斷他人情緒的能力很可能與我們在第6章談到的心智化能力有關，這種認知能力是決定社交網絡規模的關鍵因素之一。我們已經進行了6項研究，用我們的多層次心智化虛擬情境任務來衡量人們的心智化技巧。除了一個案例外，女性在每一個案例中的心理化技巧得分都明顯高於男性，甚至例外的那個例子也偏向女性占優勢。與幾乎所有的心理和生理特徵一樣，兩性之間有相當多的重疊（某些男性比某些女性好），但總體模式非常一致（某些女性優於所有男性）。

蒂娜·史卓巴赫（Tina Strombach）和托比亞斯·卡蘭契爾

（Tobias Kalenscher）做了一項實驗，他們要求受測者決定要把一份報酬分給社交圈中的某個人，還是自己獨拿。他們要求受測者在做這個決定的同時，還要做其他的事。這種設計創造了心理學家所謂的「認知負荷」（cognitive load）：大腦必須把部分資源用於另一項任務，就像我們在現實生活中同時處理多件事務。一個日常的例子是一邊開車一邊與某人交談或收聽廣播。注意其他的事情免不了會分散注意力，使我們更難專心在應該做的任務。他們發現男性在決策任務（是否分享報酬）上的表現受到分心任務（認知負荷）的顯著影響，而女性則沒有（在認知負荷下，她們甚至表現得更好一點）。換句話說，女性確實可以同時處理多項任務，而男性在一次只專心做一件事時表現較好。

至少有一些社會性的性別差異在人生初期就已出現，因此不可能是文化適應或教養的結果。珍妮佛・柯納蘭（Jennifer Connellan）和賽門・貝倫－柯恩（Simon Baron-Cohen）測試了100名新生兒的注意力，給他們看珍妮佛臉孔的照片，和具有相同關鍵的臉孔元素（珍妮佛的眼睛、嘴巴等），不過是排列混亂的手機圖片。他們測量了這些嬰兒觀看依次展示每個形體時所花費的時間（一半先看臉孔，一半先看手機）。大約1/3的嬰兒沒有表現出偏好，但在表現出偏好的嬰兒中，男嬰對手機表現出更強的偏好，而女嬰則更喜歡人臉，兩種情況的偏好比例均為2:1。其他研究顯示，小女孩比小男孩更可能與看護者保持眼神交流，並且比男孩更早了解社交上的失禮情況。廣義來說，女孩和女人比男孩和男人更會表達意見，發展語言比男孩更早，更有成效，並且通常花更多的時間談話，這可以由父母試圖讓十幾歲男孩參與談話時，他們只會發出咕嚕聲回應這種熟悉的景象中得到證明。猴子也是如此，娜妲莉・葛雷諾（Natalie Greeno）和史都

華・桑普（Stuart Semple）在關於恒河猴發聲頻率的簡潔研究中顯示：雌猴似乎比雄猴更會社交，這表示這種特性早在我們這個物種及特殊的育兒習慣出現之前早已存在。

性與社交風格

艾莉・皮爾斯用我們大規模遺傳學研究中的資料研究與戀愛關係性質（社交性性取向指數，SOI）關鍵指標和反映與更廣泛社交網絡參與度的指標（5人圈的密友數量）相關的因素。她發現這兩者似乎受到兩個截然不同心理系統的支持。第一個是親密關係體驗量表（Experience of Close Relationships Scale）的衝動程度和焦慮維度（衡量你的關係風格有多溫暖或冷酷的指標）；第二個是透過依戀量表（Attachment Scale）的迴避維度（衡量你對當地社區的沉浸感和同理心）。這在男女兩性都是如此。然而，雖然這兩個系統在男性身上似乎完全分開，但在女性身上卻互相關聯。在女性身上，同理心量表與衝動量表的相互作用相當強烈，顯示女性考量了浪漫關係對她們更廣泛社交網絡的意義，讓她們能夠以比男性更有效的方式把她們的愛情生活與家人、朋友的利益結合起來。

在安娜・馬欽對親密關係的研究中，同質性對浪漫關係和同性最佳好友的友誼都很重要。儘管幽默感是女性好友友誼中親密關係的指標，但它對兩性浪漫關係的親密程度沒有影響，外表的吸引力或運動能力同樣也沒有影響。對女性而言，與浪漫伴侶（而非最好朋友）的親密關係透過經濟潛力、外向、可靠和善良的相似程度來預測最準確。個性、與地位和資源相關的特徵、相互支持、興趣和共同活動可能比其他任何事物都重要。然而這

些變數對男人浪漫關係的親密程度卻沒有任何影響，儘管最親近伴侶的協力合作會產生顯著的影響。唯一顯著影響男性關係親密感的因素是接觸頻率。這可能與男性的友誼，即使在最好的情況下，也是由「沒看見就不掛念」的效果所支配有關。

有趣的是，送禮和提供情感支持對女性關係的親密程度有相反的影響：收到的禮物越多，關係就越不親密，而情感支持的情況正好相反（獲得的支持越多，關係就越親密）。我們可以明白第二點，但第一點卻令人費解。一個合理的解釋可能是，禮物只是**發展**關係過程的一部分，而不是在關係建立之後**維持**關係的因素。禮物也可能有更直接的目標。我們的研究生馬克・戴布爾（Mark Dyble）檢視人們在耶誕節實際上花多少錢為不同的人購買禮物。男女兩性在近親和朋友身上的花費沒有太大的差異，但在較不親密親友身上的花費確實存在顯著差異；女性比男性慷慨得多，她們也比男性花更多的心思為每個人考慮合適的禮物，並花更多的時間來選擇。

在馬欽的友誼研究中，我們發現兩性專注的標準完全不同。在女性方面，預測最好朋友的指標是透過教育的相似程度、幽默感、可靠性、快樂的性格、共同活動的數量、相互支持的程度，以及（尤其是對於同性的最好朋友）透過數位方式（電話、臉書、電子郵件等）聯繫的頻率。有趣的是，共同的歷史對這些關係的親密度有負面影響。對於男性來說，預測最好朋友的最佳指標是友誼的持續時間、共同的歷史、相互支持的總數、共同活動的數量和財務地位的相似程度（對於在酒吧或其他社交活動中共飲大概很重要）、外向程度、可靠性和社交關係的數量。無論最好的朋友是哪個性別，這些因素都一樣。

不過，請注意男性和女性在這方面的差異。它意味著男性友

誼的親密可能與女性友誼的親密是由截然不同的動力所支撐。尤其值得注意的是共同的過去對男女性的親密關係所產生的影響正好相反。這種關係在男性中雖是正面的，但在女性中卻是負面的（越強調共同的過去，親密程度越低）。這可能反映了男性偏愛基於團體的活動（因此共同的過去通常是堅強的基礎——社團有它的歷史），而女性偏愛更親密的二元活動（因此共同的過去可能不如目前相互開誠布公的程度重要）。

喬伊斯·貝南森（Joyce Benenson）的研究清楚說明了兩性關係背後的動態差異。她致力探索友誼的本質，有兩項研究與這裡探討的課題特別相關。在第一項研究中，她讓兩個同性朋友在參與一個不分性別的網上電腦遊戲相互競爭之前先一起放鬆，結果發現，無論是在賽前還是賽後進行短暫的合作任務時，男性都比女性花更多的時間縮短距離互相靠近，甚至身體接觸。她認為，兩名男性在被迫比賽之前和之後展現友好的行為，能夠表達他們願意接受比賽結果，並在比賽之後繼續合作，因此限制對手採取先發制人或報復行動的風險。確實，男性似乎預期競爭任務會造成友誼的破裂，因此刻意在競爭任務之前做更多接觸，彷彿要確定之後發生的一切都不會造成破壞。而女性，至少在這個樣本中，似乎不太能夠做到這一點。貝南森和與她的同僚把這點歸因於一個事實，那就是在我們的演化史上，男性而非女性必須能夠形成功能性聯盟，以保護社會群體及其利益免受外來的攻擊，這在民族誌社會中是男性的任務和職責，毫無例外。在一項早期的研究中，她發現男性對人際關係中出現的壓力和緊張有更高的容忍度。我們將在下一章看到這可能對關係破裂的原因和時間造成影響。

在貝南森的另一項研究中，兩名同性成人在電玩遊戲中與一

對虛擬對手競爭。他們獲悉競爭時可以用自己的個人策略，也可以結成聯盟，但他們參與的金錢報酬卻取決於他們個人在遊戲中的表現。結果她發現，在女性獲悉對手結成聯盟和她們對抗時，她們比男性更有可能結成反聯盟，試圖排除對手。然而，在沒有排除他們的威脅時，男女性的行為相同。這些結果與她之前在4歲兒童身上發現的結果相似，4歲女孩更可能藉由形成排他聯盟來因應社會威脅。

社會語言學家珍妮佛・柯茲（Jennifer Coates）在《女性、男性和語言》（*Women, Men and Language*）一書中指出，男性和女性的對話風格截然不同。女性的對話具有明顯的合作性質，在對方說話時會經常使用「回饋詞」（back-channel comments，如「是！」、「嗯！」、「你說的真對！」）回應，並且經常同時附和結尾，聆聽者在說話者說出最後一個詞時重複它。相較之下，男性的談話在語調上更具競爭性，甚至互鬥，他們的談話風格更像戲謔嘲笑，幾乎不會用回饋詞，並且認為重複他人的言語是粗魯的行為。由於兩性談話風格如此不同，因此只要談話群組夠大，兩性的談話圈就很容易分開，這或許不足為奇。然而這確實意味浪漫關係的兩人對話有陷入衝突的危險。我們究竟如何應付這樣的情況？現任蘇格蘭政府高階統計官員的莎拉・格蘭傑（Sarah Grainger）曾是我的研究生，她在咖啡廳裡觀察情侶，研究異性情侶如何處理這種情況，結果女性通常會調整自己的談話風格以適應男性，相信一半的人口聽到這個結論時並不會感到驚訝。

兩性的行為在冒險方面也有一致的差異。青少年和年輕男性通常比女孩更願意冒險，並且願意承擔大得多的風險。包格斯洛・波洛斯基、拉金德・艾特沃（Rajinder Atwal）和我幾年前進行的幾項研究提供了一個無害的例子。我們研究的是人們冒險

錯過赴市中心早班公車的意願，由於公車由特定站點的出發時間及下一班車的延遲變化都難以預測，再加上這項研究是在冬天進行的，因此錯過一班車而不得不等待下一班車不僅會產生時間成本，還會產生在寒冷中逗留更長時間的成本。另一項研究著眼於成人由行人穿越道穿過市中心繁忙馬路時願意承擔的較大風險。在這兩種情況下，男性都做出風險較大的決定。儘管錯過公車，不得不在寒風中等待下一班車的成本並不大，但男性還是把時間扣得比女性更緊，結果趕不上公車，不得不在寒風中停留更長時間，等下一班車。在第二種情況下，男性無論年齡大小，都比女性更不願意等待紅綠燈，而且他們闖紅燈時，也比闖紅燈的女性冒更大的風險（以來車的距離為指標）。更重要的是，當汽車快速接近時，男性過馬路的意願與是否有女性站在一旁等過馬路有關，有女性觀眾時，他們冒險的意願強烈得多。看來冒險是求偶廣告的一種形式：看我的基因多棒——我有能力承擔真正的風險，而且可以安然無恙地脫身。

兩性在追求感官刺激方面，也有類似的強烈差異。一個備受推崇的經典測試是祖克曼的感官刺激尋求量表（Zuckerman's Sensation Seeking Scale），它由4個子量表組成：刺激和冒險尋求（Thrill and Adventure Seeking, TAS，指標活動包括跳傘和登山）、解除抑制（Disinhibition, DIS，指標行為包括嗑藥和酗酒、故意破壞，或不安全的性行為）、體驗尋求（Experience Seeking, ES，指標包括旅行、迷幻藥物和音樂），和無聊易感性（Boredom Susceptibility, BS，指標包括無聊的傾向和需要做如去電影院等的事）。儘管量表內的許多問題現在看起來已經過時，但自1970年代它成形以來，就一直廣泛使用，因此凱瑟琳·克羅斯和吉莉安·布朗能夠探討自量表首次使用以來的35年間，這些人格方面

的性別差異是否隨著社會文化方面的變化而起了改變。她們發現整體得分上的性別差異根本沒有變化，尤其是DIS和BS子量表分數的差異一直非常穩定。TAS的性別差異持續下降（不過依舊可以察覺），但主要是因為男性參與高風險活動的意願下降。簡而言之，兩性在冒險方面有一點性別差異，這似乎和生物學基礎有關，而這些能不能輕易改變則不得而知。

最後一個例子是在稱作「媽媽語」（motherese）的語言形式上，有顯著性別差異。這種獨具特色的說話風格是女性在與嬰兒說話時自然使用的方式。它有高聲調、悠揚頓挫、旋律優美的性質，和誇張的音高輪廓，並且重複不斷，嬰兒可以受到安撫。瑪瑞莉・莫諾特（Marilee Monnot）的研究表示，母親花較多時間以這種方式說話的嬰兒，體重增加得較快，並且更早達到關鍵的發育階段。而男人無論多麼努力，在這方面都非常糟糕，尤其因為他們天生音調就太低，無法提高到夠高的程度，因此他們往往會驚嚇嬰兒，而無法讓他們平靜下來。最近有人把「媽媽語」重新命名為「父母語」（parentese），雖是一番好意，但此舉卻是受了誤導。可惜，改換名稱並不能消除男人的音調比女人低八度的事實。

認知的性別差異

以下是兩性可能會讓你大吃一驚的兩個解剖結構差異。假設你要買沐浴乳，因此沿著貨架尋找你喜歡的那一種。你可能會注意到香皂和沐浴乳是按顧客性別陳列的，在女士貨架上的和男士的完全不同（而且可能更昂貴）。你有沒有想過為什麼沐浴乳男女有別？這不僅僅是為了讓廠商可以為女性商品標更高價格的花

招。幾年前，他們發現男性對皮膚接觸到的粗糙質地較敏感，而女性則對光滑的質地較敏感。因此，它們把男士的沐浴乳製造得較粗糙，而女士的沐浴乳則較光滑，沒有人人都喜歡的中性肥皂這種東西。

第二件奇怪的事可能更令人驚訝。色覺取決於眼睛後部視網膜中三種不同類型的受體細胞（視錐細胞），每一種視錐細胞都對一種不同波長的光敏感 —— 波長大約為430、545和570奈米，我們將其視為藍色、綠色和紅色。綠色和紅色受體由X染色體上的基因編碼，而藍色受體的編碼基因在7號染色體上。這就是為什麼紅色色盲（無法看到紅色）只發生在男性身上，因為男性只有一個X染色體，如果他們感知紅色的視錐細胞基因有缺陷，就會有麻煩，而女性則有另一條X染色體，因此有備份。此外，紅色視錐細胞的基因在它最敏感的光的精確波長方面特別易變，因此如果女性繼承了最高感光度略有不同的紅色視錐細胞基因，那麼她們就可以看到紅色和近紅色2種版本略有差異的紅色（但男性從不會如此）。這種情況被稱為四色視覺（tetrachromacy，或 four-colour vision），比大多數人所知的更加普遍：雖然大家的估計各不相同，但可能多達1/4的女性有這種情況。更罕見的是五色視覺（pentachromacy），這種女性可以區分5種不同的顏色 —— 紅色、近紅色、綠色、近綠色和藍色。其實這種性別差異並不是那麼不尋常。儘管所有舊世界的猴子和猿都有三色視覺，但在新世界猴子中，有些雌猴具有完全正常的三色視覺，但雄猴卻只有3種中的2種（而且未必是相同的2種）。因此，如果一個男人被問及伴侶的兩件衣服是否搭配，他說「是的，它們當然相配」，但她卻明顯看出它們不配時，可能有非常簡單的解釋。兄弟們，要把這個明顯的教訓學起來，下次要說得更模稜兩可。

大腦充滿了性別差異。首先是這三點：男性大腦比女性大腦大（大10%左右，大致相當於身體大小的平均差異），女性大腦有更多的白質（連接大腦內不同部位的神經元）和更大的前額葉皮質。女性大腦也比男性大腦更早達到成年狀態，和社會成熟度的年齡差異相近。白質差異對於整合大腦不同部位的能力具有重要意義，因此可能說明女性在同時處理多項任務方面有更好的技巧。這也可能意味著她們更擅長整合來自不同感官的訊息，因為這些訊息通常在大腦的不同部位處理。這可能讓女性在不同個體之間的社會領域做出更有效的區分，因此在擇偶的競爭標準之間找到某種平衡。此外，神經影像學研究的證據顯示，女性右前額葉皮質的體積更大，尤其是眶額葉皮質——這些區域在管理社交情緒反應、心智化和社交網絡規模方面都至關重要（正如我們在第3章、第6章所見）。

　　雖然兩條性染色體X和Y顯然負責決定我們的生理性別，但有時它們會在配子（或性細胞）的產生過程中複製，因而導致不尋常的組合。其中最常見的是XXY或XXXY〔柯林菲特氏症（Klinefelter's Syndrome），其發生頻率分別約為每1千名男性出生就有1名和每5萬名男性出生就有1名〕、XYY〔超雄綜合症（Supermale Syndrome），每1千名男性出生就有1名〕和X0〔透納氏症（Turner Syndrome），每5千名女性出生中就有1名〕。許多具有這些組合的人都有種種發育障礙，而且有時可能不孕。

　　女性身體藍圖和大腦是哺乳動物的預設值，男性表型的轉換是在胎兒發育過程中由Y染色體刺激睾丸酮的分泌而觸發。事實上，這似乎是Y染色體所做的唯一一件事。然而，這取決於環境觸發因素，稱為「成為男性的競賽」。只有在胎兒體內累積了足夠多的脂肪細胞（男嬰出生時較大的原因之一）時，它才會這

樣做。這有可能不會發生，尤其如果胎兒在某個關鍵時刻挨餓。如果這種轉換沒有發生，性腺就無法在胎兒發育過程中產生足夠的睪丸酮，把預設的女性大腦轉換為男性大腦，因此它們無法發展成男性的身體藍圖（儘管在青春期之後，她們可能具有更男性化的體型，成為異常優秀的運動員）。這些女性具有男性XY性染色體，但在解剖構造和心理上都是女性，只是因為性腺功能不全，通常無法生育——原本就是這問題所導致。這種情況稱為斯威爾症候群（Swyer Syndrome），每10萬名女性出生中就有1名發生。

也許最令人困惑的案例是福吉・迪勒瑪（Foekje Dillema），她是1940年代荷蘭200公尺女子世界紀錄保持者。儘管1950年基因性別測試引入時，她拒絕接受測試（引起當時體育當局極大的焦慮），但隨後的測試顯示，儘管她的表型為女性，但由基因上看，她是XX／XY鑲嵌（XX／XY mosaic，有些細胞是XX，有些是XY）。形形色色的遺傳鑲嵌在動物中絕非罕見（在植物中確實很常見），但這種性別鑲嵌似乎非常不尋常，尤其是在人類中。這提醒我們，生物學從不單純。

這些不尋常的基因組合為我們提供了自然實驗，可以深入了解X和Y染色體各自對兩性之間認知差異的貢獻。在著名的斯德哥爾摩卡羅林斯卡神經科學研究所（Karolinska Neuroscience Institute）研究的伊凡卡・薩維奇（Ivanka Savic）掃描了XY和XXY男性（正常人和柯林菲特氏症患者）和正常XX女性的大腦，並從他們的血液樣本測量了在血液中循環的性荷爾蒙。她發現X染色體越多的人，杏仁核、尾狀核、顳葉和島葉單位（其中許多與情緒反應有關）的體積就越小，頂葉和與眶額皮質相鄰的額葉部分體積就越大。Y染色體本身似乎沒有可檢測到的影響。

此外還有證據顯示，睪丸酮的量與其中一些差異有關，表示它可能受到影響而改變。小腦部分運動皮質似乎受到X染色體基因控制，但Y染色體卻沒有同等的影響物質，而如杏仁核和海馬旁迴等邊緣結構受睪丸酮和在Y染色體上有同等物質的X染色體基因共同影響。阿姆斯特丹自由大學（Free University）的茱蒂‧范海曼（Judy van Hemmen）對斯威爾症候群（XY）女性進行了類似的分析，發現她們的大腦基本上具有更像女性的結構，這再次顯示血液中的睪丸酮在幼兒早期發育期間對切換到男性大腦有關鍵影響，但在這些案例中並沒有這樣的狀況。這些結果似乎與基因組印記的影響平行，表示我們的邊緣系統（情緒反應）來自我們的父系基因，而決定我們新皮質（智慧思考能力）的基因則來自我們的母系基因（見第3章）。

越來越多的證據顯示，男性和女性的大腦可能以不同的方式處理作業，儘管它們的表現沒有差異。艾蜜莉‧貝爾（Emily Bell）和她在加拿大中部亞伯達大學（Univeristy of Alberta）的同僚研究了男性和女性在處理單字生成作業、空間注意作業和記憶作業這三種不同類型認知作業時，大腦作用的位置，儘管認知作業再怎麼說都不算社會性，因此兩性大腦在處理它們時的位置可能並不會不同。在單字作業中，男性在前額葉皮質（表示他們必須更努力思考）以及頂葉和扣帶迴部位的活動比女性多；而在記憶作業中，男性在頂葉和枕葉的某些部分表現出比女性更多的活動──在這兩種情況下，它們完成任務的程度沒有區別。

我們往往相信男性在空間或地圖任務中的表現比女性好，但其實這取決於所涉及的任務類型。在貝爾的研究中，男性在空間注意作業上的表現比女性好，即使這項作業在兩性大腦中的處理方式並沒有差異。可是伊莉莎白‧魏斯（Elizabeth Weiss）和她在

奧地利因斯布魯克大學的同僚研究空間旋轉作業（想像形狀在空間中如何轉動的能力，在繪圖時是很重要的特性）時，發現了兩性大腦處理這個作業的位置有顯著的性別差異，男性在頂葉皮質有更多活動，而女性在右額葉皮質（一個與活躍思維特別相關的部位）。縱貫影像研究的證據顯示，這些差異在兒童時期很早就出現，並且在青春期和成年期都保持不變。

米蘭大學的愛麗絲・普羅維比奧（Alice Proverbio）和同僚向男性和女性展示了人物圖片和場景圖片，並記錄了他們看圖片時的腦電波活動。女性對社交場景的反應比男性大得多，尤其是在顳葉和扣帶皮質的部位。換言之，女性似乎天生就比男性對社交世界有更多反應。在對英國人體生物資料庫（見第3章）的分析中，丹尼洛・布茲多克發現在大腦獎賞迴路（尤其是伏隔核）隨不同社會性指標變化的方式上，兩性有顯著的差異：親密關係少、社交圈較小、社會經濟地位較低的男性，伏隔核較小，但女性沒有這種影響。然而，在對家庭關係表現出較高滿意度的女性中，腹內側前額葉皮質（ventromedial prefrontal cortex）的體積較大；在男性中，這個部位的體積僅與性伴侶的數量相關。由於腹內側皮質與獎勵體驗有部分關係，因此這表示男性和女性可能會認為社交過程的不同部分使他們滿足（一種情況下是與他人互動，另一種情況下是與他人發生性關係）。

獎勵系統神經解剖學的這些差異在這些系統的生理學中也出現同樣的結果。在最近的一項研究中，托比亞斯・卡倫舍（Tobias Kalenscher）發現，在邀請男女兩性受測者與其他人分享金錢報酬的實驗中，兩性對多巴胺的反應有性別差異。如果以化學方式降低大腦對多巴胺的反應時，女性會變得更自私，而男性變得更親社會。在一項平行的神經影像研究中，他們發現女性在

做出親社會決定時，紋狀體（與多巴胺攝取相關的大腦部位）的活動比她們做自私決定時增加，但其他部位沒有變化，而男性則沒有表現出任何變化。

有時候，遺傳對社會性的影響受到個性其他方面的介導（mediated）。在我們的大型遺傳學研究中，艾莉．皮爾斯證明多巴胺受體基因對男性的社交性性取向指數（SOI，衡量雜交傾向）的影響由衝動介導。相比之下，女性腦內啡受體和加壓素基因的變異獨立地影響體驗開放度，進而影響SOI分數。同樣的，腦內啡受體基因對女性親密朋友數量的影響是由外向性人格特性介導，但男性則不然。

*

很明顯，回顧社會性中的性別差異，以及其基礎神經生物學的一些證據，可以清楚看出兩性實際上生活在兩個截然不同的社交世界裡。這並不是說他們互不相容，只是說他們以非常不同的方式處理關係。重要的是要記住：這些性別差異並非絕對，它們只是在某種程度上重疊的兩個分布平均值。可以拿身材作為類比：男性平均比女性高，但並非所有的男性都比所有的女性高。在身材是影響某個特徵主要因素的情況下，男性和女性會有所不同，但有些女性會比某些男性更能表現出這種特徵。同時，我們不應該過度籠統。兩性社交風格存在根深柢固的性別差異這一事實，並不表示男女所有特徵都存在差異。

| 14 |

為什麼友誼會結束？

這是有史以來最短的極短篇，只有兩句話：

「我要和你分手！」
「他／她是誰？」

我們對人類心理的本質瞭若指掌，因此可以不費吹灰之力就用這兩句話編出整個故事的來龍去脈。我們一眼就看出這件事的背景，兩個主角的想法和感受，也知道接下來會發生什麼，最後會如何結束。這不僅顯示出我們傑出的心智化能力以及這些能力讓我們能夠洞察其他人想法的方式，也反映了在現實人生中，人際關係經常破裂的事實，讓我們在第一個句子之後，已經料到答案是什麼。根據英國國家統計局估計，2012年，42%的英國婚姻以離婚告終。

關係以兩種方式消逝——逐漸凋零，或者災難性的破裂。我們通常把後者與浪漫關係聯想在一起，可能是因為大部分的浪漫關係都免不了會以非常公開的爭吵結束。另一方面，友誼通常沒有那麼親密的關係，因此不會那麼激烈地消失，往往只是悄悄地消磨殆盡。我只是沒有那麼費心要經常見到你，因此你漸漸由我的記憶中消褪，由我的友誼網絡節節後退，最後落入最外層的點

頭之交。然而，親密的友誼往往表現得更像浪漫關係，密切的家人關係亦然。

由我們對年輕人離家上大學的關係研究中，可以清楚看出友誼和親屬關係的不同。學生時代的舊友誼很快就消失，因為它們由在大學結識新朋友的新友誼所取代。在我們沒有經常看到對方，維持先前親密情感的關係時，友誼就會消逝——尤其是在雙方都沒有花力氣努力之時。所以這種關係消逝的趨勢是悄悄地褪色，幾乎是偶然，而非出於刻意的設計。友誼之路是由再次相聚的心願鋪成的，難免會有內疚之情——我們一**定**要約個時間聚聚……只是不知道為什麼，有時實在有太多其他的事情優先，因此相聚的時間永遠不會到來。相較之下，家庭關係卻可以承受像在大西洋中拋錨一樣的停頓，部分是因為家人的拉力（親屬關係優惠），部分是因為緊密結合的家庭關係網絡意味著人們不會完全忘記你。總是有親屬會讓每個人都知道其他人的最新動態，減少親戚之間的疏遠。你永遠無法完全逃脫，除非你徹底切斷自己與他們的關係。

家人比朋友更寬容——不僅是對一再失聯的人，也包括一路走來免不了會發生的小規模背信行為。我們可能會覺得親戚真的很煩人，但是在緊急情況發生時，我們幾乎總會挺身而出，幫助他們。然而，這種對家族提高容忍度的不利之處在於，在我們最後終於超過違背他們的限度時，我們的關係很可能會徹底破裂，無法挽回。

終局階段

那麼究竟是誰和誰鬧翻呢？我們著手探索這個問題時，很驚

訝地發現幾乎沒有這方面的研究。儘管有一些關於關係為什麼結束的研究，但它們往往集中在最親密的關係——戀愛的對象和最好的朋友。我們找不到任何研究可以告訴我們，友情是否比家庭關係更脆弱，或者親密關係是否比遙遠的關係更危險。為了填補這個空白，我們在網路上做了調查，請大家告知他們在過去一年中關係破裂的經歷。在回覆問卷的540人中，有413人報告了過去12個月總共902段關係的破裂，相當於每人每年平均關係破裂約1.5次。雖然女性報告的破裂關係略多於男性，但兩性之間的差異很小，在統計學上沒有太大的意義。由於我們要求他們考量大約150人的完整大社交網絡，因此這代表整體關係的1%，算是相當少。然而，我們通常不會與我們不常見面的人鬧翻，因此可以想見反目的情況大半都與最親密的朋友圈相關。由於這樣的朋友圈平均約為15人，因此這可能代表每年有約10%的好友圈關係崩潰。如果你每年喪失核心圈關係的10%，那似乎意味著大約10年的時間你就會與最內兩層人際關係圈的所有成員失和。然而，就像有些人比較容易說謊一樣，有些人比其他人更容易和人鬧翻。在宣稱過去12個月內至少有1次關係破裂的人中，62%有1至2次關係破裂，30%有3至4次，只有8%有5至10次。不過有一個人聲稱他在1年內至少有21次關係破裂。1年中有20次關係破裂，意味著你幾乎與對你很重要的每一個人都鬧翻了，或者與1個人鬧翻了很多次。

近一半的關係破裂發生在關係的前3年內，其餘的大部分是與你認識了大半輩子的人關係破裂——當然，主要是親密的家人。換句話說，破裂發生在一段關係的早期或晚期，但很少發生在兩者之間。資料顯示，與非家庭成員的關係破裂可能比與親屬的破裂發生得更早——通常在與非親屬相處3年後，和與親屬相

處7年後，這可能反映了親屬關係優惠，以及親屬更願意忍受你不當的行為，必須在忍無可忍之後才會爆發。

在破裂的關係中，有令人驚訝的高比例（大約1/4）與親密的家庭成員有關。然而由於家人約占我們150個親友的一半，意味著與家人關係破裂的可能性是與朋友關係破裂可能性的一半，再次顯示親屬關係優惠在某種程度上可以緩衝，避免親屬關係破裂。儘管如此，我們可能擁有的三種最親密的關係——父母、浪漫伴侶和最好的朋友——各占所有破裂關係案例的1/3，比例大致相等，女性所報告與父母和戀人鬧翻的案例比男性多。由於我們通常都有父母兩人，只有一個浪漫伴侶和一個最好的朋友，因此這個數據仍然顯示父母的關係破裂受到緩衝，每一位父母只經歷浪漫伴侶或最好朋友所經歷破裂關係的一半。

與浪漫伴侶關係破裂也許可以理解，但與親密家人關係破裂的頻率這麼高，令人有點不安。不安的原因是因為，當你在危急關頭、窮途末路時，只有這些人會竭盡所能協助你。與手足或阿姨／叔叔和侄女／侄子等其他近親關係破裂，往往發生在父母雙亡之後。這似乎很常見，因此現在有幾十個名稱類似如下的網站：「當死亡帶來最糟的結果時」、「親人死後家庭糾紛」、「父母去世後如何面對手足」、「（父母）去世，我們子女分道揚鑣」、「如何避免父母去世後的家庭衝突」，顯然這是比我們想像普遍得多的問題。最近在美國進行的一項大型全國樣本研究發現，父母去世幾乎對所有的手足關係都產生了不利的影響。這些裂痕往往來自一或兩個壓力來源：手足中的一人承擔了照顧臨終父母大部分的責任，和關於繼承的糾紛，或者，偶爾也會對於葬禮究竟應該採取什麼形式發生爭吵。彷彿父母一直壓抑著醞釀中的爭吵，而他們的去世讓交戰各方再也不相往來。在許多實例

中，這些分裂似乎都是永久的。

當然，從某種意義上說，這些都是特例，一輩子只會發生一次，而且所牽涉的對象非常明確。儘管如此，它們還是提醒我們，即使這些在所有關係中最持久，在承受壓力之時卻是如此脆弱。一個親密家庭成員的死亡，即使是在意料之中，依舊是壓力事件，而且這種壓力會滲透到我們所做的一切。任何弱點，任何裂縫，即使平常會有所保留，如今都會有爆發的風險。

在我們的調查中，人們鬧翻的對象存在顯著的性別差異。我們列出了24種受測者可以一一指明的不同類型關係，由父母和浪漫伴侶到泛泛之交。女性受測者與所有24種關係對象都曾鬧翻，但男性則只有14種。男性沒有與子孫、同父異母或同母異父的手足、阿姨／叔叔、堂表親、繼父母或其他更遠的親戚鬧翻的情況。女性則會與所有這些關係都決裂，儘管對某些類別的親戚，這樣的頻率比與其他類型的關係低得多。女性比男性更可能與後代、浪漫伴侶、非最好的朋友，和除了同胞手足之外的任何親戚撕破臉。相較之下，男性更容易和同胞手足、同事，或與他們同住的人鬧翻。男性與男性或女性決裂的可能性是一樣的，但女性和女性鬧翻的可能性是她們與男性鬧翻的2倍，顯示女性與女性的關係尤其脆弱。

為何友誼破裂？

知名的英國社會心理學家麥可・阿蓋爾（Michael Argyle）對關係和關係破裂曾做過開創性的研究（我在1960年代曾是他的學生）。1980年代，他和合作的莫妮卡・韓德森（Monika Henderson）進行了一系列擴展研究，檢視友誼背後的規則。他們

找出了6條維持穩定關係必不可少的關鍵規則，即朋友不在場時為他們挺身而出，與朋友分享重要的消息，在需要時提供情感支持，互相信任和傾訴，在需要時志願提供幫助，以及努力使對方快樂。他們認為，破壞這些規則中的任何一項，都可能會削弱關係，而破壞多項，則可能導致關係徹底破裂。

他們注意到，當人們回顧這些破裂的關係時，比較可能把負面行為歸咎於對方，而把正面行為歸於自己，這是一種經典的心理偏差，稱作歸因謬誤（Attribution Error），如「絕不可能是我錯，所以一定是你錯」。他們也注意到年輕人（20歲以下）比年紀較長者更重視社會大眾的批評，女性最重視的是未能公平地分配時間和給予積極的關注、情感上的支持，而男性更加重視負面的事件，例如成為笑柄或公開戲弄的目標。男性應付這種嘲諷的能力似乎不如女性，或許是因為名聲對他們來說更重要。然而，這並不適用於全男性的群體，在那樣的群體中，這種玩笑非常普遍，而且廣受歡迎。

在關係破裂的調查中，我們為受訪者提供了關係可能失敗的11個原因。按照他們回答中由最普遍到最不常見的順序排列，依次是：缺乏關懷、溝通不良、逐漸疏遠、嫉妒、酗酒或嗑藥造成的問題、對關係的焦慮、來自對手的競爭、他人的「煽動」、疲憊、誤解和夫妻之間的文化差異。最常見的3個原因（在逐漸疏遠之外）是缺乏關懷、溝通不良和嫉妒。這3個因素占所有關係破裂案例的50%以上。有些案例清楚地指出了關係動態中的問題，其他的則指向和七大支柱相關的同質性問題。

一個可能的原因是我們總把親密關係視為理所當然，我們的期望變得太高了。語言學家西米恩·弗洛伊德（Simeon Floyd）、尼克·恩菲德（Nick Enfield）以及他們在荷蘭奈梅亨（Nijmegen）

馬克斯‧普朗克心理語言學研究所（Max Planck Institute for Psycholinguistics）的同事在不經意間提供了很好的說明。他們對人們表達感激的頻率產生興趣——我們是否總是會感謝別人對我們的親切仁慈？為了了解這一點，他們搜尋了世界各地（南美、歐洲、非洲、南亞和澳洲）8種不同語言對話的資料庫，找到超過1500段某人要求某個事物的對話，並確定這個請求是否已獲同意（大約1000件），以及請求者是否用表達感謝的詞語（例如「謝謝」）回應。他們發現，平均而言，請求者僅在5.5%的情況下回應了「謝謝」或類似的回覆。英國人最有禮貌（占請求的14.5%），厄瓜多爾的查帕拉印第安人（Cha'palaa Indians）最不禮貌（0%）。學者的結論是，儘管傳說人們會表達謝意，但實際上人們並不常表達感激之情，至少對日常的恩惠是如此。然而，他們檢視的對話幾乎全是家庭成員或親密朋友之間，而這正是我們不說道謝之處。我們理所當然地期待家人和朋友同意我們的要求，作為友誼「交易」的一部分，因此不需要感謝。事實上，我們甚至在向這些人提出請求時，也不會說「請」，更不用說事後說一聲「謝謝」了。我們就是期望他們會出於義務，為我們做這些事。各位不妨自己觀察一下，感謝之詞是留給陌生人或不太親密的朋友，我們通常不會指望他們會做出無私的行為。但問題是，**持續地**不用任何方式表達謝意（光是微笑，並不會被記入學者用來分析的語言資料庫），到頭來必然會惹惱別人。經常這麼做，或者老是只接受幫忙而不回報，對方就會心生不滿，逐漸喪失對你的信任，也不再重視對你的義務。

對於關係破裂的原因，兩性的看法也有顯著的差異。男性比較常提到的原因是逐漸疏遠、酗酒或嗑藥問題、對手的競爭和其他人的煽動，女性較可能會提到溝通不良、嫉妒和疲倦使她們較

少關心朋友。由此可以看到男性傾向於責備他人，而女性往往會責怪自己的現象。正如安娜・馬欽的調查所顯示的，兩性之間的親密關係——不論是浪漫或其他的關係，為什麼會特別脆弱，可能是因為兩性對這些關係有截然不同的期望，而女性對它們的期望高於男性。社會心理學家傑佛瑞・霍爾檢視了探討這個問題的36項包括近9千名受測者的研究。整體而言，女性對人際關係的期望比男性高得多，尤其是在互惠（忠誠、信賴、相互尊重和支持）、真誠和交流（願意披露自己和維持親密關係）方面。交流的差異反映出一個廣為人知的女性行為特性，即照料和結盟（tend-and-befriend）。

相較之下，男性只有在一個範疇的期望高於女性，霍爾稱之為「力量」（agency，從事身體活動以及爭取地位）。尤其男性較常結交地位較高的同性朋友，這個差異特別明顯。即使控制受訪對象的年齡和種族，這些差異依舊存在，只是差異的程度似乎確實隨著年齡而增加。馬欽對浪漫伴侶和最好朋友的研究也顯示，兩性對關係的期望差異常常成為爭端的原因。甚至連社交風格的差異這麼單純的事都可能因為混亂的訊息而導致衝突。男人的友誼就像他們的談話一樣，通常比女性的友誼更具對抗性，往往取笑對方，更常爭占上風，他們採取的方式在男性認為是友善的，但女性卻視為威脅，甚至是故意挑釁。女性對這種行為會比男性更快生氣。

離婚統計資料似乎也支持這個結論。在英國，2017年有近2/3的異性夫妻離婚申請是由女性提出，而同性伴侶的離婚申請中，有3/4是女同性戀伴侶（而非男同性戀伴侶）。在這兩種情況下，最常見的離婚原因是行為不可理喻，女性較可能以此作為離婚的理由（女性為52%，男性為37%）。在女同性戀婚姻中，

行為不可理喻也是最常見的離婚原因（83%，而男同性總以此為原因離婚的案例占73%）。這再次顯示女性的親密關係可能較脆弱，而男性對破壞關係穩定的事物往往更不在乎，或者只是更不注意。

我們早期曾對社交網絡做過一個研究，探索性格與親密朋友和家人之間的關係。這項研究的想法是由露絲‧威爾遜（Ruth Wilson）所提出的（當時她是我們的學生，後來在倫敦任教）。我對這項研究的一個特別發現非常驚訝，但如今回顧起來，它似乎與關係為什麼破裂這個問題有密切的關係。這個發現就是：在神經質量表得分高的女性，女性親戚明顯比其他人都少——但她們的男性親戚則和其他人一樣多（這並不表示她們患有臨床精神疾病。神經質層面只是意味著高於平均程度的焦慮、喜怒無常、擔憂、憤怒、沮喪、孤獨和沮喪。在臨床上，這樣的人在其他方面是完全正常的）。對於這點，我們感到非常困惑，因為不可能每個神經質分數高的人都會出生在女孩數量低於平均數量的家庭。這在生物學上沒有任何意義，唯一合理的解釋是，她們惹惱了女性親戚，因此那些親戚和她們斷絕往來。

安娜‧希特莉（Anna Heatley）對墨西哥和英國學生做了有關孤獨的研究，提出了這種情況的一個可能原因。她發現女性報告的孤獨感大於男性。依戀安全感低的人通常覺得他們得到的情感支持較少，擔心他們的人際關係，比安全感較高的人感覺更孤獨。這些正是導致關係不符預期，破裂風險增加的條件。這類人很容易變成累贅——永遠都在敲你的門，或是打電話給你，不斷哀嘆他們人生的苦難。最後你受不了，只好竭盡全力避開他們。

如果是這個原因，那麼它遲早都會出問題。在其他人都放棄你時，只有你的女性親戚會竭盡全力幫助你。因此，冷落女性親

戚的這些女性疏遠了她們最佳的支持來源，這似乎是個適得其反的策略，但它提醒我們人際關係多麼敏感。如果你太過份，就會失去它們。親近的家人堅持的時間會比遠親更久，但到頭來，人人都有他們的限度。部分的問題在於現代人都很忙碌，我們忙著擔憂自己的社交網絡。如果你強迫我對你付出太多的時間，就意味著我花在其他朋友身上的時間得要減少，而他們對我可能很重要。一如平常，人生的一切總是在各種選擇之間做出權衡。這也提醒我們，老是發牢騷對友誼的破壞力可能就像背叛信任一樣。

在關於婚姻破裂的文獻中不斷出現的一個重要問題是，在分居和離婚後，男性容易發生憂鬱症和自殺。部分原因可能是因為男人的友誼通常比較隨興，不像女性在碰到這種情況時，其他女性會提供情感支持。然而，更糟糕的是，通常女性會理所當然地創造及管理夫妻倆綜合社交網絡的責任。因為女性在社交上比男性更主動，男性往往處於由妻子的朋友主導的社交網絡，因為妻子會安排社交活動，而丈夫只是跟從。妻子們常常會鼓勵她們的丈夫聯繫男性老友，但丈夫通常只是讓她失望地聳聳肩。不管為了什麼原因，在離婚或喪偶之後，男性都有可能面臨除了自己的家人之外，沒有社交網絡的風險。雖然有人善意的嘗試鼓勵男性更常表達情感，甚至讓他們在童年就學習，以免未來會碰上問題，但這恐怕只是對牛彈琴。它似乎反映了人們未能理解男性和女性在這方面真的截然不同。

遭拒絕的痛苦

以災難方式結束的關係令人深感痛苦，甚至痛苦到不免落淚的地步。3/4的人會把因分離或死亡而失去摯愛列為畢生最創

傷、最痛苦的事，我們通常把這種經歷描述為「心碎」。這顯然是一種心理現象，但幾乎所有的文化都用身體疼痛的言詞來描述它。原因是我們大腦中感到心理痛苦的地方，正是感到身體疼痛的同一個地方。

我們對這個問題能有這樣的了解，都是拜美國神經學者娜歐米・艾森柏格之賜。為了探索在遭社會排斥期間大腦的情況，她用了一個非常簡單的電腦遊戲，是由印地安那州普渡（Purdue）大學的基普・威廉斯（Kip Williams）開發的網路球（cyberball）。參與遊戲的有3個人——你（通常被視為電腦螢幕下方的一雙手）和螢幕左右兩側上方的另外2名「選手」，它們其實是由軟體控制的頭像——當然還有一個虛擬的球，由一雙手丟給另一雙手。當你接到球之後，可以移動操縱桿，決定把球扔給誰。通常受測者會以為他們是透過網際網路與真人進行虛擬接球遊戲。你們3個人拋球接球，但到某一點之後，2個虛擬化身只彼此前後傳球，不再理會你。這個簡單的遊戲引發了令人驚訝的強烈負面情緒，是非常真實的遭拒感受。

艾森伯格發現，當人們在網路球比賽中遭社會排斥時，大腦中特別活躍的部位是前扣帶皮質（ACC）和前島葉（AI，埋在頭部兩側的皮質裡）。人們描述自己越痛苦，這些部位就越活躍。這些部位正是大腦回應身體疼痛的同一部位。它們和疼痛**感覺**的部位（似乎涉及體感皮質區和稱為後腦島的部位）不同；而是你感知疼痛的部位。受慢性疼痛所苦的人如果ACC和AI遭到破壞，仍然會感到疼痛，只是疼痛不再困擾他們。如果去除體感皮質和後腦島，他們就根本感覺不到疼痛。ACC和AI是大腦中腦內啡受體密度最高的部位之一。

更進一步的證據顯示，大腦的同一塊區域和各種來源的肉體

和社會帶來的痛苦都有關。針對同時進行社交排斥和身體疼痛作業活動的大腦活動研究發現，這兩個作業的大腦活動部位有相當大的重疊。其他研究發現，社會創傷會提高對身體疼痛的敏感，而造成身體疼痛的發炎則使我們對社會痛苦更加敏感。在一項研究中，受測者先服用常規劑量的非處方止痛藥（普拿疼）2週：當他們接受社會排斥作業的測驗時，對被排除的敏感度較低（他們說自己受傷害的感覺較少），他們的ACC和AI活動也較少。OPRM1基因調控腦內啡受體，有些人有這個基因的對偶基因，使他們對身體疼痛特別敏感，結果這些人對社會排斥變得異常敏感，並且在社會排斥的實驗性事件中，ACC和AI也有更多的活動。

也許不足為奇的是，導致對社會排斥更高敏感度的因素，包括自卑、對他人過度敏感、覺得自己與社會脫節以及在依戀量表靠焦慮那一端的因素，全都與面對社會排斥時ACC和AI的活動增加有關。相反的，降低排斥敏感度的因素，例如獲得社會支持或較迴避型依附（avoidant attachment）風格（冷淡的社交風格），則減少大腦這些部位的活動。對拒絕較敏感的受測者觀看人們露出不贊同面部表情的影片時，他們的ACC活動也增加。在珍妮佛・史密斯（當時是我的學生）設計及執行使用網路球遊戲的實驗中，我們發現受測者的痛閾（腦內啡的指標）在遭拒絕後提高，尤其是說自己在小學（但非中學）曾被欺負的人。社會經歷似乎會產生終生的效果，使我們長大後對社會環境更加敏感。

在一項研究中，請剛和浪漫伴侶分手的人一邊看著前任伴侶的照片，一邊思索究竟發生了什麼事，結果發現他們ACC和AI的活動特別活躍。同樣的，注視最近去世摯愛的照片也導致這兩個大腦部位的活動增加。胎兒剛夭折不久的婦女在觀看其他人寶

寶的微笑照片時，ACC的活動也增加。即使是觀看以拒絕為主題的畫作，與觀看描繪接受場景的畫作相比，ACC和AI的活動也會增加。

有趣的是，ACC在爬蟲腦中似乎沒有相對應的部位，表示它是在高等脊椎動物（鳥類和哺乳動物）中演化而來的，也許是在動物初次開始親代撫育，對尚未獨立的後代表現出父母的關心之時。如果你透過手術去除倉鼠的ACC，母性行為就會消失，牠們對自己的幼鼠完全沒有興趣，也不會去尋找牠們，或把牠們帶回窩裡。然而在所有其他的社會行為方面，牠們都非常正常。去除囓齒動物幼兒的ACC，也會抑制牠們在離開母親時通常會發出的求救呼號，而用電刺激ACC則會使牠們發出求救的呼號。因此，我們對他人的聯繫感很可能源於在哺乳動物中建立和加強母子關係的機制：我們只是把這種機制擴及其他成年人（當然，包括浪漫伴侶）。在人類身上，ACC的病變減少了我們對他人意見的關注，這顯示了ACC在處理我們的社會關係方面發揮了核心角色。這個位置萬一中風就不妙了，即使你擁有其他所有的能力，可以正常說話，並且身體強健，但是你可能因為沒有注意到他人對你所說的話有什麼反應而出言不遜，也可能不會適時表現關懷，而這些都會使友誼難以維繫。

好好哭一場，心情好起來

當我們難過或痛苦時，就會出現一種奇特的行為。我所謂的奇特，一方面是因為沒有其他物種會這樣做，一方面也是因為它似乎在生物學上並沒有太大的意義。這種行為就是哭。哭和友誼息息相關，因為人際關係常常會以淚水告終。大多數動物的眼睛

會產生某種淚水，以保持眼睛表面濕潤，並沖出免不了會積聚在眼睛裡的灰塵和汙垢，只有人類似乎有能力讓眼淚氾濫。哭泣和眼淚可以是對身體疼痛的反應，但真正奇特的是，它們更常是對心理痛苦的反應——社會排斥的痛苦，摯愛去世造成的痛苦，甚至只是對他人困境的同情，都是比身體傷害更容易觸發眼淚的因素。確實，在這些情緒化的情況下，人們總是鼓勵我們放聲一哭，最好把一切都發洩出來，你就會感覺好得多。更奇怪的是，許多最成功的電影都不是讓我們發笑，而是讓我們哭泣的電影。喜劇通常被視為微不足道，悲劇則被視為嚴肅的藝術。

對於這種奇怪的行為，科學一直沒有讓人滿意的解釋。有個說法是，哭泣會讓其他人同情你，並為此採取行動——或者停止做任何導致你哭泣的行為。其實人在遭受攻擊時並不常哭，所以不太可能會讓攻擊的人停止。就算我們因身體受到攻擊而哭泣，那也會是在事後。心理學者羅伯特・普羅文曾做過許多很有深度的人類情感行為研究，正如其中一個研究所顯示的，人們看到一個人淚流滿面，總會覺得他比表情相同但沒有眼淚更悲傷。哭泣的幼兒很快就會被人抱起來安撫。然而，大家避而不談的是，在不危及生命的情況下，為什麼痛快地大哭一場會讓你感覺舒暢？為什麼你會因為羅密歐和朱麗葉死在彼此的懷裡而哭泣？

事實上，爭取同情可能只是更重要事物的演化副產品。哭泣真正的好處是源自於我們感到心理上的痛苦，可能和腦內啡系統有關。由於腦內啡系統提供大腦本身的內建阿斯匹靈，心理痛苦自然會觸發腦內啡反應，既能減輕痛苦，又能給我們一點鴉片類藥物的快感，讓我們感覺更舒暢。換句話說，哭的起源可能在於它直接為我們所做的——讓我們感覺更舒服，而不是它間接達成的喚起他人同情的效果。

和解

　　親密的家庭關係和浪漫關係似乎特別容易面臨災難性的結束。正是因為這些關係以如此激烈的方式破裂，因此也最難和解。在我們約900個關係破裂的網路樣本中，近45%到調查時尚未和解。當然，其中有些關係破裂可能就在調查前不久，因此沒有足夠的時間和解。大約40%的反目會在1週內和好，但在那之後，比例急速下降至僅有1%的關係能持續1年的。我們的資料顯示，平均而言，大約每2.3年，就會有一個末期（即不協調的）關係破裂。這大約相當於在你成年生活中會有30段關係鬧僵。如果要和解，就會在破裂後的最初幾週內發生，否則就會變成半永久的決裂，雙方都不願意啟動和解的過程。

　　在我們對關係陷入僵局的調查中，曾請受訪者告訴我們和解是如何達成的。到目前為止，最常見的行為就是簡單的道歉（幾乎占成功和解總數的一半）。其次常見的和解行為和道歉或調解無關，通常相關的人會坦率地討論分歧之處，對損失提出財務上的賠償，或者乾脆「暫停」（雙方一段時間不見面，讓情況緩和下來），這種作法占所有和解的40%。或許令人驚訝的是，帶一束花或類似的禮物出面是最少見的情況，贈送禮物或參與與鞏固社會關係相關的運動或社交活動以求和解，不到所有和解的15%。

　　女性反目後，不肯和解的時間比男性長。就女性而言，47%與女性關係鬧僵之後一直沒有和解，與男性翻臉後未和解的比例是40%，而男性與女性關係破裂後有37%一直未和解，男性與男性交惡後未和解的比例是33%。不論男女，與配偶反目之後，比與父母或好友決裂更可能和解。然而，與至交翻臉的關係在這些

關係中最不可能和解。可想而知，在這幾種關係中，至交鬧翻後當事人感覺最憤憤不平，而且情感親密度的差異難免也最大，尤其是女性。女性對於接受作為和解證據的要求也比男性更高。

女人似乎沒有男人那麼寬容。這是詩人和劇作家一再描寫的主題。早在西元前430年，希臘悲劇大師尤里比底斯（Euripides）就描繪了反英雄美狄亞（Medea），儘管她為丈夫傑森犧牲了一切，但不忠的他卻為一名希臘公主而拋棄她，她勃然大怒，於是殺害自己（和傑森的所生的）孩子以及他的新情婦，作為可怕的報復，讓自己既是受害人，同時也是殺人凶手。

這提出了一些關於因果關係的基本問題。要是這發生在浪漫關係，那麼我們可能把它單純地視為女人是受害者的結果，因為女人更常受到男人不經意的背叛，也因他們的冷漠和缺乏關懷而受折磨。然而女性與閨蜜的關係也和與浪漫伴侶的關係一樣，可能是因為閨蜜（至交）的交情就像浪漫情人的關係一樣濃烈和親密。或者也可能是因為女性所有的關係都比男性隨興的關係更強烈，使她們比男性更容易感到憤怒，憤怒的程度也更深切。

其實研究關係的學者長久已來早已有一個共識，那就是女性的關係比男性的更脆弱，或許是因為她們更加親密，並且情感強烈──這個發現甚至也有跨文化的報導。例如喬伊斯·貝南森和阿希娜·克莉斯塔可斯（Athena Christakos）對青少年同性好友的研究就發現：女孩友誼的持續時間比男孩短，在想像友誼終止的可能時，女孩比男孩更痛苦，她們較可能做出傷害朋友的事情，而且她們經歷斷交的次數也比男生多。

不過這可能取決於情況和這段關係的衝突程度。班尼森與人類學家理查·蘭厄姆（Richard Wrangham）一起進行了一項實驗研究，讓成對的同性朋友在玩字彙遊戲時相互競爭。比賽結束

後，兩人或許和解，或許不和解，接著再一起合作搜尋文字的遊戲。結果學者發現，讓參賽者在競賽之後立即接觸（讓他們兩人坐在一起聊天），會讓女性朋友保持甚至加強她們在接下來合作遊戲中的表現，但在男性朋友則不然。相反的，如果字彙比賽後不讓兩名選手身體接觸，對女性朋友接下來的合作遊戲就會有不利的影響，但對男性則沒有影響。男性的關係似乎不太會受是否有機會友好互動的影響，這或許不足為奇，因為我們的證據顯示談話對男性關係的持續幾乎沒有任何影響。儘管這與社交世界可能因情緒事件而導致關係——尤其是女性關係不穩定的種種情況截然不同，但重要的是，即使是她們在比賽後是否可以互相交談這種溫和的干預，也足以改變女性的合作程度。

女性的關係更加脆弱，這一點由英國的離婚統計數字獲得了證實：異性婚姻似乎確實比同性關係更持久。根據英國國家統計局（Office of National Statistics）的資料，2017年的離婚案件中，異性婚姻的婚姻持續時間中位數為12.2年，但男性同性伴侶僅有3.5年，女性同性伴侶則為2.8年。在所有西歐國家，女性同性婚姻失敗的比例都高於男性同性婚姻。再加上異性婚姻離異的案件中，女性提出離婚申請的幾乎占2/3，顯示女性的關係可能普遍較脆弱，容易破裂。

*

本章大部分的內容補充了男女兩性分處兩個截然不同社交世界的說法。這引發了他們究竟如何在浪漫關係中相處，以及除了繁衍後代這件小事之外，他們是否以同性關係來取代異性關係會比較好的問題。離婚統計資料顯示，事實並非如此，似乎有其他

原因讓異性關係運作得更好，一個可能就是因為有孩子存在。離婚統計顯示，沒有孩子的夫婦（尤其是非自願的不孕）比有孩子的夫婦更可能離婚（儘管有證據顯示有5個以上子女的大家庭，夫妻離婚率會上升，證據也許是父母的需求造成的壓力）。對孩子的共同興趣和責任可能會降低離婚的風險，因為雙方更願意為了孩子的未來而忍受不那麼令人滿意的關係。

老後的友誼

　　再沒有比九世紀愛爾蘭詩歌 An Chailleach Bhéara 更令人心酸的詩作了，這首詩的詩名可以譯為「貝亞拉的面紗修女」*、「丁格爾的老嫗」，或者如已故約翰·蒙塔古（John Montague）精彩的翻譯，簡潔地譯為「貝亞拉的老巫婆」。詩中對不可避免的老年及隨之而來的孤立隔絕持續的哀嘆，必然是史上不論用哪種語言寫成都最令人回味的詩歌之一。這首詩的開頭是 Is mé Caillech Bérri Buí, no-meilinn léini mbithnuí（我是貝亞拉的老巫婆，來自布伊島。從前我天天都穿新裝）接下來，她直率地哀悼自己無情的命運，由年輕時身為宴會的核心，一邊炫耀漂亮的衣服，一邊觥籌交錯與皇室跳舞，到如今淪落淒涼老年的現狀，飢寒交迫，瘦骨嶙峋，白髮蒼蒼，一身襤褸。曾有川流不息的王公貴族在她門外等著追求她，如今即使連奴隸†也不會停下來看她一眼。她哀嘆，歡迎上帝取回祂押在她現在身體上的押金。祂已經取走了她的一隻眼睛，作為來生的頭期款，所以不妨乾脆把其他的一併拿去，了結一切。

---

* Chailleach 在古愛爾蘭語中的意思是「戴面紗的人」，因此可用作修女和老婦人兩者的同義詞。

† 這裡的奴隸指的是維京人奴隸販子所出售，來自英格蘭本土的凱爾特人，或在戰鬥中被俘的其他部族的愛爾蘭人。奴隸在富人階級中很常見，直到進入中世紀。

這類故事千百年來已經重複出現了多次：由於年歲和病弱使老年人難以外出，只能獨自留在房內悶坐煩惱。在某些傳統社會，即使到了二十世紀初，老年人也會在他們成為負擔之前，自願結束自己的生命。比如東非馬賽族的老年人在覺得自己大限已至時，可能會走進叢林，在荊棘下等待不可避免的結局——幸運的話，在飢餓和脫水的情況下平靜地走，否則就成為土狼的點心。在氣候嚴寒的北極，無法盡本分的因紐特族老人成了族人負擔，他們可能會要求族人殺死自己（通常是刺死或勒死），或者在更換營地時遭到拋棄，任自己體溫過低而死。在傳統的日本，貧困的家庭把老人留在山上，這種傳統的做法稱為姥捨て（ubasute）。

這些古老的做法以現代的眼光看來似乎很殘酷，但我們大多數人如今都生活在沒有經濟壓力的環境下，不該以現在的標準來判斷過去。以寬大的觀點來看這種過去的行為的第二個原因，是這種行為在現在也很容易再現。1990年代經濟情勢惡化之際，大約有7萬名美國老人被親戚丟在醫院門口。在日本，當新的千禧年開始，日本經濟衰退後，老年人被遺棄在醫院和慈善機構的頻率急劇上升。這種遺棄老年人的做法只是冰山一角。西方工業國家的城市裡充滿了日復一日無法出門也無人探視的人，唯有送免費餐點或由某個機構派來每天探視15分鐘的人拜訪，讓他們起床穿衣，其餘時間他們都是獨自一人。正如我們在第1章所見，孤獨是現代世界最大的殺手。

然而，讓我們由童年時期建立的友誼開始談起。

學習駕馭社交世界

　　社交世界可能是我們在日常生活中不得不面對最複雜的事物。數量多到驚人的科學家認為覓食是動物必須面對最複雜的事，我倒認為問題在於大多數這樣想的科學家沒有太多的社交生活。對此，比較寬大的看法是，我們在社交技巧方面練習得如此之多，因此當我們長大成人時，它們已經成為我們的第二天性，而讓我們忘記了它們實際上有多麼困難。孩子們很早就理解友誼的觀念（或至少，他們知道如何使用這個詞），但他們需要很長很長的時間，才能了解如何辨識某人真的是他們的朋友。

　　要獲得成人程度的社交技巧，過程可能需要人類20年或更長的時間。這就是為什麼靈長類，當然也包括我們人類，與其他動物相比，有如此漫長童年的原因。許多年前，我小組裡的客座研究員崔西‧喬菲（Tracey Joffe）證明，要預測靈長類新皮質體積的大小，最好的指標就是牠們社會化時期的長短──即斷奶和青春期之間的時間。光有一台大電腦還不夠，你必須用軟體填滿它，而我們靈長類就是透過童年和青春期長期的學習和練習過程做到這點。

　　我所參與的第一個腦部掃描研究，是昆汀‧迪利（Quentin Deeley）觀察人類大腦中處理情緒面部表情的位置。他發現，直到20多歲，這主要都是在前額葉皮質中完成的（因為我們必須努力思索），但在那之後，它被推到了意識範圍之下，因為我們對它們熟練的程度足以自動處理它。當時我們厚顏地主張，這或許可以解釋為什麼青少年的人際關係總是有那麼多問題：因為他們得努力透過繁瑣的細節了解一切，而已經掌握了這種技巧的成人

則多少是下意識地處理它，只有在特別棘手的情況時，才需要刻意停下來集中注意力。

正如我們在第6章所看到的，心智化或讀心術是由一系列稱為意向性的級或階所構成。大部分在任何意義上有自我意識的動物都處於一級意向性階段，牠們知道自己怎麼想這個世界。以這個意義來看，幼兒也是一級意向的。但到大約5歲時，他們突破了發展的潛在限制，獲得二級意向性，或心智理論。這時他們由優秀的行為學家（他們可以從你過去的行為中，了解如何預測你要做什麼）成為優秀的心理學家（他們了解這種行為背後的思想）。結果他們不但能夠更準確預測你的行為，**也會**利用這些知識更有效地操縱你的行為。他們可以開始巧妙地撒謊，因為他們了解你會如何闡釋他們告訴你的事。從這裡開始，孩子們逐漸獲得了連續的意向性階級，直到他們到青少年中後期以五級意向性達到完全的成人功能。

丹妮・霍克－邦德（Dani Hawker-Bond）在我們這裡時是研究生，想了解由5歲到青春期中期發展的順序，以及這是否會影響可以同時一起遊戲的兒童數量（也就是他們自然的群體規模）。丹妮首先採樣的是在學校遊戲時間的任一時刻，一名兒童平均與多少兒童互動，然後讓兒童單獨去教室，用我們的心智化任務兒童版測試他的心智化能力。同時參與互動的兒童人數隨年級而增加，由5歲兒童平均大約2個，到11歲時大約3.5個。我們在第9章曾提到，成年人的談話組規模上限是4個人，所以由青少年開始，孩子們幾乎可以管理一個成人規模的互動群組。群體規模的這種增長清楚反映了這些孩子接下來可以達到的意向性程度。

倫敦大學學院（University College London）的艾洛伊斯・杜

蒙特希爾（Iroise Dumontheil）所做的研究對這種隨著兒童發展而日益熟練的心理化模式做了很好的記錄，她用稱作「主任的任務」（Director's Task）的做法，考驗人們用別人的角度看世界的能力。受測者坐在一組部分遭到遮擋的架子一側，由坐在另一側的「主任」指示受測者把物品由一個架子移到另一個架子上。由於某些物品可能與由主任角度看來遭到遮擋架子上的物品重複，因此要移動這個物件的關鍵是只應移動主任可以看到的物體。這並不完全是測試意向性——而是測試換位思考（perspective taking）。然而換位思考是意向性的關鍵前導，因此它確實提供了意向性能力的指標。艾洛伊斯對8、11、13和16歲的兒童，以及25歲的成年人進行了測試，發現隨著年齡的增長，正確度穩步提高，年輕成人表現最好，表示這些技巧確實在不斷提升，直到20多歲，一如昆汀・迪利的腦部掃描研究所顯示。

　　這些認知模式巧妙地映射到許多兒童友誼的許多行為層面。例如，直到兒童大約5歲，並且已經獲得了完整的心智理論之前，他們被排除在遊戲或其他社交場合之外時，並不了解自己遭到排斥，也不因此而難過。他們也不會區分自己與某人做朋友的欲望，和對方那個人回報的意願。對他們來說，友誼更像是一種標籤，而不是一種關係。當他們在5歲左右發展出心智理論時，他們的觀點似乎由以自我為中心轉變為以社會為中心，使他們能夠了解其他人的感受，以及他們自己如何融入群體。在那之後，他們成了青少年，這方面仍然在繼續進步。

　　我先前的兩位同事，史蒂芬妮・伯內特－海耶斯（Stephanie Burnett-Heyes）和珍妮佛・劉（Jennifer Lau）比較了14歲和17歲孩子在經典的經濟學遊戲中如何表現：他們可以保留他們收到的全部款項，或者把它分給朋友。由於她們研究的是融合學校，因

此可以要求每個青少年對其他所有人的人際關係評分，讓她們了解關係回報的情況。14歲的孩子選擇了把錢給社交關係較鞏固的朋友（他們喜歡和信任的人）。17歲的孩子雖然也採取了同樣的做法，但卻按照對方回報感情的程度，調節了他們自己對他人吸引力的感覺。一直到這時，我們才開始了解關係是雙向的過程，即對方是一個人，而不是招之即來的奴隸（或父母！）。這差異十分重要，因為唯有當你達到這一點，更深入了解社交世界的運作方式，靈長類的社交生活才可能有意義。然而大多數動物學和心理學，更不用說經濟學，在這方面的研究都是基於社會性完全是關於我試圖讓你做某件對我最有利的事這樣的假設。

總而言之，我們需要在成人社交世界中成功運作的技巧是微妙而複雜的，遠比我們在實體世界生存所需更微妙而複雜得多。我們出生時並沒有這些技巧，因為它們太複雜了，無法常規化。它們依情況而不同，我們必須結合練習和指導，努力學習基礎的原則，需要長得驚人的時間，才能完全掌握它們。就是因為這個主因，人類和其他的猴、猿類才有如此長久的青春期。珍妮佛·劉指出了這段在童年和成年之間的生命暫停期有多麼奇特，從沒有靈長類之外的動物有類似的情況，也沒有任何物種像人類一樣有這麼漫長的青春期。除了社交世界之外，我們在青春期不需要學習勝任任何事。

成長為友誼

非常幼小的孩子喜歡平行玩耍而非彼此互動，所以他們很少對特定的玩伴表現出任何偏好。然而，當他們到4、5歲掌握心智理論的時候，就會開始表現出明顯偏愛同性的玩伴。有些跡象顯

示這種性別歧視出現得更早：幾項研究報告說，嬰兒注視同性嬰兒的時間較異性嬰兒長。到2歲時，幼兒比較可能回應同性而非異性兒童玩耍的請求。到他們開始上幼稚園時，這種對同性玩伴的偏好已變得更根深柢固，到8、9歲的時候，單性遊戲群體幾乎已成常態。一項研究發現，只有11%的小學生自述的友誼網絡包含1名異性兒童。到小學結束時，這樣的偏好甚至擴展到課堂上專題作業的互動，以及他們一起學習和一起玩耍的對象。

或許不可避免地，這種模式隨著青春期而起了變化，而且在進入青春期中後期，兩性越來越常混合。對於女孩來說尤其如此，因為她們較早成熟，而男孩明顯較少，他們繼續和同性玩伴相處更久——這導致女孩和對她們表現出更多興趣的大男孩交往。即使如此，大多數少年男女依舊表示感覺和同性朋友的關係比異性朋友更親近。在克蕾兒‧梅塔和喬奈爾‧史卓的一項研究中，青少年自述的朋友有72%是同性。在另一項要求14和15歲的青少年列出最多10個親密朋友的研究中，他們平均列出6個同性朋友，異性朋友則只列出2個。第三項對青少年的研究發現，男孩有2/3的時間和男孩在一起，女孩有2/3的時間和女孩在一起。當然，到青春期晚期，愛情勝過一切。然而在情感支持方面，同性的友誼繼續扮演重要角色，尤其是女孩，而且如我們在第13章中所看到的，這個情況一直持續到成年。

兩性隔離很早就出現的原因之一，是女孩會由男孩越來越喧鬧的遊戲中退出。在艾瑪‧鮑威爾（Emma Powell）對7至10歲兒童在學校遊戲時間的研究中，發現男生比女生更可能玩「某個物體」（足球，遊樂設施），他們的遊戲更可能涉及充滿精力的活動（跑步、摔角）。此外，在男生和女生玩某個物件時，也有強烈的傾向會受到不同種類的玩具吸引：男生對建築和交通工具玩

具有明顯的偏好，而女生則對與家庭活動相關的娃娃和玩具有強烈的偏好。

人們經常聲稱客體遊戲（object play）和社會風格中的這些性別差異是被灌輸的，然而這是憑空想像。我們在猴子身上看到同樣的性別差異。潔瑞安・亞歷山大（Gerianne Alexander）和瑪莉莎・海因斯（Melissa Hines）研究了被關在某個加州靈長類動物研究中心大圍欄裡非洲綠猴（African green monkey）幼猴的遊戲活動。雄猴花在被定義為「男生」玩具（人類男孩通常喜歡的球、玩具車）的時間比雌猴多得多，而雌猴花在定義為「女生」玩具（人類女孩通常喜歡的洋娃娃、絨毛猿玩偶）上的時間要多得多，但牠們花在玩「中性」玩具（書、絨毛玩具狗）上的時間則沒有差別。這與兩性的相對支配地位以及不同的取用機會無關，因為個人支配地位與接觸任何玩具的頻率無關。

野生猴子和猿的遊戲風格也大不相同。伊麗莎白・朗斯代爾（Elizabeth Lonsdale）採用了珍・古德（Jane Goodall）在坦干伊喀湖（Lake Tanganyika）岸邊貢貝（Gombe）著名研究地點的資料，發現青春期的雄黑猩猩比雌黑猩猩更善於交際。比起雄黑猩猩來，雌黑猩猩與同伴的互動更局限於近親和母系親戚，而雄性較喜歡與更大範圍的青春期及成年黑猩猩互動。造成這種情況的一個原因可能是雌性往往會避開由雄性組成的喧鬧遊戲團體。

我們在獅尾狒身上看到了這個情況。在12個月大以下的狒狒寶寶中，遊戲群體通常是由兩性組成，並且遊戲非常溫和。但隨著寶寶年齡的增長，雄狒狒的遊戲變得越來越粗暴，有激烈的追逐遊戲，「城堡之王」推人遊戲（king of the castle，站在高處，把想上來的其他玩伴推下去）和角力。到牠們3歲（青春期）時，雌狒狒幾乎完全退出了遊戲組，寧可把時間花在與獅尾狒嬰

兒互動，有時甚至把棍子或石頭緊緊抱在肚子上，好像抱著嬰兒似的，雄性從來不會這樣做。即使是我花了多年時間研究的朗姆島（蘇格蘭西部海域）和大歐姆（在威爾斯的西北角）野山羊，幼公羊的遊戲也比幼母羊更喧鬧。

索妮亞・卡倫伯格（Sonya Kahlenberg）在另一個野生黑猩猩族群也觀察到非常類似的情況：她整理了14年的觀察結果，發現年輕的雌黑猩猩玩弄和攜帶棍子的可能性是雄性的4倍。牠們攜帶和握著的方式顯示牠們把這些棍子當作玩具嬰兒。在我們的獅尾狒中，年輕的雌狒狒（但雄性從不會）經常擁抱寶寶，並在牠們的母親進食或社交時照顧寶寶。有一次我看到一頭年輕的雌狒狒拒絕讓地位低的母狒狒要回寶寶，即使因為這頭年輕狒狒不會照顧，讓寶寶尖聲叫嚷，使母狒狒十分難過。這頭狒狒媽媽知道如果強行抱回嬰兒，年輕雌狒狒會反抗，牠地位崇高的母親會來幫助女兒，懲罰狒狒媽媽。

我們在第13章中提到男性傾向於形成群體，而女性專注於更強烈的二元關係，甚至在兒童身上也可以觀察到這種社會風格的差異。在兒童發展文獻中最有力的發現之一是：男孩玩耍的群體比女孩的群體更大。艾瑪・鮑威爾在7至10歲兒童研究中，發現男孩花在較大團體中的時間比女孩多得多。雖然男女孩都有約13%的時間獨處，但在女孩成群結隊時，她們加入小團體的可能性是加入大團體的14倍，而男孩參與大團體的可能性幾乎是參與小團體的2倍。喬伊斯・貝南森則運用對玩偶的注意力顯示：4歲和5歲的女孩較喜歡看玩偶成對互動，而男孩則較喜歡看玩偶分成群組互動。她分析這些孩子的遊戲網絡（問他們喜歡和誰一起遊戲），女孩的平均玩伴數為1.3人，而男孩的平均玩伴數為2.0人（差異在統計上很重要）。男生較喜歡團體，女生較喜歡2人組。

在長達1年的11歲兒童友誼研究中，唐娜・艾德（Donna Eder）和莫琳・哈利南（Maureen Hallinan）要受測的孩子每隔6週提名他們最好的朋友，結果發現女孩友誼最常見模式是成對的；男孩則更有可能是3人組，即使他們的關係不一定會獲得回報。她們還發現，在女孩形成3人組時，因其中一名成員遭排除在外而解體的可能比男孩大得多，而男孩的2人組則較有可能因偶然有新成員加入，而成為3人組。她們認為這樣的一個後果是：女孩會比男孩更難融入新的社會（或學校）環境。她們引用一個較早對12、13歲兒童的實驗研究：在實驗室環境中，介紹一個陌生人給一對同性朋友。結果男孩比女孩更早和新加入的人說話，對新人的觀點更注意，並在之後對新人有更多正面的評價。

男女友誼強度的不同似乎使女性的友誼更加脆弱。喬伊斯・貝南森以青少年樣本研究了這點。女孩的閨蜜友誼持續時間比男孩的至交友誼要短得多，而且她們也有更多破裂的關係。女孩表示關係破裂時的感覺比男孩關係破裂時糟得多，而且她們認為關係破裂對她們的生活產生更多負面的影響。此外，女孩比男孩更常說她們的知心朋友讓她們煩惱，即使她們的關係持續時間較短。男孩和女孩的關係在童年後期和青春期初期性質非常不同。女孩的關係更強烈和專注，男孩的友誼則有我們在成年人身上所發現較隨意的「沒看見就不掛念」性質。

童年的經歷為我們的成年奠定了基礎。不受歡迎或者適應不良的孩子成年後較可能會罹患精神病，在軍中因行為不良而遭勒令退伍，或者免不了被人告上法庭。大約1/3患有躁鬱症的成年人在兒童時期曾受到社會孤立（正常成人在童年孤立的情況幾近於零）。在針對8到10歲兒童的研究中，人緣好的孩子較了解如何交朋友，也更擅長表達他們想說的事。他們會分配並且接受更

多的正向強化，花較少時間做白日夢，花較多時間參與社交。

我們在第11章中提到夫妻檔學者泰瑞・莫菲特和艾夫夏隆・卡斯比以及他們用但尼丁縱貫資料庫的縱貫分析。他們發現童年時期有行為障礙（受到兒童機構或警察單位的關注）的人，到21歲時，性伴侶不只一人的機會是童年時期沒有行為障礙者的2倍，成為的父母可能性更幾乎達3倍。在他們成年後的關係中，也更有可能會發生家暴行為、從事危險的性行為，以及染上性病。正如其他許多研究指出的，他們發現這種情況在女孩身上經常伴隨憂鬱症（或以憂鬱症表現），但在男孩身上更可能以外在行為表現出來（例如動手打人）。到他們21歲時，女孩確診憂鬱症的可能是男孩的2倍。近2/3確診精神分裂症的成年人，到他們21歲時都已經歷過行為偏差的問題。

當然，並不是每個一個人都有這些問題，只有大約1/4的樣本在童年或青春期有反社會行為。而且大多數人成年後都成為好公民，不再有反社會行為的跡象。然而，儘管他們不會終生行為不良，許多復元的人在過渡到成年的過程中依舊遇到困難，這往往是因為童年的經歷使他們在教育方面處於劣勢，或是濫用藥物，或是因為他們小小年紀就成了父母，限制了他們未來人生的機會。

蘇菲・史考特（Sophie Scott）是少數對笑感興趣的神經科學家，而且由於我們對笑共同的興趣，她挑戰我做單口相聲（stand-up comedy，或譯脫口秀），一次就夠了⋯⋯。她和她的團隊發現，被診斷出患有精神病行為或有患精神病風險的少男在聽到真正的笑聲時，大腦的兩個關鍵部位反應比正常男孩少得多。這兩個部位是輔助運動區和前島葉，後者尤其耐人尋味，因為它是與腦內啡系統相關的部位。

一輩子的朋友

　　社會學家早已發現社交網絡會隨著我們進入老年而逐漸縮減，同時，他們也知道我們每一個人都有一個關係的核心，在一生中都會保持驚人的穩定。這些核心關係就是為我們提供情感和社會支持的親密家人和朋友，他們就像一群忠僕一樣，陪伴我們度過一生——在我們需要的時候總在我們身邊，一心一意照顧我們的需要。對這群關鍵的朋友有兩種截然不同的理論：友誼的社會－情感理論（socio-emotional theory），意即隨著年歲漸長，我們對朋友越來越有選擇性，只專注在少數情感上有價值的友誼。其次是護航理論（convoy theory），即我們一生都由一群相對穩定，支持我們的朋友陪伴。這兩者未必不相容，因為它們很可能指的是我們社交網絡的不同部分，但它們確實代表了這些關係是動態對立的觀點。

　　柏林馬克斯·普朗克研究所的柯內莉亞·厄索茲（Cornelia Wrzus）和同僚整理了277份不同的社交網絡研究文獻（包括我的一項研究），並用這些資料了解社交網絡在人的整個生命週期中如何變化。這是非常大的樣本：逾17萬7500人，年齡由10歲至85歲。重要的是，他們的樣本包括西方和非西方人口。雖然由於不同的研究通常以不同的方式定義關係和社交網絡，很難進行準確的比較，但平均網絡規模約為125人，與年齡相對呈明顯的∩形：網絡最初隨著年齡的增長而擴大，到20多歲和30出頭達到顛峰，然後穩步下降進入老年——正如我們在耶誕卡研究中所發現的。他們發現網絡的家人組成部分保持穩定（一如預期），而所謂的個人（即支持網絡）和友誼成分會隨著年齡先增大再縮減。他們認為，至少有一些變化可以用青春期、婚姻，和生育子

女等明顯的人生大事來解釋，大多數人發生這些事件的年齡大都相同。其他人生事件，包括搬到新的地點、離婚、配偶死亡這種零星和難以預測的事件往往會導致友誼網絡突然減小——在後兩種情況下，主要是因為伴侶的朋友會較少見到你。

馮海嵐（Helene Fung）等人做了一項有趣的小規模研究，因為它既研究了網絡變化的不同成分，也研究了住在同一地點（舊金山）的兩個不同族群（歐洲裔美國人和非裔美國人）。雖然他們的採樣只有185人，但這些人的年齡由18歲擴及94歲。研究人員發現至交的數量（最內層的5-層）一直保持穩定的6人，但好友的數量（基本上是同情團隊15-層）卻隨著年齡增長而下降，兩個族群都是如此。這再次顯示，隨著年齡的增長，我們傾向於犧牲較不親密的朋友，以便把我們僅餘的時間和精力投資在可以依賴的重要朋友身上。當然，隨著我們變得越無趣，和我們相處不再有意思，朋友總有可能會慢慢棄我們而去，唯有覺得對我們負有最大義務的人會不顧我們不那麼有趣，繼續來看我們。

我和阿爾托大學基莫・卡斯基及研究小組合作分析的國家移動電話資料庫，讓我們看到人們由18歲起整個生命週期社會接觸的變化模式。雖然這些必然是橫斷研究（cross-sectional study），但巨大的樣本量意味著其中廣泛的模式很可能確實可靠。由庫納爾・巴塔查里亞主持的一項研究用1個月內撥打電話給不同對象的平均數量（主要是同情團隊，或15-層）來探索隨著年齡增長，朋友網絡規模的變化。庫納爾發現，18歲時平均聯絡的人數是12人，到25歲時達到最高峰18人，然後平穩下降，到80歲時約為8人。在30歲時變化似乎特別急劇，我們認為這可能是反映第一個孩子的誕生，因為它緊隨著結婚的平均年齡（在這個歐洲南部國家是29歲）。人們打電話給至交的均勻度到老年時急劇下

降：到70歲，絕大多數的電話都僅集中在6個人身上，其他人只是非常偶然才會通電話，而在人生較早期，電話在個人的社交網絡上分布更均勻。

一個令人驚訝的發現是，一直到35歲之前，男性撥打電話的對象人數比女性多，35歲之後，情況反轉。在35歲之後，女性每個月電話聯繫的人數大約是男性撥打電話人數的1倍半──在一整年的過程中會增加到多5個人的差異。這似乎部分是由於男性隨著年齡增長，打電話的對象越來越少，而女性通常會打電話給更多人（至少直到她們達到老年）。換句話說，兩性社交網絡規模似乎隨著年齡而有差異。女性變得更社交化，男性則減少社交。

20歲的時候，大多數電話都是撥給同輩（同儕），第二個小高峰是撥給50歲左右的人──顯然是父母。這些電話大部分是男性撥給其他年輕男子，女性撥給男性（應該是出於戀情）較不頻繁。令人驚訝的是，女性撥給其他女性在頻率上排名第3，雖然落後前兩者甚多，但仍然遙遙領先男性撥給女性的電話數量。這樣的模式一直保持到50歲，那時撥電話的模式才發生了戲劇性的變化。這時撥打對象的高峰是打給20多歲的人（大概是成年子女），第二高峰是撥給50歲的人（配偶和同齡朋友）。至於撥給20歲年輕人的電話，迄今為止最頻繁的是女性撥給年輕男性，年長男性撥給年輕男性的數量緊隨其後。女性對女性和男性對女性的通話則遠遠落後，似乎顯示此時母親和父親（程度較少）撥打電話給兒子，卻很少打電話給他們的女兒。這可能是因為兒子已經離家住在外面，而女兒還在家裡（這個研究的對象是天主教國家）。女性撥電話給同齡者頻率較低，她們大部分的精力應該都用在孩子身上。這種模式一直持續到60、70歲，只是兩個高峰在

每個階段逐漸右移10年。

　　克莉絲汀・阿傑魯曲（Kristine Ajrouch）和密西根大學的同僚，檢視了1700名年齡在40至93歲之間美國人親密的社交網絡和心理健康。他們發現，隨著年齡增長，男性的核心社交網絡（主要是他們的支持小組）由7.4人降為6.1人，而女性的核心社交網絡則由8.1人縮減為6.4人，而且朋友的年齡也呈比例增長。雖然友誼本身很重要，但年長的朋友幫你跑腿恐怕也比你自己跑好不了多少，所以在身體方面對你不會有多大幫助。與朋友的接近也隨著年齡的增長而下降，接觸的頻率亦然，這兩者都不理想：隨著年齡的增長，你的朋友必須要在一喊就聽得到的距離之內，他們才能快速、輕易地來看你。教育似乎對社交網絡頗有效益，受過較多教育的人有較大的社交網絡，尤其是在男性之間，而可想而知的是，大部分時間都在家的女性主婦社交網絡較小。

喪偶與離婚

　　離婚和喪偶等重大人生事件對倖存者的社交網絡有莫大的影響。兩者都牽涉到悲傷的形式，而任何形式的悲傷都會導致我們退出社交互動。在這兩種情況下，另一半的社交網絡往往會迅速消失，尤其是普通朋友。因此加劇孤獨和社會孤立的結果。

　　歐洲和美國的研究都顯示，與同齡已婚人士相比，離婚的人更不快樂，有更多的憂鬱症狀，更多的社交孤立和更多的負面人生事件，以及更多的健康問題，這恐怕不足為奇。究竟這是由於離婚的創傷，還是因為失去可能提供支持的朋友，還不清楚，因為這兩者都可能會損害健康和幸福。這些研究也看不出拋棄伴侶的人在這些方面的痛苦是否比遭遺棄的人少，因為研究通常不

會區分這兩者。後者可能會造成更大的心理衝擊、創傷和情緒低落。離婚通常會因為要搬家，導致生活水準下降和壓力增加，更不用說身為單親的花費（或者相反的，與孩子失去聯繫的代價），這一切都可能對身心健康產生負面影響。

柯內莉亞・厄索茲分析人生大事的後果，她發現離婚後家庭網絡的規模縮小，主要原因是姻親不再聯繫。其他的網路層似乎沒有這麼大的變化。然而，失去姻親必然在更廣泛的人際網絡中留下大破口，尤其有些姻親可能經常見面，因而不僅僅是普通朋友。在我們的英國和比利時女性網絡樣本中，150人典型網絡約有一半是家庭成員，其中30%（大約23人）是姻親。因此就算你不把配偶的整個大家庭納進你的人際網絡中，光是你常見到並嘗試保持聯繫的姻親，就占更廣泛的150-層網絡相當大的部分。失去20多人會使你的社交生活出現大破口。

大多數人會隨著時間由離婚的創傷中恢復，不過每個人恢復的速度似乎按照他們可用的資源而定。有較多朋友和家人支持，收入較高和教育程度較高的人，往往體驗到的傷痛較少，恢復得越快。離婚者的心態也可能很重要：認為離婚是新機會開始的人，甚至認為離婚可能是新生涯機會的人，恢復得比把離婚視為個人失敗的人要好。先前就已經有心理健康問題（這可能就是離婚的原因）的人往往會更難適應離婚，即使他們是先提出離婚的一方。

再婚很可能在此扮演重要的角色，因為新戀人必然會提供情感和心理上的支持。然而，社會學證據顯示，離婚後男性比女性更可能再婚，並且更快這麼做，而且他們再娶的女人往往比原來的配偶年輕10到15歲。在某種程度上，這可能反映了女性因為在關係中投入的情感更深，「一朝被蛇咬，十年怕草繩」，因此

較不願意冒險重蹈覆轍，不過這也可能反映了母親較常擁有孩子的監護權，這些原因免不了會為再婚踩刹車——單身男性往往不願意負擔其他男人的孩子。

順帶一提的是，這個因素影響很大，因此紅娘機構總是勸告求偶的女性不要在她們的廣告中提及孩子，否則根本不會得到任何回覆。我記得有個紅娘機構告訴我，女性總是忽視這一點，直到她們親身體驗為止。和我合作過許多研究計畫的歷史人口學家艾克哈特・佛蘭德（Eckart Voland）在十八、十九世紀德國大西洋沿岸克魯姆霍恩（Krummhorn）地區的資料中發現了非常類似的情況：帶著1個孩子的年輕寡婦在孩子死後，再婚的可能要比孩子活著大得多。在這個鄉下農業社區，婚姻的經濟利益非常大，因此讓嬰兒死亡以便有機會再婚，將來再生孩子，似乎比在貧困中獨自撫養孩子更有利。約翰・萊塞特和我在當代英國全國墮胎統計資料中也發現了相當類似的模式：墮胎的年齡別可能性與接下來結婚的機會成正比。

配偶的死亡通常和離婚一樣傷痛，也會產生非常相似的社會和心理後果。柯內莉亞・厄索茲發現配偶的死亡導致較寬廣的友誼網絡規模大幅縮小，但接下來兩年支持網絡的規模卻擴大。較寬廣的友誼網路規模變小似乎反映了降低與泛泛之交聯繫的頻率，部分可能是因為喪失社交動機和悲傷消耗了心力，幾乎沒有空與普通朋友互動。支持網絡規模的擴大則是一如意料，朋友和家人會幫助和扶持喪偶者。

離婚後的建議同樣適用於配偶去世後。有更多好友和家人支持，積極參與宗教活動，以及有強烈興趣、嗜好可讓他們走出家門的人可能會適應得較好，更快地走出悲傷。不過這一點很難精確掌握，由於個人的心理適應力不同，以及逝者死亡的情況也

不同。年輕時死亡永遠比預期會死亡的晚年更讓人痛苦，更難以恢復。久病不癒的死亡也比突如其來的死亡更容易接受。儘管如此，無論死亡的情況如何，配偶的去世不可避免地會引發一段悲傷的時期，有時這種悲傷出乎意料地深沉而讓人脆弱。

晚年的友誼

老年會帶來它本身特有的恐懼。我們已經不可能像年輕時那樣，相信自己堅不可摧，會永遠活下去。我們已經見到太多的朋友和家人去世，開始體驗到人體不可避免的脆弱。我們缺乏曾經擁有的精力和耐力，通宵跳舞或喝酒到天亮已經成為恍惚的回憶。正如貝亞拉的女巫提醒我們的那樣，這是一條死路上的孤獨所在。越來越多的社會孤立可能不僅會對我們的健康（如第1章所見），也對我們的認知能力帶來嚴重的負面後果，創造惡性循環的螺旋。我們見到的人減少了，因此我們的認知功能下降，結果因為我們無法提供有趣的對話，因而見到的人更少。

瑪麗亞－維多利亞·祖祖奈吉（María-Victoria Zunzunegui）及同僚訪問了1500位居住在馬德里郊外萊加內斯（Leganés）市65歲及以上的人，並追蹤他們達4年之久。她發現社會聯繫很少、不常參加社交活動，和缺乏社會參與的人認知能力最可能下降。但是對於與親戚定期面對面接觸，並與較廣泛的社群進行高頻率社會交往的男女性，這樣的下降情況最少。與朋友定期互動似乎對女性的認知功能特別有保護作用，不過在男性身上卻沒有發現類似的效果。

1984年，美國衛生及公共服務部（Department of Health and Human Services）對住在安養院的7000位美國老人展開了6年的

追蹤研究，探索體能活動和社交互動對身體機能的影響。計畫開始時受訪者的平均年齡是77歲，有一大部分人在研究結束之前就去世了，讓研究人員得以用死亡作為對其他老人身體健康的影響，雖然直率，但卻是實用的衡量標準。體能活動和社交互動的程度兩者各自預測了老人未來的死亡風險。此外，這些影響和因性別、年齡、教育、收入、種族和慢性病史的效果都無關疾病。這兩個因素也緩衝了兩性鰥寡的影響：最近喪偶的人死亡風險大增，但如果他們在體能活動或社交活動保持活躍，風險就降低。友誼真的很有助益。

　　老年帶來惡性循環，一切都對你極為不利。你發現老友不是去世就是搬走，而你很難結交新朋友，因為你與現在占人口大部分的年輕人共同之處較少；你的體能下降使你不太願意像以往一樣常外出，參加體能活動的能力減退；你的認知能力衰退，使你難以像以前那麼機智有趣地回應，使你成為不那麼有趣的同伴；你對現在人們感興趣的話題不太熟悉，因為你沒有跟上社會和政治的發展──或者最近脫口秀的笑話。貧乏的社交生活會對你的認知和身體健康產生不利的影響，增加罹患癡呆症以及需要住院治療身體疾病的風險。這樣的前景並不誘人。這些情況並非物理藥物可以治療，但它們也不是精神問題。它們落在兩者之間，傳統醫學無法提供解藥。這使得為老年人提供社交社團和活動益發重要，可以作為維持他們身心健康的方式。

　　身體的活動能力也和其他因素一樣導致我們在老年時退出社交互動。我們發現更難到達大家社交聚會的地方，到最後極限的情況，我們就只能待在家裡。在這方面，網際網路的到來提供了我們這個時代獨有的解決方案的可能性。所以在這個友誼故事的最後一章，讓我們看看數位世界和社交媒體能提供我們什麼機

會，不只是為當前較年長的一代，也為與網際網路一起成長的年輕一代所帶來未來的前景。

| 16 |

網上好友

　　幾年前，一位年輕的美國記者為了寫一篇文章而採訪我，談鄧巴數字。她主要的專長在龐大的線上遊戲世界——比如全球各地有數百萬玩家的《第二人生》（Second Life）和《魔獸世界》（World of Warcraft）。她本人就是一個狂熱的玩家，急著想說服我：網路世界是研究人類行為的完美場所。這些遊戲大多是要與其他玩家建立聯盟，以達到目標，讓你獲得資源，因而反過來又讓你接受下一個挑戰。滿懷電玩迷熱情的她告訴我，這些聯盟的結構幾乎和日常社區完全相同，只除了它們形成和分裂的速度快得多。她說，更重要的是，它們發展了自己的自我監管機制，讓他們能夠處理吃白食占便宜的人和騙子。

　　我很感興趣，並嘗試了幾次想要申請經費來分析這些遊戲的資料，但未成功。沒有資助者有興趣。然而，我很快就明白這些遊戲世界產生的資料太過巨大，非得要有如統計物理學家那般數學和計算能力的人才能完成，遠非我能及。然而幾年後，幾位具有這些技巧的人卻自動上門，表示有興趣進行此類研究，其中有些人對臉書網路世界中的真實友誼感興趣，其他人則對遊戲世界的虛擬友誼感興趣。

網路世界的友誼

我在第2章提到，大多數人在臉書頁面上的朋友人數其實並沒有比離線世界的朋友更多，少數例外的人只是把我們通常在面對面世界中視為點頭之交而非朋友的人，加為臉書好友。在現實世界，社交網站只是你與離線朋友互動的地方，而非認識新朋友之處。臉書相當於我們的祖父母使用電話的現代替代品，是交流的媒介，僅此而已。這並不是說人們不會在網上結交新朋友，有時他們會，但並不會像人們以為的那樣頻繁。相反的，大體而言，大多數人寧可把他們已經認識的人加為臉書的朋友。

其實社交網站已經使情況變得複雜，因為他們刻意採取了一種策略，要說服你盡可能多「加好友」，主要是為了廣告商業模式的商業利益。大約在2007年，人們開始質疑他們在臉書和其他社交網站上因應系統提示加朋友的朋友的朋友為朋友的人是誰。許多人因為完全陌生的人可以查看他們的貼文，和他們私下「對話」說的話而感到不安。就在此時，有人指出，有個理論說我們一次只能管理大約150個關係。它似乎引發了一種自發的認識，即這個數字具有真正的日常生活意義，人們試圖減少他們頁面上「朋友」的數量，因此紛紛移除一些朋友。它甚至變成了一種遊戲，廣告商要求我們剔除一些「朋友」以換取獎品。此後，150這個數字就被稱為鄧巴數字。所以至少我要為此感謝臉書。

另一個問題適時出現了：家長。家長原本就已在臉書上活躍，通常是為了「跟上」（又名：監視）子女和子女的朋友。年輕用戶覺得這對他們是很大的束縛，因為這限制了他們隨心所欲貼文的能力。更糟的是，雇主也開始在臉書上檢視準員工。據說曾有一段時間，老師丟飯碗的人數比聘用的人數多，因為學

區教委會（District School Board，在美國負責各地區學校的委員會）看到老師暑假期間在佛羅里達或泰國上傳臉書的照片，震驚不已。在現實生活中，我們的接觸對象清楚地劃分為小團體，極少重疊，幾乎不互動，所以可能對不同的對象展現非常不同的人格。臉書則容許這些不同社群的人加入相同的共享社群，讓人人都可以接觸到不同版本的你。這是臉書流行程度衰退的主要原因之一，尤其讓年輕用戶轉到如WhatsApp和Snapchat等較私人的頻道。

　　這個印象來自兩條截然不同路線提供的證據。其中之一是來自於探索人們如何以及為什麼使用社交網站。妮蔻・艾莉森（Nicole Ellison）在這樣一個研究中發現，大學生大量使用臉書維持甚至加強他們與現在朋友的關係，而且重要的是，他們用臉書保持與以往室友或同學的聯繫，讓他們不至於失去音訊。另一種證據是刻意限制你進入更親密友誼圈網站的增長。美國社交網站Path.com首先把你可以擁有的朋友數量限制為50人，但後來用戶的壓力迫使他們把人數增加到150人。荷蘭網站Camarilla標榜自己是舉世最小的社交網路，限制你只能擁有15個朋友。允許小型封閉團體成員相互交談並交換圖像的訊息服務如WhatsApp流行度呈爆發式的成長，證明人們希望進行更專注、更私密的對話。綜合起來，證據顯示大多數用戶認為像臉書這種大規模網際網路環境的開放性適合某些社交互動，但不適用於社交生活的許多方面。我們仍然重視我們的隱私。

　　不過問題仍然存在：我們的線上社交世界看起來是否真的像我們離線、面對面的世界嗎？人類心理學的潛在認知層面支持和限制這兩者到什麼程度？

　　在那位年輕的美國記者嘗試讓我對網路遊戲世界產生興

趣之後多年，我認識了奧地利物理學家史蒂芬・瑟納（Stefan Thurner），那是在我們共同的朋友考文垂大學（Coventry University）統計物理小組負責人勞夫・柯納（Ralph Kenna）組織的會議上〔柯納的學生派德瑞格・麥卡倫（Padraig MacCarron）曾是我的博士後研究生〕。原來，由於又一次偶然的邂逅，他已經能取得奧地利線上遊戲Pardus的資料——正是我先前曾想到的那種研究。Pardus是以未來世界為背景的遊戲世界，共有約30萬名玩家。玩家有一個個人頭像（所以他們個人是匿名的，就像通常的遊戲情況），他們互相競爭或結成聯盟解決任務，獲得不動產以挖掘財富，或掠奪其他玩家的資源。這個遊戲顯然是虛擬的，但它發展迅速，並且展示了許多社交行為的自然模式（玩家會互相追蹤彼此過去的行為，行為不當或未能履行協議會受到懲罰）。史蒂芬和狄迪耶・索納特（Didier Sornette，他原先一直負責我們社會結構資料集的原始分形分析）分析了聯盟形成的模式，他們發現了與我們在面對面和數位世界社交網路中所發現基本相同的分級圈，圈子的大小非常相似，縮放比例基本上也相同。

　　史蒂芬和他的團隊更詳細地研究了Pardus上個人玩家的行為。他們發現女性在與他人的互動中更正面，並且比男性更能吸引正面的行為；相反的，男性發動和接受更多的負面行為。他們還發現，女性的交易網路比男性的網路更以性別為基礎：女性－女性的交易比玩家彼此隨機互動的情況多得多。雖然男性對女性的交易也很常見，但女性對男性的交易和男性與男性之間的交易相對較少。女性互動的夥伴比男性的夥伴多15%，她們的交易網路群集程度比男性的交易網路高出約25%——換句話說，她們更有可能與其他也進行交易的人進行交易，這顯示她們對同質性和

穩定性有更強的偏好。然而，女性較男性更可能攻擊與朋友發生衝突的人。男性較女性更喜歡與有頭有臉的人物關係良好的人，而女性則比男性更努力回報關係。這一切都與社會風格的性別差異非常吻合（如第13章所述）。

這些結果告訴我們，即使我們在虛擬環境中與可能在世界上任何地方的陌生人玩遊戲，我們還是在我們的互動上用了一組自然模式，反映出我們用來管理真實世界面對面互動的社會結構種類。這顯示這個結構來自我們大腦深處的事物，因此它可能是所有人類共有，不能輕易改變。

管道有關係

手機顯然為我們提供了各種奇妙的設施。你可以查看電子郵件，找路去你以前從未去過的酒館，在你的手機不見之後把它找出來（不用打電話！），當然還有打電話和傳簡訊給你的朋友，更不用說在維基百科上查資料了。打電話給某人的可能性已經伴隨我們將近一個世紀了，然而，簡訊卻是最近才有，而且它的引入非常偶然。發明它的技術人員把這種能力放進第二代手機（在磚塊大的早期手機之後較小型的手機），只是因為他們可以這麼做，而且認為人們可能會覺得用它來發送火車時間更新或天氣很有用。由於當年大部分的程式設計師都是男生，恐怕其中任何一個人都從沒想過人們會因為社交的目的而使用這個設施。然而在它推出後幾個月內，人們就興奮地互相發簡訊，可能只是簡單地說一句「嗨！我在這裡，想到你！」

當然，由那時起，發簡訊已經成為一種生活方式，而且完全融入日常社交的結構中，讓人很難想像沒有它的社交生活。它已

經成為最常用的溝通管道之一，也許因為它可以明確地針對特定的個人發送，所以保持非常私密——當然這也使許多人栽了跟頭，因為他們認為它非常私密，所以發送過於露骨的訊息，卻忘了數位世界的一切都會永遠儲存。雖然發簡訊有隱私的有用元素（畢竟，你發簡訊時不會被人偷聽），但它與以言語溝通的親密感不同。或許因此，我們只把簡訊用在某些類型的溝通。我們較可能用簡訊來傳遞好消息，但更偏愛用老式的電話傳達壞消息——很可能是因為我們想得到或給予直接的同情和安慰。簡訊確實可以作為社交的管道，但它緩慢而笨重。你發簡訊，撰寫優雅詼諧的回覆時，你的對象可能已經關閉手機，因此你沒有得到回應。這讓你情緒高漲不耐：你是不是說了什麼冒犯了他們？抑或他們只是對你永恆的愛的宣言，或是對世界的譴責不感興趣？

　　當然，以簡訊為溝通管道有很多害處。一個是「傳送」鍵，它必須為很多問題負責。幾年前，大屠殺紀念日基金會（Holocaust Memorial Day Trust，紀念1940年代納粹大屠殺的英國慈善機構）請我協助他們製作當年的大屠殺紀念日訊息，主題是數位媒體如何因為人們不三思後果，太快按下「傳送」，而被用來霸凌他人，同時令人回想到1930年代的是，為什麼我們看到這樣的情況，卻往往不會仗義直言。基金會委託我調查人們使用數位媒體的情況，並詢問他們受到霸凌或者自己霸凌別人的經歷，並由我對這個課題撰寫報告。足足1/4的樣本承認他們在網路上說過他們後來後悔的言詞——而且這些言詞是他們在面對面的交談時永遠不會說的。

　　受訪者中幾乎有一半因為他們發送的訊息不恰當而感到後悔，1/4則因為他們後來明白這些訊息可能會（或已經）讓對方感到不快而後悔。有趣的是，這裡有驚人的年齡效應：18到25

歲的人中，30%因先前在社交媒體網站貼文而後悔，但55歲及以上的人中，只有12%感到後悔——也許這又是一個證據，證明這些技巧不是天生的，我們必須學習。其中有部分原因是，年輕人承認他們在寫完訊息之後、發送之前，不太可能會再重讀訊息。男人在這方面尤其不佳，40%的女性表示她們總會檢查自己所寫的簡訊，但只有25%的男性這樣做。

這種不做檢查的情況可能是霸凌行為在網際網路上如此盛行的原因之一。超過1/3的樣本表示，他們曾目睹或成為網路霸凌的受害者。不到一半的人曾為受害者仗義直言，13%的人承認自己鼓勵霸凌。在面對面的世界，有自然的社交禁忌，讓我們在開口之前忍住。但當我們獨自一人在房間裡，就沒有這樣的禁忌，於是我們在自己的憤怒和沮喪中瘋狂地用鍵盤發洩。

超過一半的樣本認為社交媒體已經取代了日常面對面的社交互動（當時是2012年！）。一半的人覺得當他們需要支持和建議時，會偏好和人面對面（雖然1/3說他們寧願打電話）。這裡再次出現了強烈的年齡效應，較年長的人更喜歡面對面的互動，無論是與親密的朋友，還是在有情感需要的時候。

這提出了一個有趣的問題：在日常社交（而非傳遞新聞或尋求安慰）時，我們用電話和發簡訊的方式是否相同。另一位阿爾托博士生莎拉・海達利（Sara Heydari）檢視我們高中資料集中的簡訊流量，發現它的模式和電話完全相同。人們傳簡訊的模式看起來就像打電話的模式一樣：每個人對朋友和家人發送簡訊都有獨特的模式，就像他們打電話一樣。他們的簡訊指紋和他們的電話看來一模一樣，在時間上也具有相同的持續性。然而，他們打電話的對象名單與傳簡訊的名單卻不完全相同——或至少打電話和傳簡訊頻率偏好的順序不完全一樣。你會打電話給一些人（家

人），但你更喜歡發簡訊給其他人（朋友）。不過有一些對象接電話和收簡訊同樣頻繁，這些人往往是在優先表列上排名非常高的人：最常接到聯繫的人往往會收到電話和簡訊兩者，而最少聯繫的人往往只收到簡訊。

塔蒂亞娜‧弗拉霍維奇（Tatiana Vlahovic）還是我們的研究生時，曾請一群人每天記錄他們與5位至交的所有聯繫，持續2週，記錄他們使用的媒體，並以標準的社會心理學「幸福」（或滿意）量表對互動評分。這些媒體包括面對面、電話、Skype、即時通訊、簡訊或電子郵件（在臉書等社交網站上貼文也包括在最後這個類別）。結果非常驚人。面對面或透過Skype的互動比使用任何其他媒體都令人更滿意和愉快，其他媒體之間則相差無幾。安娜‧馬欽對戀情和至交關係做的大規模研究間接支持了這個說法，她發現電話和電子郵件的頻率對這些親密關係的密切感並沒有可察覺的效果。其實，頻繁的面對面接觸似乎對親密的友誼關係很重要，尤其是男性——你不能虛擬踢足球或上酒館喝酒。

Skype的互動與面對面互動一樣有效，這個事實顯示了關於什麼會使談話愉快的兩個重要結論。一個是這兩者非常獨特地創造了一種心理學家稱為「共存」（co-presence，共同在場）的感受——你感覺你們好像一起在同一個房間裡。而傳簡訊的媒體，甚至手機，則帶來不可避免的距離感。共存創造了親密感，而鍵盤那一端難免缺乏這種感受。第二點與所謂的「心流」（flow）有關。flow是源自音樂的術語，指的是音樂似乎與你一起隨著它的波動奔馳，尤其是當你和別人一起演奏時。正是這種感覺讓你彷彿失去了意識的控制，由音樂接管。有時人們會說對話有這個意義的音樂特質，尤其是在對話流暢地進行時最為明顯，而非大家

都絞盡腦汁想擠出一點話來說，談話斷斷續續，要不然就是陷入尷尬的沉默。

　　談話的節奏，你來我往輪流發言，取決於非常細膩的線索，其中有些是聽覺的（例如，在發言結束時音調上揚，顯示發言者即將停止，把發言權讓給其他人的訊號），也有些是視覺的（我們往往在與人交談時，會把視線移開，但在我們打算停止發言之前瞥他們一眼）。然而不止於此，很可能是我們在對某人說話時得到的許多視覺線索才重要：我們可以在我們說完笑話之前，看到對方臉上的笑容。尤其用簡訊或電郵文字表達笑話往往不如面對面的對話，在面對面談話中覺得很有趣的笑話，如果用文字表達會顯得僵硬不自然。尤其我們企圖機智的回覆如果在幾天後才終於被讀，就更加沒趣了（收件人可能根本記不得它是回覆什麼話題）。

　　在這種情況下尤其重要的是笑。塔蒂亞娜請每個人記錄他們每一次的日常互動中有沒有笑，不論是真實的笑，或者笑臉表情符號及LOL這種網路縮寫（LOL的意思是「大聲笑」，儘管這個縮寫對嬰兒潮一代有非常不同的含義）。她發現互動中只要有某種形式的笑，無論是用哪種媒介，都被認為更有趣，更使人滿足。換句話說，在留言中引起歡笑回應的臉書貼文，就和帶來笑聲的真實對話一樣受人欣賞。這表示引發笑聲的對話方式很重要。

　　所以面對面的互動似乎有一些特別吸引人的事物，超越了你要說的純言語內容。確實，你正在與其他人密切接觸這個單純的事實就能產生親密感，你要說什麼倒無關緊要，就好像在與某人交談時能夠看到對方的眼白很重要一樣。東京工業大學的小林洋美和幸島司郎指出，人類眼睛的獨特之處在於有一個白色的鞏膜

（圍繞著中央有色虹膜的白色外圍）：所有其他靈長類都有棕色或深棕色的鞏膜，顏色更接近虹膜和周圍的皮毛。和虹膜的大小相比，我們的鞏膜也比任何其他物種大得多。眼睛在我們的臉上確實很突出。圍繞著黑色虹膜的眼白意味著你可以更容易看出是否有人正直視著你。的確，我們發現與從不正眼看你或眼睛總是看地板的人交談既困難又尷尬，就像與聲音中毫無表情的人交談很難投入一樣。

新冠疫情造成的「封鎖」為我們提供了意想不到但非常有啟發性的自然實驗。我認為由此產生了兩個結果──一個好，一個雖沒有那麼好，但卻提供很多資料。好的結果是，在不能與親朋好友見面的情況下，人們使用網際網路數位能力以便和他們保持聯繫的方式充滿了想像力，由虛擬合唱團到虛擬餐點，尤其後者更是人類創造力的經典範例，就像簡訊的社交用途一樣。每個人都按照同樣的菜單做菜，然後坐下來虛擬共餐，一道又一道。有趣的是，他們主要是與家人而非朋友一起這樣做。再次顯示了家庭很重要。負面的結果則是Zoom和Skype等應用程式對大型的社交群體效果不佳。一次真的只有一個人可以說話，所以往往會變得像是演講。你不能像大家圍坐在大桌子前時，溜到一邊與某人私下交談。這也就是說，集合在一起的人不能分裂成幾組不同的對話。這樣的一個後果是，比較害羞和退縮的人往往會沉默，而外向的人則主導整個談話。在工作會議上可能有效，但若要把它作為3、4個人以上的對話媒介是否能良好運作，則並不明確。

臉書和其他數位媒體可能讓朋友在難以見面時維持友誼，但我的感覺是，它所做的只是在無法持續鞏固友誼時，減緩了友誼隨著時間推移而自然衰退的速率。最後，除非是深厚堅強的關係，數位天地中沒有任何事物可以阻止這種友誼悄悄地退化為泛

泛之交——曾經認識的人。如果你想保持友誼，不時見面以便重燃「火花」是必要的。面對面互動的情感品質，我們的聲音和臉部表情可以化為言語的情感暗示，才真正重要。再加上那種面對面的投入感覺，它說的是：「我努力花時間和你同處。」

社交媒體的起落

用網際網路社交是這10年來最成功的故事之一，不只是因為擁有和經營這些社交網站的企業財務上的報酬，也因為許多用戶有了張貼早餐照片讓眾多朋友讚嘆的能力，因而使他們的生活起了改變。然而，在閃閃發光的表面下醞釀的是令人不安的元素，數位世界對人們心理健康的影響，或是我們的道德或政治觀點可能既被出於善意的人支配，也受不道德的人操弄。世界似乎分為數位樂觀主義者和數位悲觀主義者。樂觀主義者看到它的種種好處，例如增加獲取知識的可能，以及結識來自世界其他地方不同文化的人的機會，至少在某種程度上不再強調種族、年齡和社會經濟地位，大幅超越了它可能有的任何缺點。悲觀主義者則指出網際網路的使用大多數都不是有任何意義的社交，其中大部分只是尋求訊息或作為孤單的消遣，例如色情、看電影，或者玩非社交的線上遊戲。至於其他的功能，比如觀看朋友剛過完的興奮時光，只會讓你更憂鬱。

鮑勃・克勞特（Bob Kraut）在一項開創性的研究中，對搬到新城市工作的成年人做了縱貫調查，他發現最常使用網際網路的人在面對面的世界中，花在發展新友誼的時間較少，因此他們的憂鬱和孤獨程度增加了。在另一項針對73個家庭169人在第1年或第2年常用網路的網民研究中，他發現使用網際網路越多的

人，和他們家庭中的成員溝通的時間越少，他們的社交圈越小，也越可能體驗到憂鬱和孤獨。

　　大多數人都知道透過網際網路的互動總教人不太滿意。一方面，它似乎有點西部蠻荒的味道：我們往往還來不及思考就要先下手為強。在我先前提到的大屠殺紀念日信託調查中，有兩點特別符合我們現在的考量。一個是清楚認識到並非所有臉書上的朋友都是真正的朋友。不論人們有多少臉書好友，他們總是說自己「真正的」朋友大約是13位——似乎是指同情團隊（或15-層）。社會學家卡密隆・馬勞（Cameron Marlow）分析了臉書自己的資料，發現大多數定向發文的動作都在約10人（男生）或16人（女生）的核心群體之間，無論他們列出的好友人數是50、150，還是500。我在英國為托馬斯・福吉餅乾公司進行的調查也發現了同樣的情況：人們通常表示，在他們的臉書頁面上列出的朋友中，只有16-20%可以算是真正的朋友。

　　許多人的擔憂可能集中在數位世界對兒童的影響，一個主要的因素是廣泛地運用網際網路霸凌，以及極端份子政治宣傳的貼文。有一種普遍的感覺是，當代青少年和年輕人看似心靈更加脆弱的原因，是源自於他們看了無數描述朋友度過的美妙派對時光的貼文，而他們卻被關在圖書館裡，努力寫題目難懂而且早就過了交卷期限的文章。但實際上，其他人很可能並沒有過得那麼有趣，只是網際網路製造了要看起來有趣的壓力。所以整個過程就會被漩渦推動，很快就把我們拖入抑鬱。

　　然而對於自出生後一直都在網上的青少年群體，情況可能未必那麼絕望。艾米・奧爾本（Amy Orben，可能是我歷來最用功的博士生，現在是劍橋大學研究員）分析了來自英國、愛爾蘭和美國的幾個資料集。這些全都是非常大型的全國調查（成千上

萬的人），與人們活動和感受有關，非常詳細的問題。她感興趣的是兒童上網的時間是否會影響他們的幸福感。簡單的回答是：是的，有負面影響（在網上花費的時間越長，兒童的幸福感就越低），但由統計資料來看，影響相當小。對幸福感較大的負面影響是來自於警察找麻煩、暴飲，遭網路霸凌，和使用軟性藥物（soft drugs，指毒性較小、較不容易成癮，但可致幻的藥物）。戴眼鏡的需要與科技運用產生的負面影響大約相同。相較之下，吃得健康（尤其是蔬果）對幸福感有很強烈的正面影響（儘管我懷疑這與鼓勵更平衡人生態度的家庭環境有關，而不僅是飲食的影響）。

然而，縱貫研究的資料顯示有一些雖然不大但卻重要的長期影響。青少年在減少使用線上科技1年後，對生活的滿意度提高了；相反的，在增加使用線上科技1年後，他們對生活的滿意度降低了。儘管如此，其效果並不很大，使她得出媒體對年輕一代使用科技的炒作，至少有一些只是渲染罷了。功課和學校環境，以及在較輕程度上對友誼的憂慮，對生活滿意度有更強烈的負面影響，尤其對女孩更是如此。男孩的友誼品質對他們的生活滿意度只有很少或根本沒有影響——這是意料中事。

青少年對生活的滿意度，有很大的程度取決於他們在網上做什麼，以及他們怎麼做。牛津大學的安迪‧普瑞茲比斯基（Andy Przybylski）和內塔‧溫斯坦（Netta Weinstein）由青少年資料分析中發現，他們在網上的時間越多，心理健康就越大幅下降，無論他們在網上是看影片、玩電動遊戲，普遍地使用電腦，或只是玩弄智慧手機。尤其平常日子使用比週末使用負面影響更強——或許是因為功課還沒做完的連鎖反應？他們還注意到，在每一種情況下，如果青少年完全沒有花時間上線，幸福感就會

略微下降。我認為不花任何時間上網或甚至也不用智慧手機的青少年，恐怕適應不良，因此已經處於低點的幸福感下降很可能是他遇到嚴重問題的訊號，而非對他們的功課或教會合唱團充滿熱情因而要全力以赴的跡象。伊納格伊布約歐格・特瑞斯多提爾（Ingibjorg Thorisdottir）及同仁在最近對冰島1萬500多名青少年的調查中發現，雖然積極使用社交媒體似乎可以減輕焦慮和抑鬱的症狀，但被動使用卻會產生反效果，增加這些症狀的頻率，即使在控制了如缺乏自尊、離線同伴支持，和不良的身體形象等已知風險因素後，情況仍舊相同。

進一步的考量是在這些影響中可能有性別差異存在。卡拉・布克（Cara Booker）、伊凡・凱利（Yvonne Kelly）和阿曼達・薩克（Amanda Sacker）分析了英國千禧年研究（UK Millennium Study）的資料（針對出生於2000年9月至2002年1月之間總共1萬9244個英國家庭嬰兒樣本的縱貫研究），發現在使用社媒和幸福之間的關係有驚人的性別差異。尤其是10歲時社交媒體使用率較高的女孩，到14歲時幸福感較低，但男孩則沒有這樣的情況。她們發現使用社媒對幸福感的直接影響，以及網路騷擾造成的間接影響。此外，較多的社媒使用也與睡眠不佳、自卑和身體形象不佳相關，這一切對幸福都產生不利的影響。

李斯莉・塞爾茲（Lesley Seltzer）和她在威斯康辛大學的同僚在這方面進行了一項特別有用的研究：他們讓8至12歲的女孩在經歷壓力重的任務後，和母親面對面或透過即時訊息交談，然後測量她們尿液中皮質醇（cortisol，即可體松，一種壓力荷爾蒙）和催產素（愛的荷爾蒙）的量。她們進行的任務是「兒童特里爾社會壓力測試」（Trier Social Stress Test for Children）：它包括由一名不流露任何情感的成人和兒童做一組文字和數學測試，

兒童認為這很有壓力。學者發現，比起只傳訊息給母親的兒童，與母親直接交談的孩子皮質醇量較低，催產素量則較高。用數位媒體尋求安慰並不會讓你平靜，而且反而可能導致壓力持續累積而非消散。

雖然學者對此的意見可能仍然有些出入，但我確實對網際網路在另一方面對生活的影響有一些擔憂。我們在第15章中看到我們需要掌握的成人社會社交技巧十分複雜，因此人類需要25年的時間才能掌握。我們實際上是在生活的沙坑中磨練這些技巧。而關於沙坑的重點是，如果有人把沙子踢到你的臉上時，你不能一怒之下回頭走開，而是得控制自己的情緒，學習處理人際關係的手段和妥協的技巧，使你能夠順利進入成人世界。或許同樣重要的是，「沙坑」是多人共用的天地：我們在其中所做的一切都會對許多其他人產生影響，因此我們必須學會如何平衡他們和我們彼此各種不同的利益。

如果孩子們在網上耗費大量時間，可能就無法在兩個重要的方面獲得他們應該擁有的經驗。第一，他們在網上的大部分互動都是二元的，而非在群體中和許多人互動。第二，如果有人真的朝他們臉上踢比喻性的沙子，他們只要退出就好，沒有義務學習如何妥協。果真如此，他們的社交技巧就無法良好發展，因此他們能面對的社交網路規模就可能會更小。他們也可能不太擅長處理拒絕、冒犯和失敗。令人擔憂的是，我們得等一個世代才會知道是否真的如此，而且到時候為時已晚。

*

社交網站的興起和數位社交媒體化的新形式一直是新千禧年

最重要的社會事件。它已經徹底改變了我們的社交生活。回顧我們在探索友誼中所學到的事物，這些新的社交互動方式為我們提供最後兩個重要的見解。一是這些新媒體提供了以往無法維持友誼的方法，因為在過去，友誼會因朋友無法見面而消逝。這在如今我們經常遷移，因此總是來到一個人也不認識之處的情況下，對我們的心理健康尤其有益。能聯繫到老朋友讓我們獲得緩衝，能對抗原本可能會吞噬我們的孤獨，並幫助我們爭取時間，讓我們輕鬆融入新的社會環境。

另一個見解來自數位媒體為我們提供龐大自然實驗的事實，讓我們研究我們的社交世界如何、以及更重要的為什麼會如此受限。我們的網路社交世界實際上與我們的離線社交世界幾乎相同，這告訴我們這些限制是來自我們的大腦，而非我們如何溝通的技術：限制我們社交網絡規模的，是我們參與社交能力的認知局限，以及因為時間而加諸於它們結構上的限制。數位世界的創意科技無法改變這一點，它或許可以讓我們向更廣泛的受眾發表我們的意見，但就像燈塔只能向過往的船隻示警而不能對話，它也無法讓我們建立新關係或維持舊關係，那必須透過傳統的定向交流方式來完成。唯有在有現有關係賦予交流意義時，交流才有意義。建立友誼和社群的過程十分複雜，不只是張貼訊息或發送除非系統提示否則我們就會忘記的生日祝福，我們得和人談話，並與他們一起參與社交活動，而那往往會牽涉到一定程度的身體接觸，包括碰觸和不經意的撫摸，而這在網路上是做不到的。

延伸閱讀

1 朋友為什麼重要？

Arbes, V., Coulton, C. & Boekel, C. (2014). *Men's Social Connectedness*. Hall & Partners: Open Mind.

Burton-Chellew, M. & Dunbar, R.I.M. (2015). Hamilton's Rule predicts anticipated social support in humans. *Behavioral Ecology* 26: 130-137.

Cacioppo, J.T., Fowler, J.H. & Christakis, N.A. (2009). Alone in the crowd: the structure and spread of loneliness in a large social network. *Journal of Personality and Social Psychology* 97: 977.

Cacioppo, J.T. & Patrick, W. (2008). *Loneliness: Human Nature and the Need for Social Connection*. WW Norton & Company.

Christakis, N.A. & Fowler, J.H. (2007). The spread of obesity in a large social network over 32 years. *New England Journal of Medicine* 357: 370-379.

Christakis, N.A. & Fowler, J.H. (2008). The collective dynamics of smoking in a large social network. *New England Journal of Medicine* 358: 2249-2258.

Christakis, N.A. & Fowler, J.H. (2009). *Connected: The Surprising Power of Our Social Networks and How They Shape Our Lives*. Little, Brown Spark.

Cruwys, T., Dingle, G.A., Haslam, C., Haslam, S.A., Jetten, J. & Morton, T.A. (2013). Social group memberships protect against future depression, alleviate depression symptoms and prevent depression relapse. *Social Science & Medicine* 98: 179-186.

Cundiff, J.M. & Matthews, K.A. (2018). Friends with health benefits: the long-term benefits of early peer social integration for blood pressure and obesity in midlife. *Psychological Science* 29: 814-823.

Curry, O. & Dunbar, R.I.M. (2011). Altruism in networks: the effect of connections. *Biology Letters* 7: 651-653.

Curry, O. & Dunbar, R.I.M. (2013). Do birds of a feather flock together? The relationship between similarity and altruism in social networks. *Human Nature* 24: 336-347.

Dunbar, R.I.M. (2019). From there to now, and the origins of some ideas. In: D. Shankland (ed) *Dunbar's Number*, pp. 5-20. London: Royal Anthropological

Institute, Occasional Papers No. 45 (Sean Kingston Publishing).

Dunbar, R.I.M. (2020). *Evolution: What Everyone Needs to Know*. New York: Oxford University Press.

Elwert, F. & Christakis, N.A. (2008). The effect of widowhood on mortality by the causes of death of both spouses. *American Journal of Public Health* 98: 2092-2098.

Fowler, J.H. & Christakis, N.A. (2008). Dynamic spread of hap- piness in a large social network: longitudinal analysis over 20 years in the Framingham Heart Study. *British Medical Journal* 337: a2338.

Granovetter, M. (1973). The strength of weak ties. *American Journal of Sociology* 78: 1360-1380.

Grayson, D.K. (1993). Differential mortality and the Donner Party disaster. *Evolutionary Anthropology* 2: 151-159.

van Harmelen, A.L., Gibson, J.L., St Clair, M.C., Owens, M., Brodbeck, J., Dunn, V., ...& Goodyer, I.M. (2016). Friendships and family support reduce subsequent depressive symptoms in at-risk adolescents. *PloS One* 11: e0153715.

Heatley Tejada, A., Montero, M. & Dunbar, R.I.M. (2017). Being unempathic will make your loved ones feel lonelier: loneliness in an evolutionary perspective. *Personality and Individual Differences* 116: 223-232.

Holt-Lunstad, J., Smith, T. & Bradley Layton, J. (2010). Social relationships and mortality risk: a metaanalytic review. *PLoS Medicine* 7: e1000316.

Holt-Lunstad, J., Smith, T.B., Baker, M., Harris, T. & Stephenson, D. (2015). Loneliness and social isolation as risk factors for mortality: a meta-analytic review. *Perspectives on Psychological Science* 10: 227-237.

Kim, D.A., Benjamin, E.J., Fowler, J.H. & Christakis, N.A. (2016). Social connectedness is associated with fibrinogen level in a human social network. *Proceedings of the Royal Society, London,* 283B: 20160958.

Lally, Maria: https://www.telegraph.co.uk/women/womens- life/11886089/Lonely-Why-are-we-all-feeling-so-lonesome-even-when-surrounded.html

McCullogh, J.M. & York Barton, E. (1991). Relatedeness and mortality risk during a crisis year: Plymouth colony, 1620-1621. *Ethology and Sociobiology* 12: 195-209.

Madsen, E., Tunney, R., Fieldman, G., Plotkin, H., Dunbar, R.I.M., Richardson, J. & McFarland, D. (2007). Kinship and altruism: a cross-cultural experimental study. *British Journal of Psychology* 98: 339-359.

Pressman, S.D., Cohen, S., Miller, G.E., Barkin, A., Rabin, B.S. & Treanor, J.J. (2005). Loneliness, social network size, and immune response to influenza vaccination in college freshmen. *Health Psychology* 24: 297.

Rosenfeld, M.J., Thomas, R.J. & Hausen, S. (2019). Disintermediating your friends: How online dating in the United States displaces other ways of meeting. *Proceedings of the National Academy of Sciences* 116: 17753-17758.

Rosenquist, J.N., Murabito, J., Fowler, J.H. & Christakis, N.A. (2010). The spread of alcohol consumption behavior in a large social network. *Annals of Internal Medicine* 152: 426.

Rosenquist, J.N., Fowler, J.H. & Christakis, N.A. (2011). Social network determinants of depression. *Molecular Psychiatry 16*: 273.

Santini, Z., Jose, P., Koyanagi, A., Meilstrup, C., Nielsen, L., Madsen, K., Hinrichsen, C., Dunbar, R.I.M. & Koushede, V. (2020). The moderating role of social network size in the temporal association between formal social participation and mental health: a longitudinal analysis using two consecutive waves of the Survey of Health, Ageing and Retirement in Europe (SHARE). *Social Psychiatry and Psychiatric Epidemiology* (in press).

Spence, J. (1954). *One Thousand Families in Newcastle*. Oxford: Oxford University Press.

Smith, K.P. & Christakis, N.A. (2008). Social networks and health. *American Journal of Sociology* 34: 405-429.

Steptoe, A., Shankar, A., Demakakos, P. & Wardle, J. (2013). Social isolation, loneliness, and all-cause mortality in older men and women. *Proceedings of the National Academy of Sciences* 110: 5797-5801.

Yang, Y.C., Boen, C., Gerken, K., Li, T., Schorpp, K., & Harris, K.M. (2016). Social relationships and physiological determi- nants of longevity across the human life span. *Proceedings of the National Academy of Sciences, USA,* 113: 578-583.

2 鄧巴數字

Burton-Chellew, M. & Dunbar, R.I.M. (2011). Are affines treated as biological kin? A test of Hughes' hypothesis. *Current Anthropology* 52: 741-746.

Casari, M. & Tagliapietra, C. (2018). Group size in social- ecological systems. *Proceedings of the National Academy of Sciences, USA,* 115: 2728-2733.

Dàvid-Barrett, T. & Dunbar, R.I.M. (2017). Fertility, kinship and the evolution of mass ideologies. *Journal of Theoretical Biology* 417: 20-27.

Dunbar, R.I.M. (1995). On the evolution of language and kinship. In: J. Steele & S. Shennan (eds.) *The Archaeology of Human Ancestry: Power, Sex and Tradition*, pp. 380-396. London: Routledge.

Dunbar, R.I.M. (2016). Do online social media cut through the constraints that limit the size of offline social networks? *Royal Society Open Science* 3: 150292.

Dunbar, R.I.M. & Dunbar, P. (1988). Maternal time budgets of gelada baboons. *Animal Behaviour* 36: 970-980.

Dunbar, R.I.M. & Sosis, R. (2017). Optimising human commu- nity sizes. *Evolution and Human Behavior* 39: 106-111.

Dunbar, R.I.M. & Spoors, M. (1995). Social networks, support cliques and kinship. *Human Nature* 6: 273-290.

Dunbar, R.I.M., Arnaboldi, V., Conti, M. & Passarella, A. (2015). The structure of online social networks mirrors those in the offline world. *Social Networks* 43: 39-47.

Gonçalves, B., Perra, N., Vespignani, A. (2011). Modeling users' activity on Twitter networks: validation of Dunbar's Number. *PloS One* 6: e22656.

Haerter, J.O., Jamtveit, B., & Mathiesen, J. (2012). Communication dynamics in finite capacity social networks. *Physics Review Letters* 109: 168701.

Hill, R.A. (2019). From 150 to 3: Dunbar's numbers. In: D. Shankland (ed) *Dunbar's Number*, pp. 21-37. London: Royal Anthropological Institute Occasional Papers No. 45.

Hill, R.A. & Dunbar, R.I.M. (2003). Social network size in humans. *Human Nature* 14: 53-72.

Hughes, A.L. (1988). *Evolution and Human Kinship*. Oxford: Oxford University Press.

Killworth, P.D., Bernard, H.R., McCarty, C., Doreian, P., Goldenberg, S., Underwood, C., et al. (1984). Measuring patterns of acquaintanceship. *Current Anthropology* 25: 381-397.

MacCarron, P., Kaski, K. & Dunbar, R.I.M. (2016). Calling Dunbar's numbers. *Social Networks* 47:151-155.

O'Gorman, R. & Roberts, R. (2017). Distinguishing family from friends. *Human Nature* 28: 323-343.

Pollet, T., Roberts, S.B.G. & Dunbar, R.I.M. (2011). Use of social network sites and instant messaging does not lead to increased offline social network size, or to emotionally closer relationships with offline network members. *Cyberpsychology, Behavior and Social Networking* 14: 253-258.

Pollet, T., Roberts, S.B.G. & Dunbar, R.I.M. (2013). Going that extra mile: individuals travel further to maintain face-to-face contact with highly related kin than with less related kin. *PLoS One* 8: e53929.

Pollet, T.V., Roberts, S.B.G. & Dunbar, RI.M. (2011). Extraverts have larger social network layers but do not feel emotion- ally closer to individuals at any layer. *Journal of Individual Differences* 32: 161-169.

Rennard, B.O., Ertl, R.F., Gossman, G.L., Robbins, R.A., & Rennard, S.I. (2000). Chicken soup inhibits neutrophil chem- otaxis in vitro. *Chest* 118: 1150-1157.

Rhoades, G.K. & Stanley, S.M. (2014). *Before "I Do": What Do Premarital*

Experiences Have to Do with Marital Quality Among Today's Young Adults? The National Marriage Project, University of Virginia.

Roberts, S.B.G. & Dunbar, R.I.M. (2015). Managing relationship decay: network, gender, and contextual effects. *Human Nature* 26:426-450.

Roberts, S.B.G., Dunbar, R., Pollet, T.V. & Kuppens, T. (2009). Exploring variations in active network size: constraints and ego characteristics. *Social Networks* 31: 138-146.

Sutcliffe, A.J., Binder, J. & Dunbar, R.I.M. (2018). Activity in social media and intimacy in social relationships. *Computers in Human Behavior* 85: 227-235.

Sutcliffe, A., Dunbar, R.I.M., Binder, J. & Arrow, H. (2012). Relationships and the social brain: integrating psychological and evolutionary perspectives. *British Journal of Psychology* 103: 149-168.

Wolfram, S.: http://blog.stephenwolfram.com/2013/04/ data-science-of-the-facebook-world/

3 大腦與朋友

Bickart, K.C., Hollenbeck, M.C., Barrett, L.F., & Dickerson, B.C. (2012). Intrinsic amygdala–cortical functional connectivity predicts social network size in humans. *Journal of Neuroscience* 32: 14729-14741.

Dunbar, R.I.M. (1991). Functional significance of social groom- ing in primates. *Folia Primatologica* 57: 121-131.

Dunbar, R.I.M. (1992). Neocortex size as a constraint on group size in primates. *Journal of Human Evolution* 22: 469-493.

Dunbar, R.I.M. (1993). Coevolution of neocortex size, group size and language in humans. *Behavioral and Brain Sciences* 16: 681-735.

Dunbar, R.I.M. & MacCarron, P. (2019). Group size as a trade- off between fertility and predation risk: implications for social evolution. *Journal of Zoology* 308: 9-15.

Dunbar, R.I.M. & Shultz, S. (2010). Bondedness and sociality. *Behaviour* 147: 775-803.

Dunbar, R.I.M. & Shultz, S. (2017). Why are there so many expla- nations for primate brain evolution? *Philosophical Transactions of the Royal Society, London,* 244B: 201602244.

Fox, K.C., Muthukrishna, M. & Shultz, S. (2017). The social and cultural roots of whale and dolphin brains. *Nature Ecology & Evolution* 1: 1699.

Hampton, W.H., Unger, A., Von Der Heide, R.J. & Olson, I.R. (2016). Neural connections foster social connections: a diffusion-weighted imaging study of social networks. *Social Cognitive and Affective Neuroscience* 11: 721-727.

Kanai, R., Bahrami, B., Roylance, R. & Rees, G. (2012). Online social network size is reflected in human brain structure. *Proceedings of the Royal Society, London,* 279B:1327-1334.

Keverne, E.B., Martel, F.L. & Nevison, C.M. (1996). Primate brain evolution: genetic and functional considerations. *Proceedings of the Royal Society, London,* 263B: 689-696.

Kiesow, H., Dunbar, R.I.M., Kable, J.W., Kalenscher, T., Vogeley, K., Schilbach, L., Wiecki., T. & Bzdok, D. (2020). 10,000 social brains: sex differentiation in human brain anatomy. *Science Advances* 6: eeaz1170.

Kwak, S., Joo, W.T., Youm, Y. & Chey, J. (2018). Social brain volume is associated with in-degree social network size among older adults. *Proceedings of the Royal Society, London,* 285B: 20172708.

Lewis, P.A., Rezaie, R., Browne, R., Roberts, N. & Dunbar, R.I.M. (2011). Ventromedial prefrontal volume predicts understanding of others and social network size. *NeuroImage* 57: 1624-1629.

Meguerditchian, A., Marie, D., Margiotoudi, K., Roth, M., Nazarian, B., Anton, J.-L. & Claidière, N. (in press). Baboons (*Papio anubis*) living in larger social groups have bigger brains. *Evolution and Human Behavior.*

Morelli, S.A., Leong, Y.C., Carlson, R.W., Kullar, M. & Zaki, J. (2018). Neural detection of socially valued community mem- bers. *Proceedings of the National Academy of Sciences, USA,* 115: 8149-8154.

Noonan, M., Mars, R., Sallet, J., Dunbar, R.I.M. & Fellows, L. (2018). The structural and functional brain networks that sup- port human social networks. *Behavioural Brain Research* 355: 12-23.

Parkinson, C., Kleinbaum, A.M. & Wheatley, T. (2017). Spontaneous neural encoding of social network position. *Nature Human Behaviour* 1: 0072.

Pérez-Barbería, J., Shultz, S. & Dunbar, R.I.M. (2007). Evidence for intense coevolution of sociality and brain size in three orders of mammals. *Evolution* 61: 2811-2821.

Powell, J., Lewis, P.A., Roberts, N., García-Fiñana, M. & Dunbar, R.I.M. (2012) Orbital prefrontal cortex volume predicts social network size: an imaging study of individual differences in humans. *Proceedings of the Royal Society, London,* 279B: 2157-2162.

Powell, J., Kemp, G., Dunbar, R.I.M., Roberts, N., Sluming, V. & García-Fiñana, M. (2014). Different association between intentionality competence and prefrontal volume in left- and right-handers. *Cortex* 54: 63-76.

Sallet, J., Mars, R.B., Noonan, M.A., Neubert, F.X., Jbabdi, S., O'Reilly, J.X., Filippini, N., Thomas, A.G. & Rushworth, M.F.S. (2013). The organization of dorsal prefrontal cortex in humans and macaques. *Journal of Neuroscience*

33:12255-12274.

Shultz, S. & Dunbar, R.I.M. (2007). The evolution of the social brain: Anthropoid primates contrast with other vertebrates. *Proceedings of the Royal Society, London,* 274B: 2429-2436.

Shultz, S. & Dunbar, R.I.M. (2010). Social bonds in birds are associated with brain size and contingent on the correlated evolution of life-history and increased parental investment. *Biological Journal of the Linnean Society* 100: 111-123.

Shultz, S. & Dunbar, R.I.M. (2010). Encephalisation is not a universal macroevolutionary phenomenon in mammals but is associated with sociality. *Proceedings of the National Academy of Sciences, USA,* 107: 21582-21586.

Zerubavel, N., Bearman, P.S., Weber, J. & Ochsner, K. N. (2015). Neural mechanisms tracking popularity in real-world social networks. Proceedings of the National Academy of Sciences, *USA,* 112: 15072-15077.

4 朋友圈

Arnaboldi, V., Passarella, A., Conti, M. & Dunbar, R.I.M. (2015). *Online Social Networks*: *Human Cognitive Constraints in Facebook and Twitter Personal Graphs.* Amsterdam: Elsevier.

Binder, J.F., Roberts, S.B.G. & Sutcliffe, A.G. (2012). Closeness, loneliness, support: Core ties and significant ties in personal communities. *Social Networks* 34: 206-214.

Buys, C.J. & Larson, K.L. (1979). Human sympathy groups. *Psychological Reports* 45: 547-553.

Cartright, D. & Harary, F. (1956). Structural balance: a gener- alization of Heider's theory. *Psychological Review* 63: 277-292.

Curry, O., Roberts, S.B.G. & Dunbar, R.I.M. (2013). Altruism in social networks: evidence for a "kinship premium". *British Journal of Psychology* 104: 283-295.

Dunbar, R.I.M., MacCarron, P. & Shultz, S. (2018). Primate social group sizes exhibit a regular scaling pattern with natural attractors. *Biology Letters* 14: 20170490.

Dunbar, R.I.M., Arnaboldi, V., Conti, M. & Passarella, A. (2015). The structure of online social networks mirrors those in the offline world. *Social Networks* 43: 39-47.

Grove, M. (2010). Stone circles and the structure of Bronze Age society. *Journal of Archaeological Science* 37: 2612-2621.

Hamilton, M.J., Milne, B.T., Walker, R.S., Burger, O. & Brown, J.H. (2007). The complex structure of hunter-gatherer social networks. *Proceedings of the Royal Society, London,* 274B: 2195-2202.

Hill, R., Bentley, A. & Dunbar, R.I.M. (2008). Network scaling reveals consistent fractal pattern in hierarchical mammalian societies. *Biology Letters* 4: 748-751.

Jenkins, R., Dowsett, A.J. & Burton, A.M. (2018). How many faces do people know? *Proceedings of the Royal Society*, London, 285B: 20181319.

Klimek, P. & Thurner, S. (2013). Triadic closure dynamics drives scaling laws in social multiplex networks. *New Journal of Physics* 15: 063008.

Kordsmeyer, T., MacCarron, P. & Dunbar, R.I.M. (2017). Sizes of permanent campsites reflect constraints on natural human communities. *Current Anthropology* 58: 289-294.

MacCarron, P., Kaski, K. & Dunbar, R.I.M. (2016). Calling Dunbar's numbers. *Social Networks* 47:151-155.

Miritello, G., Moro, E., Lara, R., Martínez-López, R., Belchamber, J., Roberts, S.B.G. & Dunbar, R.I.M. (2013). Time as a limited resource: communication strategy in mobile phone networks. *Social Networks* 35: 89-95.

Molho, C., Roberts, S.G., de Vries, R.E. & Pollet, T.V. (2016). The six dimensions of personality (HEXACO) and their asso- ciations with network layer size and emotional closeness to network members. *Personality and Individual Differences* 99: 144-148.

Pollet, T.V., Roberts, S.B.G. & Dunbar, RI.M. (2011). Extraverts have larger social network layers but do not feel emotion- ally closer to individuals at any layer. *Journal of Individual Differences* 32: 161-169.

Sutcliffe, A., Bender, J. & Dunbar, R.I.M. (2018). Activity in social media and intimacy in social relationships. *Computers in Human Behavior* 85: 227-235.

Sutcliffe, A., Dunbar, R.I.M. & Wang, D. (2016). Modelling the evolution of social structure. *PLoS One* 11: e0158605.

Sutcliffe, A., Dunbar, R.I.M., Binder, J. & Arrow, H. (2012). Relationships and the social brain: integrating psychological and evolutionary perspectives. *British Journal of Psychology* 103: 149-168.

Takano, M. & Fukuda, I. (2017). Limitations of time resources in human relationships determine social structures. *Palgrave Communications* 3: 17014.

Tamarit, I., Cuesta, J., Dunbar, R.I.M. & Sánchez, A. (2018). Cognitive resource allocation determines the organisation of personal networks. *Proceedings of the National Academy of Sciences, USA,* 115: 1719233115.

Wellman, B. & Wortley, S. (1990). Different strokes from differ-ent folks: Community ties and social support. *American Journal of Sociology* 96: 558-588.

Whitmeyer, J.M. (2002). A deductive approach to friendship net- works. *Journal of Mathematical Sociology* 26: 147-165.

Zhou, W-X., Sornette, D., Hill, R.A. & Dunbar, R.I.M. (2005). Discrete hierarchical organization of social group sizes. *Proceedings of the Royal Society, London,*

272B: 439-444.

5 你的社交指紋

Aledavood, T., López, E., Roberts, S.B.G., Reed-Tsochas, F., Moro, E., Dunbar, R.I.M. & Saramäki, J. (2015). Daily rhythms in mobile telephone communication. *PLoS One* 10: e0138098.

Aledavood, T., López, E., Roberts, S.B.G., Reed-Tsochas, F., Moro, E., Dunbar, R.I.M. & Saramäki, J. (2016). Channel- specific daily patterns in mobile phone communication. In: S. Battiston, F. De Pellegrini, G. Caldarelli & E. Merelli (Eds.) *Proceedings of ECCS 2014*, pp. 209-218. Berlin: Springer.

Barrett, L., Dunbar, R.I.M. & Lycett, J. (2000). *Human Evolutionary Psychology*. Macmillan/Palgrave and Princeton University Press.

Bhattacharya, K., Ghosh, A., Monsivais, D., Dunbar, R.I.M. & Kaski, K. (2017). Absence makes the heart grow fonder: social compensation when failure to interact risks weakening a rela- tionship. *EPJ Data Science* 6: 1-10.

Dàvid-Barrett, T. & Dunbar, R.I.M. (2014). Social elites emerge naturally in an agent-based framework when interaction pat- terns are constrained. *Behavioral Ecology* 25: 58-68.

Devaine, M., San-Galli, A., Trapanese, C., Bardino, G., Hano, C., Saint Jalme, M., . . . & Daunizeau, J. (2017). Reading wild minds: A computational assay of Theory of Mind sophistication across seven primate species. *PLoS Computational Biology* 13: e1005833.

Dunbar, R.I.M. (1998). Theory of mind and the evolution of lan-guage. In: J. Hurford, M. Studdart-Kennedy & C. Knight (eds) *Approaches to the Evolution of Language*, pp. 92-110. Cambridge: Cambridge University Press.

Ghosh, A., Monsivais, D., Bhattacharya, K., Dunbar, R.I.M. & Kaski, K. (2019). Quantifying gender preferences in human social interactions using a large cellphone dataset. *EPJ Data Science* 8: 9.

Jo, H.-H., Saramäki, J., Dunbar, R.I.M. & Kaski, K. (2014). Spatial patterns of close relationships across the lifespan. *Scientific Reports* 4: 6988.

Kraut, R., Patterson, M., Lundmark, V., Kiesler, S., Mukophadhyay, T. & Scherlis, W. (1998). Internet paradox: A social technology that reduces social involvement and psychological well-being? *American Psychologist* 53: 1017.

Lu, Y-E., Roberts, S., Lió, P., Dunbar, R.I.M. & Crowcroft, J. (2009). Size matters: variation in personal network size, person-ality and effect on information transmission. In: *Proceedings of IEEE International Conference on Social Computing, Vancouver, Canada, 2009*. IEEE Publications.

Martin, J.L. & Yeung, K.T. (2006). Persistence of close personal ties over a 12-year period. *Social Networks* 28: 331-362.

Mok, D. & Wellman, B. (2007). Did distance matter before the Internet?: Interpersonal contact and support in the 1970s. *Social Networks* 29: 430-461.

Monsivais, M., Bhattacharya, K., Ghosh, A., Dunbar, R.I.M. & Kaski, K. (2017). Seasonal and geographical impact on human resting periods. *Scientific Reports* 7: 10717.

Monsivais, D., Ghosh, A., Bhattacharya, K., Dunbar, R.I.M. & Kaski, K. (2017). Tracking urban human activity from mobile phone calling patterns. *PLoS Computational Biology* 13: e1005824.

Roberts, S.B.G. & Dunbar, R.I.M. (2015). Managing relationship decay: network, gender, and contextual effects. *Human Nature* 26: 426-450.

Saramäki, J., Leicht, E., López, E., Roberts, S.B.G., Reed-Tsochas, F. & Dunbar, R.I.M. (2014). The persistence of social signa- tures in human communication. *Proceedings of the National Academy of Sciences, USA* 111: 942-947.

DeScioli, P. & Kurzban, R. (2009). The alliance hypothesis for human friendship. *PloS One* 4: e5802.

Smoreda, Z. & Licoppe, C. (2000). Gender-specific use of the domestic telephone. *Social Psychology Quarterly* 63: 238-252.

Sutcliffe, A., Dunbar, R.I.M. & Wang, D. (2014). Modelling the evolution of social structure. *PLoS One* 11: e0158605.

6 心智能力與朋友

Amiez, C., Sallet, J., Hopkins, W.D., Meguerditchian, A., Hadj- Bouziane, F., Hamed, S.B., et al. (2019). Sulcal organization in the medial frontal cortex provides insights into primate brain evolution. *Nature Communications* 10: 3437.

Astington, J.W. (1993). *The Child's Discovery of the Mind*. Cambridge (MA): Cambridge University Press.

Baron-Cohen, S., Leslie, A.M. & Frith, U. (1985). Does the autis- tic child have a theory of mind? *Cognition* 21: 37-46.

Carlson, S.M., Moses, L.J. & Breton, C. (2002). How specific is the relation between executive function and theory of mind? Contributions of inhibitory control and working memory. *Infant and Child Development* 11: 73-92.

Casey, B.J., Somerville, L.H., Gotlib, I.H., Ayduk, O., Franklin, N.T., Askren, M.K., Jonides, J., Berman, M.G., Wilson, N.L., et al. (2011). Behavioral and neural correlates of delay of grat- ification 40 years later. *Proceedings of the National Academy of Sciences, USA*, 10: 14998-15003.

Crockett, M.J., Braams, B.R., Clark, L., Tobler, P.N., Robbins, T.W. & Kalenscher, T. (2013). Restricting temptations: neural mechanisms of precommitment. *Neuron* 79:

391-401.

Dunbar, R.I.M., & Launay, J. & Curry, O. (2016). The complex- ity of jokes is limited by cognitive constraints on mentalizing. *Human Nature* 27: 130-140.

Dunbar, R.I.M., McAdam, M. & O'Connell, S. (2005). Mental rehearsal in great apes and humans. *Behavioral Processes* 69: 323-330.

Happé, F. (1994). *Autism: An Introduction to Psychological Theory*. London: University College London Press.

Hardin, G. (1968). The tragedy of the commons. *Science* 162: 1243-1248.

Kinderman, P., Dunbar, R.I.M. & Bentall, R.P. (1998). Theory- of-mind deficits and causal attributions. *British Journal of Psychology* 89: 191-204.

Krupenye, C., Kano, F., Hirata, S., Call, J. & Tomasello, M. (2016). Great apes anticipate that other individuals will act according to false beliefs. *Science* 354: 110-114.

Launay, J., Pearce, E., Wlodarski, R., van Duijn, M., Carney, J. & Dunbar, R.I.M. (2015). Higher-order mentalising and executive functioning. *Personality and Individual Differences* 86: 6-14.

Lewis, P.A., Rezaie, R., Browne, R., Roberts, N. & Dunbar, R.I.M. (2011). Ventromedial prefrontal volume predicts under- standing of others and social network size. *NeuroImage* 57: 1624-1629.

Lewis, P., Birch, A., Hall, A. & Dunbar, R.I.M. (2017). Higher order intentionality tasks are cognitively more demanding. *Social, Cognitive and Affective Neuroscience* 12: 1063-1071.

Mars, R.B., Foxley, S., Verhagen, L., Jbabdi, S., Sallet, J., Noonan, M.P., Neubert, F-X., Andersson, J., Croxson, P., Dunbar, R.I.M., et al. (2016). The extreme capsule fiber complex in humans and macaque monkeys: a comparative diffusion MRI tractography study. *Brain Structure and Function* 221: 4059-4071.

Passingham, R.E., & Wise, S.P. (2012). *The Neurobiology of the Prefrontal Cortex: Anatomy, Evolution, and the Origin of Insight*. Oxford: Oxford University Press.

Powell, J., Lewis, P., Dunbar, R.I.M., García-Fiñana, M. & Roberts, N. (2010). Orbital prefrontal cortex volume corre- lates with social cognitive competence. *Neuropsychologia* 48: 3554-3562.

Powell, J., Kemp, G., Dunbar, R.I.M., Roberts, N., Sluming, V. & García-Fiñana, M. (2014). Different association between intentionality competence and prefrontal volume in left- and right-handers. *Cortex* 54: 63-76.

Santiesteban, I., Banissy, M.J., Catmur, C. & Bird, G. (2012). Enhancing social ability by stimulating right temporoparietal junction. *Current Biology* 22: 2274-2277.

Shultz, S. & Dunbar, R.I.M. (2010). Species differences in executive function correlate with hippocampus volume and neocortex ratio across non-human primates. *Journal of Comparative Psychology* 124: 252-260.

Stiller, J. & Dunbar, R.I.M. (2007). Perspective-taking and memory capacity predict social network size. *Social Networks* 29: 93-104.

7 時間和觸摸的魔力

Carter, C.S., Grippo, A.J., Pournajafi-Nazarloo, H., Ruscio, M.G. & Porges, S.W. (2008). Oxytocin, vasopressin and sociality. *Progress in Brain Research* 170: 331-336.

Charles, S., Dunbar, R. & Farias, M. (2020). The aetiology of social deficits within mental health disorders: The role of the immune system and endogenous opioids. *Brain, Behavior and Immunity – Health* 1: 100003.

Donaldson, Z.R. & Young, L.J. (2008). Oxytocin, vasopressin, and the neurogenetics of sociality. *Science* 322: 900-904.

Dunbar, R.I.M. (1991). Functional significance of social grooming in primates. *Folia Primatologica* 57: 121-131.

Dunbar, R.I.M. (2010). The social role of touch in humans and primates: behavioural function and neurobiological mecha- nisms. *Neuroscience & Biobehavioral Reviews* 34: 260-268.

Dunbar, R.I.M., Korstjens, A. & Lehmann, J. (2009). Time as an ecological constraint. *Biological Reviews* 84: 413-429.

Gursul, D., Goksan, S., Hartley, C., Mellado, G.S., Moultrie, F., Hoskin, A., Adams, E., Hathway, G., Walker, S., McGlone, F. & Slater, R. (2018). Stroking modulates noxious-evoked brain activity in human infants. *Current Biology* 28: R1380-R1381.

Henrich, J., Boyd, R., Bowles, S., Camerer, C., Fehr, E., Gintis, H., et al. (2005). "Economic man" in cross-cultural perspective: Behavioral experiments in 15 small-scale societies. *Behavioral and Brain Sciences* 28: 795-815.

Inagaki, T.K. & Eisenberger, N.I. (2013). Shared neural mech- anisms underlying social warmth and physical warmth. *Psychological Science* 24: 2272-2280.

Inagaki, T.K., Ray, L.A., Irwin, M.R., Way, B.M., & Eisenberger, N. I. (2016). Opioids and social bonding: naltrexone reduces feelings of social connection. *Social Cognitive and Affective Neuroscience* 11: 728-735.

Johnson, K. & Dunbar, R.I.M. (2016). Pain tolerance predicts human social network size. *Scientific Reports* 6: 25267.

Keverne, E.B., Martensz, N. & Tuite, B. (1989). Beta-endorphin concentrations in cerebrospinal fluid of monkeys are influ- enced by grooming relationships. *Psychoneuroendocrinology* 14: 155-161.

Lehmann, J., Korstjens, A.H. & Dunbar, R.I.M. (2007). Group size, grooming and social cohesion in primates. *Animal Behaviour* 74: 1617-1629.

Loseth, G.E., Ellingsen, D.M. & Leknes, S. (2014). State- dependent μ-opioid Modulation of Social Motivation–a model. *Frontiers in Behavioral Neuroscience* 8: 430.

Machin, A. & Dunbar, R.I.M. (2011). The brain opioid theory of social attachment: a review of the evidence. *Behaviour* 148: 985-1025.

Nave, G., Camerer, C. & McCullough, M. (2015). Does oxy- tocin increase trust in humans? A critical review of research. *Perspectives on Psychological Science* 10: 772-789.

Nummenmaa, L., Manninen, S., Tuominen, L., Hirvonen, J., Kalliokoski, K.K., Nuutila, P., Jääskeläinen, I.P., Hari, R., Dunbar, R.I.M. & Sams, M. (2015) Adult attachment style is associated with cerebral μ-opioid receptor availability in humans. *Human Brain Mapping* 36: 3621-3628.

Nummenmaa, L., Tuominen, L., Dunbar, R.I.M., Hirvonen, J., Manninen, S., Arponen, E., Machin, Λ., Hari, R., Jääskeläinen, I.P. & Sams, M. (2016). Reinforcing social bonds by touching modulates endogenous μ-opioid system activity in humans. *NeuroImage* 138: 242-247.

Olausson, H., Wessberg, J., Morrison, I., McGlone, F. & Vallbo, A. (2010). The neurophysiology of unmyelinated tactile affer- ents. *Neuroscience and Biobehavioral Reviews* 34: 185-191.

van Overwalle, F. (2009). Social cognition and the brain: a metaanalysis. *Human Brain Mapping* 30: 829-858.

Pearce, E., Wlodarski, R., Machin, A. & Dunbar, R.I.M. (2017). Variation in the β-endorphin, oxytocin, and dopamine receptor genes is associated with different dimensions of human social- ity. *Proceedings of the National Academy of Sciences, USA,* 112 114: 5300-5305.

Pearce, E., Wlodarski, R., Machin, A. & Dunbar, R.I.M. (2018). The influence of genetic variation on social dis- position, romantic relationships and social networks: a replication study. *Adaptive Human Behavior and Physiology* 4: 400-422.

Pellissier, L.P., Gandía, J., Laboute, T., Becker, J.A. & Le Merrer, J. (2018). μ opioid receptor, social behaviour and autism spec- trum disorder: reward matters. *British Journal of Pharmacology* 175: 2750-2769.

Resendez, S.L. & Aragona, B.J. (2013). Aversive motivation and the maintenance of monogamous pair bonding. *Reviews in the Neurosciences* 24: 51-60.

Resendez, S.L., Dome, M., Gormley, G., Franco, D., Nevárez, N., Hamid, A.A. & Aragona, B.J. (2013). μ-opioid receptors within subregions of the striatum mediate pair bond formation through parallel yet distinct reward mechanisms. *Journal of Neuroscience* 33: 9140-9149.

Seyfarth, R.M. & Cheney, D.L. (1984). Grooming, alliances and reciprocal altruism in vervet monkeys. *Nature* 308: 541.

Sutcliffe, A., Dunbar, R.I.M., Binder, J. & Arrow, H. (2012). Relationships and the social brain: integrating psychological and evolutionary perspectives. *British Journal of Psychology* 103: 149-168.

Suvilehto, J., Glerean, E., Dunbar, R.I.M., Hari, R. & Nummenmaaa, L. (2015). Topography of social touching depends on emotional bonds between humans. *Proceedings of the National Academy of Sciences, USA,* 112: 13811-16.

Suvilehto, J., Nummenmaa, L., Harada, T., Dunbar, R.I.M., Hari, R., Turner, R., Sadato, N. & Kitada, R. (2019). Cross-cultural similarity in relationship-specific social touching. *Proceedings of the Royal Society, London,* 286B: 20190467

8 鞏固友誼的聯結

Bandy, M.S. (2004). Fissioning, scalar stress, and social evolution in early village societies. *American Anthropologist* 106: 322-333.

Brown, S., Savage, P.E., Ko, A.M.S., Stoneking, M., Ko, Y.C., Loo, J.H. & Trejaut, J.A. (2014). Correlations in the population structure of music, genes and language. *Proceedings of the Royal Society, London,* 281B: 20132072.

Cohen, E., Ejsmond-Frey, R., Knight, N. & Dunbar, R.I.M. (2010). Rowers' high: behavioural synchrony is correlated with elevated pain thresholds. *Biology Letters* 6: 106-108.

Davila Ross, M., Owren, M.J. & Zimmermann, E. (2009). Reconstructing the evolution of laughter in great apes and humans. *Current Biology* 19: 1-6.

Dezecache, G. & Dunbar, R.I.M. (2012). Sharing the joke: the size of natural laughter groups. *Evolution and Human Behaviour* 33: 775-779.

Dunbar, R.I.M. (2012). Bridging the bonding gap: the transition from primates to humans. *Philosophical Transactions of the Royal Society, London,* 367B: 1837-1846

Dunbar, R.I.M. (2014). *Human Evolution.* Harmondsworth: Pelican and New York: Oxford University Press.

Dunbar, R.I.M. (2017). Breaking bread: the functions of social eating. *Adaptive Human Behavior and Physiology* 3: 198-211.

Dunbar, R.I.M., Kaskatis, K., MacDonald, I. & Barra, V. (2012). Performance of music elevates pain threshold and positive affect. *Evolutionary Psychology* 10: 688-702.

Dunbar, R.I.M., Baron, R., Frangou, A., Pearce, E., van Leeuwen, E.J.C., Stow, J., Partridge, P., MacDonald, I., Barra, V., & van Vugt, M. (2012). Social laughter is correlated with an elevated pain threshold. *Proceedings of the Royal Society,*

London, 279B, 1161-1167.

Dunbar, R.I.M., Launay, J., Wlodarski, R., Robertson, C., Pearce, E., Carney, J. & MacCarron, P. (2017). Functional benefits of (modest) alcohol consumption. *Adaptive Human Behavior and Physiology* 3: 118-133.

Dunbar, R.I.M., Teasdale, B., Thompson, J., Budelmann, F., Duncan, S., van Emde Boas, E. & Maguire, L. (2016). Emotional arousal when watching drama increases pain thresh- old and social bonding. *Royal Society Open Science* 3: 160288.

Gray, A., Parkinson, B. & Dunbar, R. (2015). Laughter's influence on the intimacy of self-disclosure. *Human Nature* 26: 28-43.

Hockings, K. & Dunbar, R.I.M. (Eds.) (2019). *Alcohol and Humans: A Long and Social Affair.* Oxford: Oxford University Press.

Keverne, E.B., Martensz, N. & Tuite, B. (1989). Beta-endorphin concentrations in cerebrospinal fluid of monkeys are influenced by grooming relationships. *Psychoneuroendocrinology* 14: 155-161.

Manninen, S., Tuominen, L., Dunbar, R.I.M., Karjalainen, T., Hirvonen, J., Arponen, E., Hari, R., Jääskeläinen, I., Sams, M. & Nummenmaa, L. (2017). Social laughter triggers endogenous opioid release in humans. *Journal of Neuroscience* 37: 6125-6131.

Pearce, E., Launay, J. & Dunbar, R.I.M. (2015). The ice-breaker effect: singing mediates fast social bonding. *Royal Society Open Science* 2: 150221.

Pearce, E., Launay, J., van Duijn, M., Rotkirch, A., Dàvid-Barrett, T. & Dunbar, R.I.M. (2014). Singing together or apart: The effect of competitive and cooperative singing on social bond- ing within and between sub-groups of a university fraternity. *Psychology of Music* 44: 1255-73.

Provine, R.R. (2001). *Laughter: A Scientific Investigation.* Harmondsworth: Penguin.

Rennung, M. & Göritz, A.S. (2015). Facing sorrow as a group unites. Facing sorrow in a group divides. *PloS One* 10: e0136750.

Robertson, C., Tarr, B., Kempnich, M. & Dunbar, R.I.M. (2017). Rapid partner switching may facilitate increased broadcast group size in dance compared with conversation groups. *Ethology* 123: 736-747.

Sherif, M., Harvey, O.J., White, B.J., Hood, W. & Sherif, C.W. (1961). *Intergroup Conflict and Cooperation: The Robbers Cave Experiment.* Norman OK: The University Book Exchange.

Tarr, B., Launay, J. & Dunbar, R.I.M. (2014). Silent disco: danc- ing in synchrony leads to elevated pain thresholds and social closeness. *Evolution and Human Behavior* 37: 343-349.

Tarr, B., Launay, J., Cohen, E., & Dunbar, R.I.M. (2015). Synchrony and exertion during dance independently raise pain threshold and encourage social bonding.

Biology Letters 11: 20150767.

Tarr, B., Launay, J. & Dunbar, R.I.M. (2017). Naltrexone blocks endorphins released when dancing in synchrony. *Adaptive Human Behavior and Physiology* 3: 241-254.

Weinstein, D., Launay, J., Pearce, E., Dunbar, R. & Stewart, L. (2014). Singing and social bonding: changes in connectivity and pain threshold as a function of group size. *Evolution and Human Behavior* 37: 152-158.

9 友誼的語言

Anderson, E., Siegel, E.H., Bliss-Moreau, E. & Barrett, L.F. (2011). The visual impact of gossip. *Science* 332: 1446-1448.

Beersma, B. & Van Kleef, G.A. (2011). How the grapevine keeps you in line: Gossip increases contributions to the group. *Social Psychological and Personality Science* 2: 642-649.

Bryant, G.A. & Aktipis, C.A. (2014). The animal nature of spontaneous human laughter. *Evolution and Human Behavior* 35: 327-335.

Bryant, G.A., Fessler, D.M.T., Fusaroli, R., Clint, E., Aarøe, L., Apicella, C.L., et al. (2016). Detecting affiliation in colaugh- ter across 24 societies. *Proceedings of the National Academy of Sciences, USA* 113: 1524993113.

Carney, J., Wlodarski, R. & Dunbar, R.I.M. (2014). Inference or enaction? The influence of genre on the narrative processing of other minds. *PLoS One* 9: e114172.

Cowan, M.L., Watkins, C.D., Fraccaro, P.J., Feinberg, D.R. & Little, A.C. (2016). It's the way he tells them (and who is listening): men's dominance is positively correlated with their preference for jokes told by dominant-sounding men. *Evolution and Human Behavior* 37: 97-104.

Curry, O. & Dunbar, R.I.M. (2011). Altruism in networks: the effect of connections. *Biology Letters* 7: 651-653.

Dahmardeh, M. & Dunbar, R.I.M. (2017). What shall we talk about in Farsi? Content of everyday conversations in Iran. *Human Nature* 28: 423-433.

Dàvid-Barrett, T. & Dunbar, R.I.M. (2014). Language as a coordination tool evolves slowly. *Royal Society Open Science* 3: 160259.

Dezecache, G. & Dunbar, R.I.M. (2013). Sharing the joke: the size of natural laughter groups. *Evolution and Human Behavior* 33: 775-779.

Dunbar, R.I.M. (2009). Why only humans have language. In: R. Botha & C. Knight (Eds.) *The Prehistory of Language*, pp. 12-35. Oxford: Oxford University Press.

Dunbar, R.I.M. (2014). *Human Evolution*. Harmondsworth: Pelican and New York: Oxford University Press.

Dunbar, R.I.M. (2016). Sexual segregation in human conversa- tions. *Behaviour* 153:

1-14.

Dunbar, R.I.M., Duncan, N. & Nettle, D. (1995). Size and struc- ture of freely forming conversational groups. *Human Nature* 6: 67-78.

Dunbar, R.I.M., Duncan, N. & Marriot, A. (1997). Human con- versational behaviour. *Human Nature* 8: 231-246.

Dunbar, R.I.M., Robledo del Canto, J.-P., Tamarit, I., Cross, I. & Smith, E. (in press). Nonverbal auditory cues allow relationship quality to be inferred during conversations.

Dunbar, R.I.M., Baron, R., Frangou, A., Pearce, E., van Leeuwen, E.J.C., Stow, J., Partridge, P., MacDonald, I., Barra, V., & van Vugt, M. (2012). Social laughter is correlated with an elevated pain threshold. *Proceedings of the Royal Society, London,* 279B, 1161-1167.

Freeberg, T.M. (2006). Social complexity can drive vocal com- plexity: group size influences vocal information in Carolina chickadees. *Psychological Science* 17: 557-561.

Gray, A., Parkinson, B. & Dunbar, R.I.M. (2015). Laughter's influence on the intimacy of self-disclosure. *Human Nature* 26: 28-43.

Kniffin, K.M. & Wilson, D.S. (2005). Utilities of gossip across organizational levels. *Human Nature* 16: 278-292.

Krems, J. & Dunbar, R.I.M. (2013). Clique size and network characteristics in hyperlink cinema: constraints of evolved psy- chology. *Human Nature* 24: 414-429.

Krems, J., Neuberg, S. & Dunbar, R.I.M. (2016). Something to talk about: are conversation sizes constrained by mental mod- eling abilities? *Evolution and Human Behavior* 37: 423-428.

Mehl, M.R., Vazire, S., Holleran, S.E. & Clark, C.S. (2010). Eavesdropping on happiness: Well-being is related to having less small talk and more substantive conversations. *Psychological Science* 21: 539-541.

Mehrabian, A. (2017). *Nonverbal Communication.* London: Routledge.

Mehu, M. & Dunbar, R.I.M. (2008). Naturalistic observations of smiling and laughing in human group interactions. *Behaviour* 145: 1747-1780.

Mehu, M., Grammer, K. & Dunbar, R.I.M. (2007). Smiles when sharing. *Evolution and Human Behavior* 6: 415-422.

Mehu, M., Little, A. & Dunbar, R.I.M. (2007). Duchenne smiles and the perception of generosity and sociability in faces. *Journal of Evolutionary Psychology* 7: 183-196.

Mesoudi, A., Whiten, A. & Dunbar, R.I.M. (2006). A bias for social information in human cultural transmission. *British Journal of Psychology* 97: 405-423.

Oesch, N. & Dunbar, R.I.M. (2017). The emergence of recursion in human language:

mentalising predicts recursive syntax task performance. *Journal of Neurolinguistics* 43: 95-106.

O'Nions, E., Lima, C.F., Scott, S.K., Roberts, R., McCrory, E.J. & Viding, E. (2017). Reduced laughter contagion in boys at risk for psychopathy. *Current Biology* 27: 3049-3055.

Provine, R.R. (2001). *Laughter: A Scientific Investigation*. Harmondsworth: Penguin.

Redhead, G. & Dunbar, R.I.M. (2013). The functions of language: an experimental study. *Evolutionary Psychology* 11: 845-854.

Reed, L.I., Deutchman, P. & Schmidt, K.L. (2015). Effects of tearing on the perception of facial expressions of emotion. *Evolutionary Psychology* 13: 1474704915613915.

Scott, S.K., Lavan, N., Chen, S. & McGettigan, C. (2014). The social life of laughter. *Trends in Cognitive Sciences* 18: 618-620.

Stiller, J., Nettle, D., & Dunbar, R.I.M. (2004). The small world of Shakespeare's plays. *Human Nature* 14: 397-408.

Waller, B.M., Hope, L., Burrowes, N. & Morrison, E.R. (2011). Twelve (not so) angry men: managing conversational group size increases perceived contribution by decision makers. *Group Processes & Intergroup Relations* 14: 835-843.

Wiessner, P.W. (2014). Embers of society: firelight talk among the Ju/'hoansi Bushmen. *Proceedings of the National Academy of Sciences, USA,* 111: 14027-14035.

10 同質性與友誼的七大支柱

Argyle, M. & Henderson, M. (1984). The rules of friendship. *Journal of Social and Personal Relationships* 1: 211-237.

Backstrom, L., Bakshy, E., Kleinberg, J.M., Lento, T.M. & Rosenn, I. (2011). Center of attention: How facebook users allocate attention across friends. In *Fifth International AAAI Conference on Weblogs and Social Media*.

Burton-Chellew, M. & Dunbar, R.I.M. (2015). Hamilton's Rule predicts anticipated social support in humans. *Behavioral Ecology* 26: 130-137.

Cosmides, L., Tooby, J. & Kurzban, R. (2003). Perceptions of race. *Trends in Cognitive Sciences* 7: 173-179.

Curry, O. & Dunbar, R.I.M. (2013). Sharing a joke: the effects of a similar sense of humor on affiliation and altruism. *Evolution and Human Behavior* 34: 125-129.

Curry, O. & Dunbar, R.I.M. (2013). Do birds of a feather flock together? The relationship between similarity and altruism in social networks. *Human Nature* 24: 336-347.

Devine, T.M. (2012). *Scotland's Empire*. Harmondsworth: Penguin.

Domingue, B.W., Belsky, D.W., Fletcher, J.M., Conley, D., Boardman, J.D. & Harris,

K.M. (2018). The social genome of friends and schoolmates in the National Longitudinal Study of Adolescent to Adult Health. *Proceedings of the National Academy of Sciences*, USA, 115: 702-707.

Dunbar, R.I.M. (2016). Sexual segregation in human conversa- tions. *Behaviour* 153: 1-14.

Dunbar, R.I.M. (2018). The anatomy of friendship. *Trends in Cognitive Sciences* 22: 32-51.

Dunbar, R.I.M. (2019). From there to now, and the origins of some ideas. In: D. Shankland (ed.) *Dunbar's Number*, pp. 5-20. Royal Anthropological Institute Occasional Papers No. 45. Canon Pyon: Sean Kingston Publishing.

Floccia, C., Butler, J., Girard, F. & Goslin, J. (2009). Categorization of regional and foreign accent in 5- to 7-year-old British children. *International Journal of Behavioral Development* 33: 366-375.

Fowler, J.H., Settle, J.E. & Christakis, N.A. (2011). Correlated genotypes in friendship networks. *Proceedings of the National Academy of Sciences, USA*, 108: 1993-1997.

Hall, J.A. (2012). Friendship standards: The dimensions of ideal expectations. *Journal of Social and Personal Relationships* 29: 884-907.

Kinzler, K.D., Dupoux, E., & Spelke, E.S. (2007). The native lan- guage of social cognition. *Proceedings of the National Academy of Sciences*, USA, 104: 12577-12580.

Kinzler, K.D., Shutts, K., DeJesus, J. & Spelke, E.S. (2009). Accent trumps race in guiding children's social preferences. *Social Cognition* 27: 623-634.

Laakasuo, M., Rotkirch, A., van Duijn, M., Berg, V., Jokela, M., Dàvid-Barrett, T., Miettinen, A., Pearce, E. & Dunbar, R. (2020). Homophily in personality enhances group success among real-life friends. *Frontiers in Psychology* 11: 710.

Laniado, D., Volkovich, Y., Kappler, K. & Kaltenbrunner, A. (2016). Gender homophily in online dyadic and triadic rela- tionships. *EPJ Data Science* 5: 19.

Launay, J. & Dunbar, R.I.M. (2016). Playing with strangers: which shared traits attract us most to new people? *PLoS One* 10: e0129688.

Machin, A. & Dunbar, R.I.M. (2013). Sex and gender in roman- tic partnerships and best friendships. *Journal of Relationship Research* 4: e8.

McPherson, M., Smith-Lovin, L. & Cook, J.M. (2001). Birds of a feather: homophily in social networks. *Annual Review of Sociology* 27: 415-444.

Nettle, D. & Dunbar, R.I.M. (1997). Social markers and the evolution of reciprocal exchange. *Current Anthropology* 38: 93-99.

Oates, K. & Wilson, M. (2002). Nominal kinship cues facili- tate altruism. *Proceedings of the Royal Society, London,* 269B: 105-109.

Parkinson, C., Kleinbaum, A.M. & Wheatley, T. (2018). Similar neural responses predict friendship. *Nature Communications* 9: 332.

Pearce, E., Machin, A. & Dunbar, R.I.M. (2020). Sex differences in intimacy levels in best friendships and romantic partnerships. *Adaptive Human Behavior and Physiology* (in press).

Tamarit, I., Cuesta, J., Dunbar, R.I.M. & Sánchez, A. (2018). Cognitive resource allocation determines the organisation of personal networks. *Proceedings of the National Academy of Sciences, USA*, 115: 1719233115.

Thomas, M.G., Stumpf, M.P., & Härke, H. (2006). Evidence for an apartheid-like social structure in early Anglo-Saxon England. *Proceedings of the Royal Society, London*, 273B: 2651-2657.

Trudgill, P. (2000). *The Dialects of England*. New York: Wiley.

11 信任與友誼

Bacha-Trams, M., Glerean, E., Dunbar, R.I.M., Lahnakoski, J., Ryyppö, E., Sams, M. & Jääskeläinen, I. (2017). Differential inter-subject correlation of brain activity when kinship is a var- iable in moral dilemma. *Scientific Reports* 7: 14244.

Barrio, R., Govezensky, T., Dunbar, R.I.M., Iñiguez, G. & Kaski, K. (2015). Dynamics of deceptive interactions in social net- works. *Journal of the Royal Society Interface* 12: 20150798.

Carlisi, C.O., Moffitt, T.E., Knodt, A.R., Harrington, H., Ireland, D., Melzer, T.R., Poulton, R., Ramrakha, S., Caspi, A., Hariri, A.R. & Viding, E. (2020). Associations between life-course-persistent antisocial behaviour and brain structure in a population-representative longitudinal birth cohort. *Lancet Psychiatry* 7: 245-253.

Cikara, M. & Fiske, S.T. (2012). Stereotypes and schadenfreude: Affective and physiological markers of pleasure at outgroup misfortunes. *Social Psychological and Personality Science* 3: 63-71.

Combs, D.J., Powell, C.A., Schurtz, D.R. & Smith, R.H. (2009). Politics, schadenfreude, and ingroup identification: The some- times happy thing about a poor economy and death. *Journal of Experimental Social Psychology* 45: 635-646.

Devine, T.M. (2012). *Scotland's Empire*. Harmondsworth: Penguin.

Dunbar, R.I.M. (2020). *Evolution: What Everyone Needs to Know*. New York: Oxford University Press.

Dunbar, R.I.M., Clark, A. & Hurst, N.L. (1995). Conflict and cooperation among the Vikings: contingent behavioural deci- sions. *Ethology and Sociobiology* 16: 233-246.

Farrington, D.P. (2019). The development of violence from age 8 to 61. *Aggressive Behavior* 45: 365-376.

Iñiguez, G., Govezensky, T., Dunbar, R.I.M., Kaski, K. & Barrio, R. (2014). Effects of deception in social networks. *Proceedings of the Royal Society, London,* 281B: 20141195

Jensen, L.A., Arnett, J.J., Feldman, S.S. & Cauffman, E. (2004). The right to do wrong: lying to parents among adolescents and emerging adults. *Journal of Youth and Adolescence* 33: 101-112.

Knox, D., Schacht, C., Holt, J. & Turner, J. (1993). Sexual lies among university students. *College Studies Journal* 27: 269-272.

Little, A., Jones, B., DeBruine, L. & Dunbar, R.I.M. (2013). Accuracy in discrimination of self-reported cooperators using static facial information. *Personality and Individual Differences* 54: 507-512.

Machin, A. & Dunbar, R.I.M. (2016). Is kinship a schema? Moral decisions and the function of the human kin naming system. *Adaptive Human Behavior and Physiology* 2: 195-219.

Madsen, E., Tunney, R., Fieldman, G., Plotkin, H., Dunbar, R.I.M., Richardson, J. & McFarland, D. (2007). Kinship and altruism: a cross-cultural experimental study. *British Journal of Psychology* 98: 339-359.

Mealey, L., Daood, C. & Krage, M. (1996). Enhanced memory for faces of cheaters. *Ethology and Sociobiology* 17: 119-128.

Moffitt, T., Caspi, A., Rutter, M. & Silva, P. (2001). *Sex Differences in Antisocial Behaviour: Conduct Disorder, Delinquency, and Violence in the Dunedin Longitudinal Study.* Cambridge: Cambridge University Press.

Ostrom, E., Gardner, R. & Walker, J. (1994). *Rules, Games and Common-Pool Resources.* Ann Arbor: University of Michigan Press.

Palmstierna, M., Frangou, A., Wallette, A. & Dunbar, R.I.M. (2017). Family counts: deciding when to murder among the Icelandic Vikings. *Evolution and Human Behavior* 38: 175-180.

Reynolds, T., Baumeister, R.F., & Maner, J.K. (2018). Competitive reputation manipulation: Women strategically transmit social information about romantic rivals. *Journal of Experimental Social Psychology* 78: 195-209.

Serota, K.B., Levine, T.R., & Boster, F.J. (2010). The prevalence of lying in America: three studies of selfreported lies. *Human Communication Research* 36: 2-25.

Singer, T., Seymour, B., O'Doherty, J.P., Stephan, K.E., Dolan, R.J., & Frith, C.D. (2006). Empathic neural responses are modulated by the perceived fairness of others. *Nature* 439: 466.

Sofer, C., Dotsch, R., Wigboldus, D.II., & Todorov, A. (2015). What is typical is good: The influence of face typicality on perceived trustworthiness. *Psychological Science* 26: 39-47.

Sutcliffe, A., Wang, D. & Dunbar, R.I.M. (2015). Modelling the role of trust in social relationships. *Transactions in Internet Technology* 15: 2.

Wiessner, P. (2005). Norm enforcement among the Ju/'hoansi Bushmen. *Human Nature* 16: 115-145.

Wlodarski, R. & Dunbar, R.I.M. (2016). When BOLD is thicker than water: processing social information about kin and friends at different levels in the social network. *Social, Cognitive and Affective Neuroscience* 11: 1952-1960.

12 友誼的浪漫關係

Acevedo, B.P., Aron, A., Fisher, H.E. & Brown, L.L. (2012). Neural correlates of long-term intense romantic love. *Social, Cognitive and Affective Neuroscience* 7: 145-159.

Bartels, A. & Zeki, S. (2000). The neural basis of romantic love. *NeuroReport* 11: 3829-3834.

Bartels, A. & Zeki, S. (2004). The neural correlates of maternal and romantic love. *NeuroImage* 24: 1155-1166.

Burton-Chellew, M. & Dunbar, R.I.M. (2015). Romance and reproduction are socially costly. *Evolutionary Behavioral Science* 9: 229-241.

Del Giudice, M. (2011). Sex differences in romantic attachment: A meta-analysis. *Personality and Social Psychology Bulletin* 37: 193-214.

Dunbar, R.I.M. (2012). *The Science of Love and Betrayal.* London: Faber & Faber.

Dunbar, R.I.M. & Dunbar, P. (1980). The pairbond in klip- springer. *Animal Behaviour* 28: 251-263.

Goel, V. & Dolan, R. J. (2003). Explaining modulation of reason- ing by belief. *Cognition* 87: B11-B22.

Grammer, K. (1989). Human courtship behaviour: Biological basis and cognitive processing. In: A. Rasa, C. Vogel & E. Voland (Eds.) *The Sociobiology of Sexual and Reproductive Strategies*, pp. 147-169. New York: Chapman & Hall.

Harcourt, A.H., Harvey, P.H., Larson, S.G. & Short, R.V. (1981). Testis weight, body weight and breeding system in primates. *Nature* 293: 55-57.

Helle, S. & Laaksonen, T. (2009). Latitudinal gradient in 2D:4D. *Archives of Sexual Behavior* 38: 1-3.

Judge, T.A. & Cable, D.M. (2004). The effect of physical height on workplace success and income: preliminary test of a theoret- ical model. *Journal of Applied Psychology* 89: 428-441.

Kelly, S. & Dunbar, R.I.M. (2001). Who dares wins: heroism versus altruism in female mate choice. *Human Nature* 12: 89-105.

Machin, A. & Dunbar, R.I.M. (2013). Sex and gender in roman- tic partnerships and best friendships. *Journal of Relationship Research* 4: e8.

Manning, J.T., Barley, L., Walton, J., Lewis-Jones, D.I., Trivers, R.L., Singh, D., Thornhill, R., Rohde, P., Bereczkei, T., Henzi, P., Soler, M. & Szwed, A. (2000). The 2nd:4th digit ratio, sexual dimorphism, population differences, and reproductive success: evidence for sexually antagonistic genes? *Evolution and Human Behavior* 21: 163-183.

Markey, P.M. & Markey, C.N. (2007). Romantic ideals, romantic obtainment, and relationship experiences: The complementa- rity of interpersonal traits among romantic partners. *Journal of Social and Personal Relationships* 24: 517-533.

Murray, S.L. & Holmes, J.G. (1997). A leap of faith? Positive illu-sions in romantic relationships. *Personality and Social Psychology Bulletin* 23: 586-604.

Murray, S.L., Griffin, D.W., Derrick, J.L., Harris, B., Aloni, M. & Leder, S. (2011). Tempting fate or inviting happiness? Unrealistic idealization prevents the decline of marital satisfac- tion. *Psychological Science* 22: 619-626.

Nelson, E., Rolian, C., Cashmore, L. & Shultz, S. (2011). Digit ratios predict polygyny in early apes, *Ardipithecus*, Neanderthals and early modern humans but not in *Australopithecus*. *Proceedings of the Royal Society, London*, 278B: 1556-1563.

Palchykov, V., Kaski, K., Kertész, J., Barabási, A.-L. & Dunbar, R.I.M. (2012). Sex differences in intimate relationships. *Scientific Reports* 2: 320.

Park, Y. & MacDonald, G. (2019). Consistency between individ- uals' past and current romantic partners' own reports of their personalities. *Proceedings of the National Academy of Sciences* 116: 12793-12797.

Pawlowski, B. & Dunbar, R.I.M. (1999). Withholding age as putative deception in mate search tactics. *Evolution and Human Behavior* 20: 53-69.

Pawlowski, B. & Dunbar, R.I.M. (1999). Impact of market value on human mate choice decisions. *Proceedings of the Royal Society, London,* 266B: 281-285.

Pawlowski, B. & Dunbar, R.I.M. (2001). Human mate choice strategies. In: J. van Hooff, R. Noë & P. Hammerstein (Ed.) *Economic Models of Animal and Human Behaviour*, pp. 187-202. Cambridge: Cambridge University Press.

Pawlowski, B., Dunbar, R.I.M. & Lipowicz, A. (2000). Tall men have more reproductive success. *Nature* 403: 156.

Pearce, E., Machin, A. & Dunbar, R.I.M. (2020). Sex differences in intimacy levels in best friendships and romantic partnerships. *Adaptive Human Behavior and Physiology* (in press).

Pearce, E., Wlodarski, R., Machin, A. & Dunbar, R.I.M. (2017). β-endorphin, oxytocin, and dopamine receptor genes is associated with different dimensions of human social- ity. *Proceedings of the National Academy of Sciences, USA*, 114: 5300-5305.

Pearce, E., Wlodarski, R., Machin, A. & Dunbar, R.I.M. (2018). Associations between neurochemical receptor genes, 2D:4D, impulsivity and relationship quality. *Biology Letters* 14: 20180642.

Pew Research Center: https://www.pewresearch.org/ fact-tank/2019/02/13/8-facts-about-love-and-marriage/

Smith, A. & Duggan, M. (2013). *Online Dating and Relationships*. Report of Pew Research Center.

Stone, E.A., Shackleford, T.K. & Buss, D.M. (2007). Sex ratio and mate preferences: A cross-cultural investigation. *European Journal of Social Psychology* 37: 288-296.

Versluys, T.M., Foley, R.A. & Skylark, W.J. (2018). The influence of leg-to-body ratio, arm-to-body ratio and intra-limb ratio on male human attractiveness. *Royal Society Open Science* 5: 171790.

Vohs, K.D., Finkenauer, C. & Baumeister, R.F. (2011). The sum of friends' and lovers' self-control scores predicts relationship qual-ity. *Social Psychological and Personality Science* 2 138-145.

Waynforth, D. & Dunbar, R.I.M. (1995). Conditional mate choice strategies in humans: evidence from 'Lonely Hearts' advertise- ments. *Behaviour* 132: 755-779.

Whitty, M.T. (2015). Anatomy of the online dating romance scam. *Security Journal* 28: 443-455.

Whitty, M.T. (2018). Do you love me? Psychological character- istics of romance scam victims. *Cyberpsychology, Behavior, and Social Networking* 21: 105-109.

Whitty, M.T. & Buchanan, T. (2012). The online romance scam: a serious cybercrime. *CyberPsychology, Behavior, and Social Networking* 15: 181-183.

Wlodarski, R. & Dunbar, R.I.M. (2015). Within-sex mating strat- egy phenotypes: evolutionary stable strategies? *Human Ethology Bulletin* 30: 99-108.

Wlodarski, R., Manning, J. & Dunbar, R.I.M. (2015). Stay or stray? Evidence for alternative mating strategy phenotypes in both men and women. *Biology Letters* 11: 20140977.

Zahavi, A. & Zahavi, A. (1997). *The Handicap Principle: A Missing Part of Darwin's Puzzle*. Oxford: Oxford University Press.

13 友誼的性別差異

Archer, J. (2004). Sex differences in aggression in real-world settings: A meta-analytic review. *Review of General Psychology* 8: 291-322.

Archer, J. (2019). The reality and evolutionary significance of human psychological sex differences. *Biological Reviews* 94: 1381-1415.

Bell, E.C., Willson, M.C., Wilman, A.H., Dave, S., & Silverstone, P.H. (2006). Males and females differ in brain activation during cognitive tasks. *Neuroimage* 30: 529-538.

Benenson, J.F. & Wrangham, R.W. (2016). Cross-cultural sex differences in post-conflict affiliation following sports matches. *Current Biology* 26: 2208-2212.

Benenson, J.F., Markovits, H., Thompson, M.E. & Wrangham, R.W. (2011). Under threat of social exclusion, females exclude more than males. *Psychological Science* 22: 538-544.

Benenson, J.F., Markovits, H., Fitzgerald, C., Geoffroy, D., Flemming, J., Kahlenberg, S.M., & Wrangham, R.W. (2009). Males' greater tolerance of same-sex peers. *Psychological Science* 20: 184-190.

Buss, D.M., Larsen, R.J., Westen, D., & Semmelroth, J. (1992). Sex differences in jealousy: evolution, physiology, and psychol- ogy. *Psychological Science* 3: 251-256.

Buss, D.M. (1989). Sex differences in human mate preferences: Evolutionary hypotheses tested in 37 cultures. *Behavioral and Brain Sciences* 12: 1-14.

Byock, J.L. (Ed.) (2004). *The Saga of the Volsungs*. Harmondsworth: Penguin.

Campbell, A. (2013). *A Mind of Her Own: The Evolutionary Psychology of Women*. Oxford: Oxford University Press.

Coates, J. (2015). *Women, Men and Language: A Sociolinguistic Account of Gender Differences in Language*. London: Routledge.

Connellan, J., Baron-Cohen, S., Wheelwright, S., Batki, A. & Ahluwalia, J. (2000). Sex differences in human neonatal social perception. *Infant Behavior and Development* 23: 113-118.

Cross, C.P., Cyrenne, D.L.M. & Brown, G.R. (2013). Sex dif- ferences in sensation-seeking: a meta-analysis. *Scientific Reports* 3: 2486.

Dàvid-Barrett, T., Rotkirch, A., Carney, J., Behncke Izquierdo, I., Krems, J., Townley, D., McDaniell, E., Byrne-Smith, A. & Dunbar, R.I.M. (2015). Women favour dyadic relationships, but men prefer clubs. *PLoS-One* 10: e0118329.

Del Giudice, M. (2011). Sex differences in romantic attachment: a meta-analysis. *Personality and Social Psychology Bulletin* 37: 193-214.

Dunbar, R.I.M. (2016). Sexual segregation in human conversa- tions. *Behaviour* 153: 1-14.

Dunbar, R.I.M. & Machin, A. (2014). Sex differences in rela- tionship conflict and reconciliation. *Journal of Evolutionary Psychology* 12: 109-133.

Dyble, M., van Leeuwen, A. & Dunbar, R.I.M. (2015). Gender differences in Christmas gift-giving. *Evolutionary Behavioral Science* 9: 140-144.

Barrett, L.F., Lane, R.D., Sechrest, L. & Schwartz, G.E. (2000). Sex differences in emotional awareness. *Personality and Social Psychology Bulletin* 26: 1027-1035.

Gardner, W.L. & Gabriel, S. (2004). Gender differences in relational and collective interdependence: implications for self-views, social behavior, and subjective well-being. In: A.H. Eagly, A.E. Beall, & R.J. Sternberg (Eds.) *The Psychology of Gender*, pp. 169-191. New York: Guilford Press.

Ghosh, A., Monsivais, D., Bhattacharya, K., Dunbar, R.I.M. & Kaski, K. (2019). Quantifying gender preferences in human social interactions using a large cellphone dataset. *EPJ Data Science* 8: 9.

Grainger, S. & Dunbar, R.I.M. (2009). The structure of dyadic conversations and sex differences in social style. *Journal of Evolutionary Psychology* 7: 83-93.

Greeno, N.C. & Semple, S. (2009). Sex differences in vocal communication among adult rhesus macaques. *Evolution and Human Behavior* 30: 141-145.

Hall, J.A. (1978). Gender effects in decoding nonverbal cues. *Psychological Bulletin* 85: 845-857.

Hall, J. A. & Matsumoto, D. (2004). Gender differences in judg- ments of multiple emotions from facial expressions. *Emotion* 4: 201-206.

van Hemmen, J., Saris, I.M., Cohen-Kettenis, P.T., Veltman, D.J., Pouwels, P.J.W. & Bakker, J. (2016). Sex differences in white matter microstructure in the human brain predominantly reflect differ- ences in sex hormone exposure. *Cerebral Cortex* 27: 2994-3001.

Kiesow, H., Dunbar, R.I.M., Kable, J.W., Kalenscher, T., Vogeley, K., Schilbach, L., Wiecki., T. & Bzdok, D. (2020). 10,000 social brains: sex differentiation in human brain anatomy. *Science Advances* 6: eeaz1170.

Lycett, J. & Dunbar, R.I.M. (2000). Mobile phones as lekking devices among human males. *Human Nature* 11: 93-104.

Machin, A. & Dunbar, R.I.M. (2013). Sex and gender in roman- tic partnerships and best friendships. *Journal of Relationship Research* 4: e8.

McClure, E.B., Monk, C.S., Nelson, E.E., Zarahn, E., Leibenluft, E., Bilder, R.M., et al. (2004). A developmental examination of gender differences in brain engagement during evaluation of threat. *Biological Psychiatry* 55: 1047-1055.

McGauran, A. M. (2000). Vive la différence: the gendering of occupational structures in a case study of Irish and French retailing. *Women's Studies International Forum* 23: 613-627.

Madsen, E., Tunney, R., Fieldman, G., Plotkin, H., Dunbar, R.I.M., Richardson, J. & McFarland, D. (2007). Kinship and altruism: a cross-cultural experimental study. *British Journal of Psychology* 98: 339-359.

Mehta, C.M. & Strough, J. (2009). Sex segregation in friendships and normative contexts across the life span. *Developmental Review* 29: 201-220.

Monnot, M. (1999). Function of infant-directed speech. *Human Nature* 10: 415-443.

Pálsson, H. & Magnusson, M. (trans.) (1969) *Laxdaela Saga*. Harmondsworth: Penguin.

Pawlowski, B., Atwal, R. & Dunbar, R.I.M. (2007). Gender differences in everyday risk-taking. *Evolutionary Psychology* 6: 29-42.

Pearce, E., Wlodarski, R., Machin, A & Dunbar, R.I.M. (2019). Exploring the links between dispositions, romantic relation- ships, support networks and community inclusion in men and women. *PLoS One* 14: e0216210.

Proverbio, A.M., Zani, A. & Adorni, R. (2008). Neural mark- ers of a greater female responsiveness to social stimuli. *BMC Neuroscience* 9: 56.

Reynolds, T., Baumeister, R. F. & Maner, J.K. (2018). Competitive reputation manipulation: Women strategically transmit social information about romantic rivals. *Journal of Experimental Social Psychology* 78: 195-209.

Rose, S. M. (1985). Same- and cross-sex friendships and the psy- chology of homosociality. *Sex Roles* 12: 63-74.

Savic, I., Garcia-Falgueras, A. & Swaab, D.F. (2010). Sexual dif- ferentiation of the human brain in relation to gender identity and sexual orientation. *Progress in Brain Research* 186: 41-62.

Schmitt, D.P., and 118 others. (2003). Universal sex differences in the desire for sexual variety: tests from 52 nations, 6 continents, and 13 islands. *Journal of Personality and Social Psychology* 85: 85-104.

Strombach, T., Weber, B., Hangebrauk, Z., Kenning, P., Karipidis, I. I., Tobler, P. N. & Kalenscher, T. (2015). Social discounting involves modulation of neural value signals by temporoparietal junction. *Proceedings of the National Academy of Sciences, USA*, 112: 1619-1624.

Vigil, J.M. (2007). Asymmetries in the friendship preferences and social styles of men and women. *Human Nature* 18: 143-161.

Weiss, E., Siedentopf, C.M., Hofer, A., Deisenhammer, E.A., Hoptman, M.J., Kremser, C., ...& Delazer, M. (2003). Sex differences in brain activation pattern during a visuospatial cognitive task: a functional magnetic resonance imaging study in healthy volunteers. *Neuroscience Letters* 344: 169-172.

14 為什麼友誼會結束？

Argyle, M. & Henderson, M. (1984). The rules of friendship. *Journal of Social and Personal Relationships* 1: 211-237.

Benenson, J.F. & Wrangham, R.W. (2016). Cross-cultural sex differences in post-conflict affiliation following sports matches. *Current Biology* 26: 2208-2212.

Dunbar, R.I.M. & Machin, A. (2014). Sex differences in rela- tionship conflict and reconciliation. *Journal of Evolutionary Psychology* 12: 109-133.

Eisenberger, N.I. (2012). The pain of social disconnection: exam- ining the shared neural underpinnings of physical and social pain. *Nature Reviews Neuroscience* 13: 421.

Eisenberger, N.I. (2015). Social pain and the brain: controver- sies, questions, and where to go from here. *Annual Review of Psychology* 66: 601-629.

Eisenberger, N.I., Lieberman, M.D. & Williams, K.D. (2003). Does rejection hurt? An fMRI study of social exclusion. *Science* 302: 290-292.

Floyd, S., Rossi, G., Baranova, J., Blythe, J., Dingemanse, M., Kendrick, K.H.,... & Enfield, N.J. (2018). Universals and cultural diversity in the expression of gratitude. *Royal Society Open Science* 5: 180391.

Hall, J.A. (2011). Sex differences in friendship expectations: A meta-analysis. *Journal of Social and Personal Relationships* 28: 723-747.

Heatley Tejada, A., Montero, M. & Dunbar, R.I.M. (2017). Being unempathic will make your loved ones feel lonelier: loneliness in an evolutionary perspective. *Personality and Individual Differences* 116: 223-232.

Master, S.L., Eisenberger, N.I., Taylor, S.E., Naliboff, B.D., Shirinyan, D. & Lieberman, M.D. (2009). A picture's worth: Partner photographs reduce experimentally induced pain. *Psychological Science* 20: 1316-1318.

Provine, R.R., Krosnowski, K.A. & Brocato, N.W. (2009). Tearing: Breakthrough in human emotional signaling. *Evolutionary Psychology* 7: 147470490900700107.

Rasmussen, D.R. (1981). Pair-bond strength and stability and reproductive success. *Psychological Review* 88: 274.

Roberts, S.B.G., Wilson, R., Fedurek, P. & Dunbar, R.I.M. (2008). Individual differences and personal social network size and structure. *Personality and Individual Differences* 44: 954-964.

Rotge, J.Y., Lemogne, C., Hinfray, S., Huguet, P., Grynszpan, O., Tartour, E., . . . & Fossati, P. (2014). A meta-analysis of the anterior cingulate contribution to social pain. *Social Cognitive and Affective Neuroscience* 10: 19-27.

UK Government Office of National Statistics: https://www.ons.gov.uk/people populationandcommunit y/ birthsdeathsandmarriages/divorce

15 老後的友誼

Alexander, G.M. & Hines, M. (2002). Sex differences in response to children's toys in nonhuman primates (*Cercopithecus aethiops sabaeus*). *Evolution and Human Behavior* 23: 467-479.

Ajrouch, K.J., Blandon, A.Y. & Antonucci, T.C. (2005). Social networks among men and women: The effects of age and soci- oeconomic status. *Journal of Gerontology: Psychological Sciences and Social Sciences* 60: S311-S317.

Astington, J.W. (1993). *The Child's Discovery of the Mind*. Cambridge MA: Harvard University Press.

Bhattacharya, K., Gosh, A., Monsivais, D., Dunbar, R.I.M. & Kaski, K. (2016). Sex differences in social focus across the life cycle in humans. *Royal Society Open Science* 3: 160097.

Benenson, J.F. (1993). Greater preference among females than males for dyadic interaction in early childhood. *Child Development* 64: 544-555.

Benenson, J.F. & Christakos, A. (2003). The greater fragility of females' versus males' closest same-sex friendships. *Child Development* 74: 1123-1129.

Burnett-Heyes, S., Jih, Y.R., Block, P., Hiu, C.F., Holmes, E.A. & Lau, J.Y. (2015). Relationship reciprocation modulates resource allocation in adolescent social networks: developmental effects. *Child Development* 86: 1489-1506.

Buz, J., Sanchez, M., Levenson, M.R. & Aldwin, C.M. (2014). Aging and social networks in Spain: The importance of pubs and churches. *International Journal of Aging and Human Development* 78: 23-46.

Deeley, Q., Daly, E.M., Azuma, R., Surguladze, S., Giampietro, V., Brammer, M.J., Hallahan, B., Dunbar, R.I.M., Phillips, M., & Murphy, D. (2008). Changes in male brain responses to emotional faces from adolescence to middle age. *NeuroImage* 40: 389-397.

Dumontheil, I., Apperly, I.A., & Blakemore, S.J. (2010). Online usage of theory of mind continues to develop in late adoles- cence. *Developmental Science* 13: 331-338.

Eder, D. & Hallinan, M.T. (1978). Sex differences in children's friendships. *American Sociological Review* 43: 237-250.

Fung, H.H., Carstensen, L.L. & Lang, F.R. (2001). Age-related patterns in social networks among European Americans and African Americans: Implications for socioemotional selectivity across the life span. *International Journal of Aging and Human Development* 52: 185-206.

Joffe, T.H. (1997). Social pressures have selected for an extended juvenile period in primates. *Journal of Human Evolution* 32: 593-605.

Kahlenberg, S.M. & Wrangham, R.W. (2010). Sex differences in chimpanzees' use of sticks as play objects resemble those of children. *Current Biology* 20: R1067-R1068.

Lonsdorf, E.V., Anderson, K.E., Stanton, M.A., Shender, M., Heintz, M.R., Goodall, J., & Murray, C.M. (2014). Boys will be boys: sex differences in wild infant chimpanzee social inter- actions. *Animal Behaviour* 88: 79-83.

Lycett, J. & Dunbar, R.I.M. (2000). Abortion rates reflect the optimization of parental investment strategies. *Proceedings of the Royal Society, London*, 266B: 2355-2358.

Mehta, C.M. & Strough, J. (2009). Sex segregation in friendships and normative contexts across the life span. *Developmental Review* 29: 201-220.

Moffitt, T., Caspi, A., Rutter, M. & Silva, P. (2001). *Sex Differences in Antisocial Behaviour.* Cambridge: Cambridge University Press.

Palchykov, V., Kaski, K., Kertész, J., Barabási, A.-L. & Dunbar, R.I.M. (2012). Sex differences in intimate relationships. *Scientific Reports* 2: 320.

Powell, E., Woodfield, L.A. & Nevill, A.A. (2016). Children's physical activity levels during primary school break times: A quantitative and qualitative research design. *European Physical Education Review* 22: 82-98.

Unger, J.B., Johnson, C.A. & Marks, G. (1997). Functional decline in the elderly: evidence for direct and stress-buffering protective effects of social interactions and physical activity. *Annals of Behavioral Medicine* 19: 152-160.

Voland, E. (1988). Differential infant and child mortality in evolu-tionary perspective: data from 17th to 19th century Ostfriesland (Germany). In: L. Betzig, M. Borgerhoff-Mulder & P.W. Turke (eds) *Human Reproductive Behaviour: A Darwinian Perspective,* pp. 253-262. Cambridge: Cambridge University Press.

Wrzus, C., Hänel, M., Wagner, J. & Neyer, F.J. (2013). Social network changes and life events across the life span: a meta- analysis. *Psychological Bulletin* 139: 53.

Zunzunegui, M.V., Alvarado, B.E., Del Ser, T. & Otero, A. (2003). Social networks, social integration, and social engagement determine cognitive decline in community-dwelling Spanish older adults. *Journal of Gerontology: Psychological Sciences and Social Sciences* 58: S93-S100.

16 網上好友

Arnaboldi, V., Passarella, A., Conti, M. & Dunbar, R.I.M. (2015). *Online Social Networks: Human Cognitive Constraints in Facebook and Twitter Personal Graphs.* Amsterdam: Elsevier.

Blease, C.R. (2015). Too many 'Friends,' too few 'Likes'? Evolutionary psychology and 'Facebook Depression'. *Review of General Psychology* 19: 1-13.

Booker, C.L., Kelly, Y.J. & Sacker, A. (2018). Gender differences in the associations between age trends of social media interac- tion and well-being among 10-15 year olds in the UK. *BMC Public Health* 18: 321.

Camarilla: https://download.cnet.com/Camarilla-the-worlds- smallest-social-network/3000-12941_4-77274898.html

Dunbar, R.I.M. (2012). *Speak Up, Speak Out.* London: Holocaust Memorial Day Trust.

Dunbar, R.I.M. (2012). Social cognition on the internet: testing constraints on social network size. *Philosophical Transactions of the Royal Society, London,* 367B:

2192-2201.

Dunbar, R.I.M. (2016). Do online social media cut through the constraints that limit the size of offline social networks? *Royal Society Open Science* 3: 150292.

Dunbar, R., Arnaboldi, V., Conti, M. & Passarella, A. (2015). The structure of online social networks mirrors those in the offline world. *Social Networks* 43: 39-47.

Ellison, N. B., Steinfield, C. & Lampe, C. (2007). Social capital and college students' use of online social network sites. *Journal of Computer-Mediated Communications* 12: 1143-1168.

Fuchs, B., Sornette, D. & Thurner, S. (2014). Fractal multi-level organisation of human groups in a virtual world. *Scientific Reports* 4: 6526.

Heydari, S., Roberts, S.B.G., Dunbar, R.I.M. & Saramäki, J. (2018). Multichannel social signatures and persistent features of ego networks. *Applied Network Science* 3: 8.

Kobayashi, H. & Kohshima, S. (1997). Unique morphology of the human eye. *Nature* 387: 767.

Kelly, Y., Zilanawala, A., Booker, C. & Sacker, A. (2018). Social media use and adolescent mental health: Findings from the UK Millennium Cohort Study. *EClinicalMedicine* 6: 59-68.

Kraut, R., Patterson, M., Lundmark, V., Kiesler, S., Mukophadhyay, T. & Scherlis, W. (1998). Internet paradox: A social technology that reduces social involvement and psychological well-being? *American Psychologist* 53: 1017.

Marlow, C. (2011). Maintained relationships on Facebook. http:// overstated.net/

Orben, A. & Przybylski, A.K. (2019). The association between adolescent well-being and digital technology use. *Nature Human Behaviour* 3: 173.

Orben, A., Dienlin, T. & Przybylski, A.K. (2019). Social media's enduring effect on adolescent life satisfaction. *Proceedings of the National Academy of Sciences, USA,* 116: 10226-10228.

Przybylski, A.K. & Weinstein, N. (2017). A large-scale test of the Goldilocks Hypothesis: Quantifying the relations between digital-screen use and the mental well-being of adolescents. *Psychological Science* 28: 204-215.

Seltzer, L.J., Prososki, A.R., Ziegler, T.E. & Pollak, S.D. (2012). Instant messages vs. speech: hormones and why we still need to hear each other. *Evolution and Human Behavior* 33: 42-45.

Szell, M. & Thurner, S. (2013). How women organize social net- works different from men. *Scientific Reports* 3: 1214.

Thorisdottir, I.E., Sigurvinsdottir, R., Asgeirsdottir, B.B., Allegrante, J.P. & Sigfusdottir, I. D. (2019). Active and passive social media use and symptoms of anxiety and depressed mood among Icelandic adolescents. *Cyberpsychology,*

Behavior, and Social Networking 22: 535-542.

Vlahovic, T., Roberts, S.B.G. & Dunbar, R.I.M. (2012). Effects of duration and laughter on subjective happiness within differ- ent modes of communication. *Journal of Computer-Mediated Commununication* 17: 436-450.

生命講堂

朋友原來是天生的：鄧巴數字與友誼成功的七大支柱

2022年10月初版　　　　　　　　　　　　　　　　定價：新臺幣480元
有著作權‧翻印必究
Printed in Taiwan.

著　　　者	Robin Dunbar	
譯　　　者	莊　安　祺	
叢書主編	林　芳　瑜	
校　　　對	洪　芙　蓉	
內文排版	立　全　電　腦	
封面設計	兒	日

出　版　者	聯經出版事業股份有限公司	副總編輯	陳　逸　華	
地　　　址	新北市汐止區大同路一段369號1樓	總編輯	涂　豐　恩	
叢書主編電話	(02)86925588轉5318	總經理	陳　芝　宇	
台北聯經書房	台北市新生南路三段94號	社　長	羅　國　俊	
電　　　話	(02)23620308	發行人	林　載　爵	
台中辦事處	(04)22312023			
台中電子信箱	e-mail：linking2@ms42.hinet.net			
郵政劃撥帳戶第0100559-3號				
郵撥電話	(02)23620308			
印　刷　者	文聯彩色製版有限公司			
總　經　銷	聯合發行股份有限公司			
發　行　所	新北市新店區寶橋路235巷6弄6號2樓			
電　　　話	(02)29178022			

行政院新聞局出版事業登記證局版臺業字第0130號

本書如有缺頁，破損，倒裝請寄回台北聯經書房更換。　　ISBN　978-957-08-6534-9 (平裝)
聯經網址：www.linkingbooks.com.tw
電子信箱：linking@udngroup.com

國家圖書館出版品預行編目資料

朋友原來是天生的：鄧巴數字與友誼成功的七大支柱/
Robin Dunbar著 . 莊安祺譯 . 初版 . 新北市 . 聯經 . 2022年10月 . 376面 .
15.5×22公分（生命講堂）
ISBN 978-957-08-6534-9（平裝）

1.CST：友誼

195.6   111014740